Hans-Dieter Leuenberger

Schule des Tarot III

Das Spiel des Lebens
Tarot als Weg praktischer Esoterik

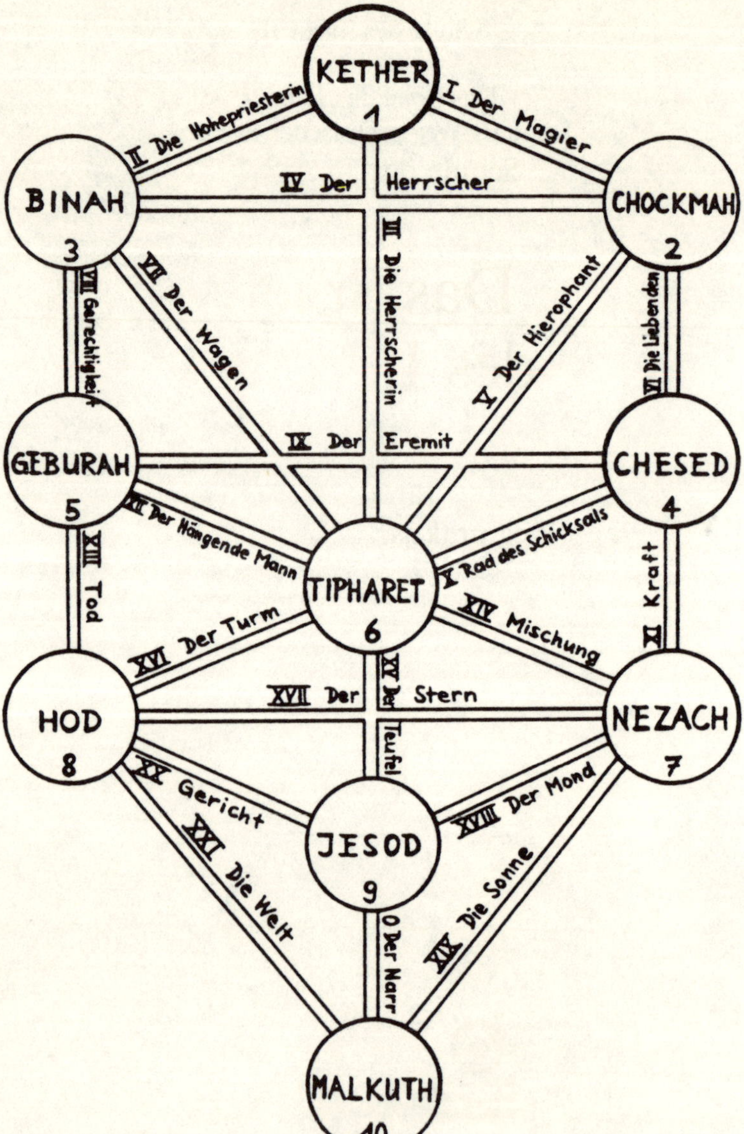
KETHER 1
CHOCKMAH 2
BINAH 3
CHESED 4
GEBURAH 5
TIPHARET 6
NEZACH 7
HOD 8
JESOD 9
MALKUTH 10
I Der Magier
II Die Hohepriesterin
III Die Herrscherin
IV Der Herrscher
V Der Hierophant
VI Die Liebenden
VII Der Wagen
VIII Gerechtigkeit
IX Der Eremit
X Rad des Schicksals
XI Kraft
XII Der Hängende Mann
XIII Tod
XIV Mischung
XV Der Teufel
XVI Der Turm
XVII Der Stern
XVIII Der Mond
XIX Die Sonne
XX Gericht
XXI Die Welt
0 Der Narr

Hans-Dieter Leuenberger

Schule des Tarot III

Das Spiel des Lebens

Tarot als
Weg praktischer Esoterik

Verlag Hermann Bauer
Freiburg im Breisgau

CIP-Kurztitelaufnahme der Deutschen Bibliothek:

Leuenberger, Hans-Dieter:
Schule des Tarot / Hans-Dieter Leuenberger. –
Freiburg im Breisgau : Bauer
3. Leuenberger, Hans-Dieter: Das Spiel des
Lebens. – 1984

Leuenberger, Hans-Dieter:
Das Spiel des Lebens: Tarot als Weg prakt.
Esoterik / Hans-Dieter Leuenberger. – Freiburg
im Breisgau : Bauer, 1984.
(Schule des Tarot / Hans-Dieter Leuenberger ; 3)
ISBN 3-7626-0286-7

Mit 31 Zeichnungen.

1984
ISBN 3-7626-0287-5 (Gesamtausgabe)
ISBN 3-7626-0243-3 (Band 1)
ISBN 3-7626-0244-1 (Band 2)
ISBN 3-7626-0286-7 (Band 3)

Satz: studiodruck, Nürtingen.
Druck und Bindung:
Zobrist & Hof AG, Liestal/Schweiz.
Printed in Switzerland.

Inhalt

Vorwort

Die *Schule des Tarot* sollte ursprünglich den Umfang von zwei Bänden nicht überschreiten. Ich habe diese Absicht in *Der Baum des Lebens* auch geäußert. Wenn nun mit *Das Spiel des Lebens* ein weiterer, dritter Band erscheint, bedarf dies schon der Begründung, was mich dazu bewogen hat, meinen Vorsatz umzustoßen. Nach Erscheinen der ersten zwei Bände wurde ich immer wieder mit Fragen und Wünschen konfrontiert, die sich mit der praktischen Verwendung des Tarot, mit seiner Eignung als Lebenshilfe befaßten. Ich habe dieser Seite des Tarot in den beiden ersten Bänden absichtlich verhältnismäßig wenig Raum gegeben. Es gab auch gute Gründe dafür. Einer war, daß bis vor wenigen Jahren der Tarot vorwiegend in mehr oder weniger zweifelhafter Weise fast ausschließlich zu Wahrsagezwecken gebraucht oder vielmehr mißbraucht wurde, ohne daß man sich um seine esoterische Seite bemühte. Als ich daran ging, die *Schule des Tarot* zu schreiben, ging es mir vor allem darum, diese esoterische Seite des Tarot als das »Buch des Thoth« ins Licht zu heben. Auf keinen Fall wollte ich mit meinen Büchern eine unverantwortliche Kartenschlägerei fördern und ermutigen. Auch jetzt distanziere ich mich ganz entschieden von solcherlei Tun.

Indessen hat sich die Situation in der letzten Zeit merkbar verändert. Immer mehr Menschen befassen sich mit dem esoterischen Tarot, und ich selbst wurde mit mehr und mehr Hinweisen und Erfahrungen konfrontiert, die mir sagten, daß es doch möglich ist, den Tarot als Ratgeber für persönliche Lebensfragen herbeizuziehen. Ich muß gestehen, daß diese Erkenntnis mir gar nicht paßte, weil ich in keiner Weise überblicken konnte, wie diese Wirkung zustande kommt. Wenn ich heute aufgrund dieser Erfahrungen zugebe, daß ein praktischer

Gebrauch des Tarot als Lebenshilfe durchaus möglich ist (wenn auch nicht durch Wahrsagerei), bin ich mir bewußt, daß ich dadurch von mancher Seite her angreifbar werde. Um so mehr als ich auch nach vielfältigen Erfahrungen und Beobachtungen keinen Beweis zu geben imstande bin, warum es so ist, und mich auf Thesen und Spekulationen beschränken muß. Das Problem des praktischen Tarot ließ mir keine Ruhe, und ich fühlte auch eine Verpflichtung meinen Lesern gegenüber, der Sache soweit als möglich auf den Grund zu gehen.

Als erstes studierte ich, was die Tarot-Autoren der letzten hundert Jahre dazu geschrieben hatten, um alsbald zu bemerken, daß diese Überlieferungen für die heutige Zeit absolut unbrauchbar sind. Dies gilt auch für sonst so vortreffliche Esoteriker und Autoren wie Papus und Waite. Allerdings darf ihnen dies nicht persönlich angelastet werden, sondern der Zeit, in der sie lebten und schrieben. Sie waren schließlich diejenigen, die so manches verschollene esoterische Wissensgut wieder aus dem Staub der Bibliotheken hervorholten und in mühseliger Arbeit, so gut es ihnen möglich war, für eine Generation zugänglich und verstehbar zu machen suchten, die der Esoterik im Zuge der Euphorie des modernen naturwissenschaftlichen und technischen Zeitalters viel ablehnender gegenüberstand, als dies heute der Fall ist. Vielleicht übernahmen diese Autoren allzu kritiklos Material aus der muffigen Hinterzimmer-Kartomantie der Jahrhundertwende.

Aber gab es damals für sie überhaupt eine Alternative? Die Forschungen und Entdeckungen von Sigmund Freud und C. G. Jung steckten zu der Zeit bestenfalls noch in ihren Anfängen und waren nur einem sehr kleinen Kreis bekannt, während sie heute bereits zum Allgemeinwissen zählen. Erst die Entstehung – oder ich möchte lieber sagen, die Wiederentdeckung – der humanistischen Psychologie, wie wir sie heute kennen, lieferte die Grundlagen, die manches Rätselhafte aus der esoterischen Überlieferung vielleicht nicht gerade beweisbar, aber doch zumindest verstehbar und erklärbar machte. Vieles, was einst streng gehütetes okkultes Wissen war, ist heute anerkannter Teil mancher psychologischer Richtungen.

So wurde beispielsweise in dem bereits mehrfach erwähnten Orden »The Golden Dawn« in den höheren Graden eine okkulte Praxis geübt, die heute in etwas abgewandelter Form in der Psychotherapie als katathymes Bilderleben bekannt ist.

Auch das Schicksal von Wilhelm Reich in seinen letzten Lebensjahren ist beispielhaft dafür, was geschehen kann, wenn jemand sich auf eigene Faust mit okkulten Forschungen und Experimenten einläßt, ohne sich um die dazu nötigen Grundlagen zu bemühen. Reich war sich möglicherweise gar nicht bewußt, daß der Gegenstand seiner letzten Forschungen in ein Gebiet vorstieß, das seit Jahrtausenden mit dem Begriff Magie bezeichnet wird.

Das Gegenbeispiel zu Reich ist C. G. Jung, der wahrscheinlich viel mehr über diese Dinge wußte, als er davon in seinen Werken erkennbar werden läßt, ob aus Vorsicht oder aus Sorge um sein wissenschaftliches Ansehen, das bleibe dahingestellt. Deshalb wird es nach meiner Überzeugung, so paradox dies auch manchen erscheinen mag, nicht die Psychologie von C. G. Jung sein, womit das Wissen der Esoterik auf eine Weise erforscht werden kann, die man heute wissenschaftlich nennt, sondern viel eher wird Reich dazu den Ansatzpunkt liefern.

Die Beobachtung vor allem der letzten paar hundert Jahre zeigen, daß die Grenzen zwischen Schulwissenschaft und Esoterik sehr fließend und wechselnd sind. Manches, was einst streng gehütetes Geheimnis esoterischer Tradition war, ist heute Bestandteil der offiziellen Wissenschaft geworden, und umgekehrt ist manches, was vor Zeiten einst allgemeines Wissen war, wiederum streng gehütetes Geheimnis der verborgenen Tradition. Heute leben wir in einer Zeit, in der esoterisches Wissen mehr und mehr wieder zum exoterischen Wissen wird – eine Entwicklung, deren Höhepunkt und Wende noch längst nicht abzusehen sind. Darum ist auch verständlich, warum der Tarot als Mittler dieses Wissens mehr und mehr zum Gegenstand allgemeinen Interesses wird.

Dem gleichen Umstand ist zuzuschreiben, daß der Wesenskern des esoterischen Wissens über alle Zeiten hinweg gleich bleibt, aber nicht die Methoden, die Initiation, durch die man damit in Verbindung kommt. Das heißt: Weil sich die Zeiten und mit ihnen der Mensch fortwährend ändern, muß jede Epoche für sich die ihr gemäßen Initiationsmethoden finden und kann sich in dieser Beziehung nicht unbedingt auf das verlassen, was von der Tradition her überliefert ist.

Der achtgliedrige Yoga-Pfad des Patanjali beispielsweise, wie er vor mehr als zweitausend Jahren konzipiert worden ist, läßt sich heute nicht mehr durchführen, ganz einfach schon aus dem Grunde, weil unsere Zeit zu verschieden von der damaligen ist. Spätestens bei der vierten Stufe wird der Schüler erfahren, daß da noch ganz andere Dinge als das erstrebte göttliche Prana – und zwar durch und durch unerwünschte – in ihn eindringen. Dies gilt selbst für Indien, dem Ursprungsland dieses Einweihungsweges, wo heute die Luft so stark verschmutzt ist, und nicht nur durch chemische Stoffe, daß selbst die Höhen des Himalaya davor keinen Schutz mehr bieten können.

Im durch und durch materialistischen Denken des 19. Jahrhunderts, das von Kant geprägt war (der aber seinerseits wiederum durch Swedenborg irritiert wurde), hatte die Existenz einer Astral-Ebene keinen Platz. Deshalb war das Wissen darum im letzten Jahrhundert in die Obhut der Esoteriker gegeben, bis die Zeit dafür da war, um es wieder der Allgemeinheit zugänglich zu machen. Besonders der englische Orden »The Golden Dawn« hat Ende des letzten Jahrhunderts den Schwerpunkt seiner Arbeit vorwiegend auf den astralen Bereich verlegt. Er erlag allerdings dann im Zuge seiner Entwicklung in einer so selbstbezogenen Weise dem »l'art pour l'art«, daß der Orden schließlich daran zugrunde ging. Durch die Traumarbeit von Freud und Jung und ihren Nachfolgern, die gute phantastische und Science-Fiction-Literatur sowie durch die – leider – weitverbreitete Drogenerfahrung der jüngeren Generation ist das Wissen um die Astralebene, wenn auch meist unter anderen Namen, längst wieder Bestandteil des exoterischen Wissens geworden. In »The Golden Dawn« wurde der Tarot vorwiegend als Brücke zur Astralebene verwendet, während seine Möglichkeiten als »Buch des Thoth« entweder vernachlässigt oder nicht bemerkt wurden.

Heute haben wir, nicht zuletzt dank der modernen Elektronik, weit wirksamere Mittel, um eine solche Brücke zu erzeugen. Dafür erweist sich der Tarot der heutigen Generation und vielleicht auch einer zukünftigen als Wegweiser, wie aus der so stark überhandgenommenen Unausgewogenheit der Menschen und ihrer Umwelt wieder zur Balance gefunden werden kann. Der Leser wird bei der Lektüre dieses Buches feststellen, daß das Gesetz der Balance und sein Symbol, die Lemniskate, im Zentrum stehen. Nicht weil dies auch vorwiegend den Grund und das Zentrum des Tarot bildet, sondern deshalb, weil es das ist, was unsere Zeit und vielleicht auch die nächste Zukunft am meisten brauchen. Zu anderen Generationen spricht der Tarot in einer anderen und ihnen gemäßen Weise.

Aus all dem geht hervor, daß mir nichts anderes übrig blieb, als ganz von vorne zu beginnen und herauszufinden, auf welche Art und Weise der Tarot zu uns Menschen am Ende des 20. Jahrhunderts, am Beginn des Wassermann-Zeitalters, spricht. Dies bildete den Schwerpunkt meiner Tarot-Arbeiten in den letzten zwei Jahren. Die Aufgabe war zu umfangreich, als daß ich sie allein hätte bewältigen können, und so möchte ich an dieser Stelle allen denjenigen danken, die dabei mitgeholfen haben, mir ihre Erfahrungen und Beobachtungen mitteilten und mir die Erlaubnis gaben, Botschaften, die sie vom Tarot erhalten hatten, in diesem Buche zu veröffentlichen und zu kommentieren, denn keines der Beispiele ist künstlich konstruiert, alle sind genuine Aussagen des Tarot an bestimmte Menschen in bestimmten Lebenssituationen.

Die zunehmende Verbreitung des Tarot in den letzten Jahren hat dazu geführt, daß sich neben dem eigentlichen esoterischen Tarot, dessen Schwerpunkt die Entschlüsselung des Buches des Thoth bildet, eine Richtung entwickelt hat, die sich als *intuitiver Tarot* versteht und, wie schon der Name sagt, in einer mehr spielerischen, intuitiven Weise mit dem Tarot umgeht. Im Grunde genommen stehen diese beiden Möglichkeiten – esoterisch und intuitiv – für die beiden Tarot-Wege, bei denen der »Narr« entweder am Ende oder am Anfang seinen Platz hat.

Ich bin ein Vertreter des esoterischen Tarot. Das bedeutet, daß es zuerst eine Menge zu lernen und zu studieren gilt, bevor der Freude des reinen Spiels freien Lauf gelassen werden kann. Dann bringt es aber umso reichere Freude. Aber ich verstehe durchaus, daß andere mit dem Spielen beginnen wollen und daß es gerade diese Seite ist, von der sie beim Tarot am meisten angezogen werden. Aber auch sie werden nicht darum herumkommen, zu irgendeinem Zeitpunkt den Pfad vom »Narren« zum »Magier« und bis zur »Welt« unter die Füße zu nehmen, wenn sie tiefer in das Geheimnis das Tarot eindringen und von dort vertieftere und persönliche Botschaften empfangen wollen. Aber auch mir, der ich mich sehr stark im esoterischen Tarot verwurzelt fühle, hat der Kontakt mit Vertretern des intuitiven Tarot viel gegeben, wie etwa die Begegnungen mit Prembodhi, Anupam, Erich Bauer und Jürgen vom Scheidt, wobei der letztere eine Verbindung zwischen intuitivem und esoterischem Tarot anstrebt. Manche der von dieser Seite her empfangenen Anregungen sind auch in dieses Buch hineingeflossen. Möge es vielen eine Hilfe sein, damit sie erfahren können, was wir und unsere Zeit am meisten brauchen.

Mahabalipuram, (Indien) im Februar 1984

Esoterischer Tarot – Intuitiver Tarot

Vor Jahren erzählte mir ein Freund folgende Geschichte: In der ungarischen Pußta lebte zur Zeit der alten österreichisch-ungarischen Monarchie ein Schafhirte, der in seinem ganzen bisherigen Leben nicht über die Pußta hinaus gekommen war. Tag für Tag trieb er dort seine Herde über die Weide und war glücklich und zufrieden, denn er kannte keine großen Probleme. Ein Problem entstand nur dann, wenn der Schafhirte bemerkte, daß ein Schaf der Herde nicht mehr gut folgen konnte, daß es Mühe hatte, sein Futter zu finden, weil offenbar irgend etwas an seinen Augen nicht mehr in Ordnung war, so daß seine Sehfähigkeit beeinträchtigt war. Das war recht mühsam, denn dann mußte der Hirte sich in besonderem Maße um dieses Schaf kümmern und konnte vielleicht nicht mehr so gut die Herde als Ganzes überblicken, oder er mußte das Schaf schlachten, leider meistens viel zu früh, denn dieses Schaf hätte noch manches Jahr prächtige Wolle gegeben. Der Schafhirte bemerkte, daß der Grund für die Blindheit der Schafe eine Trübung der durchsichtigen Hornhaut war, die sich über den Augapfel spannte. Er überlegte, daß, wenn er mit dem Messer diese Trübung wegschnitt, das Schaf vielleicht wieder eine Chance hatte, zu sehen und sein Futter selbst zu finden. Wenn nicht, dann blieb immer noch der Bratspieß als Alternative. Der Hirte versuchte dies einfach und hatte Erfolg. Die Schafe konnten wieder etwas sehen und vor allem ihr Futter selber finden. Jahrelang operierte der Hirte auf diese Weise seine blinden Schafe mit Erfolg und machte sich keine weiteren Gedanken darüber.

Eines Tages kam ein Mann zu ihm, der aus dem gleichen Grunde blind war. Er bat ihn, das, was er mit seinen Schafen machte, auch an ihm zu versuchen. Warum nicht, dachte der

Schafhirte, Auge ist Auge, ob bei Schaf oder Mensch, und er nahm sein Messer und operierte den Mann. Bald kamen noch mehr Menschen, und der Schafhirte operierte auch sie. Er operierte mal Schaf, mal Mensch, offenbar mit Erfolg, denn immer mehr blinde Menschen kamen zu ihm. Die Sache sprach sich denn auch bald herum, und so hörte auch die ehrwürdige Medizinische Fakultät in Budapest davon. Da es die Zeit der alten österreichisch-ungarischen Monarchie war, rief der Professor nicht gleich die Polizei zur Wahrung der ärztlichen Standesinteressen, sondern beschloß, die Angelegenheit etwas näher zu betrachten. Wer weiß – vielleicht kam dabei etwas zum Segen der medizinischen Wissenschaft heraus. Er lud also den Schafhirten ein, der Medizinischen Fakultät in Budapest einen Besuch abzustatten, damit sich den Professoren und Studenten Gelegenheit bot, mit dem »Amateurchirurgen« zu sprechen und seine Operationsmethode kennenzulernen.

Der Schafhirte folgte der Einladung und operierte in der Gegenwart des Professorenkollegiums einige Schafe. Die Professoren waren von seinem natürlichen, intuitiven Können sehr beeindruckt, und der Ordinarius fragte ihn, ob er seine Kunst auch an Patienten der Klinik versuchen wolle. Der Schafhirte sagte ja, denn was in der heimatlichen Pußta ging, das mußte doch eigentlich auch in Budapest gelingen. Und so operierte der Schafhirte mit Erfolg auch einen Patienten. Die Professoren waren noch tiefer beeindruckt, um so mehr als sie bemerkten, daß der Schafhirte offensichtlich über keine medizinischen Kenntnisse verfügte.

Der Ordinarius fragte daraufhin den Schafhirten, ob er denn eigentlich wisse, was er mache, und wie das Auge gebaut sei. Der Schafhirte wußte darauf keine klare Antwort zu geben. Er führte sein Messer nach dem Gefühl und nicht nach den Erkenntnissen der Anatomie. Da führte der Ordinarius den Hirten vor ein Modell des menschlichen Auges und erklärte ihm dessen Anatomie und Struktur und zeigte ihm, was er während der Operation gemacht hatte.

Von dieser Stunde an konnte der Schafhirte kein einziges

Auge mehr operieren, weder ein Schafauge noch ein Menschenauge. Er hatte seine Unbefangenheit verloren und traute sich nie mehr an dieses Wunderwerk der Schöpfung, das Auge, heran. Er hütete fortan seine Schafe weiter, ohne je wieder zu operieren, weder Schaf noch Mensch.

Wäre aber der Schafhirte, so schloß mein Freund die Geschichte, in Budapest geblieben und hätte dort an der Medizinischen Fakultät studiert, wäre er der genialste Augenchirurg der Welt geworden, denn Intuition und Wissen hätten sich bei ihm zu einer Einheit verschmolzen und ihm dadurch ein vollendetes Können ermöglicht.

Hier beendete mein Freund die Geschichte, und doch läßt sie sich weiter erzählen. Vielleicht hätte der Schafhirte auf die Einladung des Ordinarius, an der Fakultät Medizin zu studieren und der Welt damit ein einzigartiges chirurgisches Talent zu schenken, geantwortet: »Wer hütet denn derweil meine Schafe?« Und wer weiß, vielleicht hätte der wohlstudierte Professor geantwortet: »Da mach dir nur keine Sorgen. Wenn du hier in Budapest bist, dann gehe ich in die Pußta und hüte deine Schafe.« Während der Zeit, da der Schafhirte in Budapest Medizin studierte, wäre der Professor in einfacher Kleidung, ohne alle akademischen Würden und Titel, mit der Herde durch die Pußta gezogen und hätte im Einklang mit der Natur das Leben von seinem Urquell her erfahren. Ja, dann hätte die Welt zwei ebenbürtige geniale Augenchirurgen gehabt.

Aus dieser Geschichte können wir sehr viel über den Unterschied zwischen esoterischem und intuitivem Tarot lernen. Es gibt viele echte und aufrichtige Liebhaber des Tarot, die nichts von der Esoterik halten. Sie wollen nichts von den Geheimnissen und der Bedeutung der Symbole in den einzelnen Tarotbildern wissen, sie wollen einfach spielen. Es ist manchmal wirklich erstaunlich, wie einzelne – aber wohlgemerkt längst nicht alle, nur wenige – auf diese spielerische, intuitive Weise zu Erhellungen und Erkenntnissen gelangen, die manchem Esoteriker, wenn überhaupt, erst nach einem langen und mühevollen Weg zugänglich sind.

Aber wohlverstanden: dies ist nur die Hälfte eines Ganzen. Beschränkt sich der Intuitive auf diese eine Hälfte und weigert sich, den vielleicht mühevolleren Weg zur Erlangung der anderen Hälfte auf sich zu nehmen, dann bleibt er allzusehr im Unverbindlichen, Halbfertigen stecken. Er bleibt ein Objekt des »Zu-Falls«, der ihm – je nachdem – etwas zugänglich machen kann oder auch nicht. Er hat darauf keinen Einfluß, weil ihm das Wesentliche fehlt: die Bewußtheit. Er gleicht einem Menschen, der seinen Initiationsweg durch den Tarot nach Bild VIII abbricht und sich weigert, durch die nächsten Stationen von »IX Eremit« und »X Rad des Schicksals« auf eine höhere Ebene emporzusteigen. Solange er sich weigert weiterzugehen, wird für ihn der Tarot nur acht Bilder statt zweiundzwanzig haben. Aber welche Fülle und welcher Reichtum bleiben ihm so verborgen und vorenthalten! Sicher, auch in diesen acht Bildern ist schon sehr viel enthalten, aber eben nur als Teil, und wer einen Teil für das Ganze nimmt, der ist auf irgendeine Weise, und sei dies noch so unscheinbar und kaum wahrnehmbar, dem Block von Bild XV verkettet und merkt nicht, daß, was er für das Licht hält, nur die Widerspiegelung eines Funkens ist.

Aber auch der esoterische Tarot ist nur Teil eines Ganzen. Wer sich von dieser Seite her dem Tarot nähert, ist jemandem vergleichbar, der auf seinem Initiationsweg durch den Tarot bei Bild XXI steckenbleibt. Das Rad des Lebens kommt dort zum Stillstand, wird dort blockiert, und wo Stillstand und Blockierung vorliegen, da ist auch der Esoteriker auf eine andere Weise mit der Kette um den Hals dem Teufel verfallen. Damit das Rad in Bewegung bleibt, muß das Bild des Narren durchschritten werden, denn Kraftfluß ist ein Grundgesetz des Kosmos. Im Narren geschieht die Vereinigung der Gegensätze, zum Einswerden mit dem Göttlichen, dort geschieht, was der Osten Tantra-Yoga nennt.

Es ist gleichgültig, von welcher Seite man sich dem Tarot nähert, von der intuitiven oder der esoterischen her. Beide Wege führen zum Ziel. Aber nur beide zusammen ergeben ein Ganzes. Das heißt: Wer sich von der intuitiven Seite her aufgemacht hat, den Tarot zu entdecken, wird nicht darum herumkommen, auch gelegentlich dessen esoterischen Teil zu entschlüsseln, wenn er diese Ganzheit und die Vereinigung der Gegensätze erlangen will. Aber auch der Esoteriker, der sich auf sein Wissen allein beschränkt, gleicht – und mag dieses Wissen noch so tief und fundiert sein – auf eine andere Weise dem Eremiten, der zu lange stillsteht und der in der Kälte von Schnee und Eis erfriert. Auch der Esoteriker muß den Mut haben weiterzugehen, sein wohlgeordnetes Tarot-Deck in die Luft zu werfen, die Karten wiederum zur Erde fallen zu lassen, wie sie fallen wollen. Er muß lernen, das auf diese Weise neu Strukturierte unvoreingenommen zu betrachten, offen zu werden und vor allem offen zu bleiben für Neues, und auf diese Weise wiederum zum »Magier« zu werden, der auf einer neuen Ebene erneut seine vier magischen Werkzeuge erhält. Wer nach Ganzheit und Vereinigung strebt – und nur in der Vereinigung ist Ganzheit zu finden –, der wird um das Bild des Narren nicht herumkommen. Sei es, daß er es vom esoterischen Weg her betritt oder vom intuitiven Weg her gerade wieder verläßt. Auch beim Narren gibt es kein Stillstehen, nur Bewegung und Durchgang.

Die beiden ersten Bände der *Schule des Tarot* handeln vom esoterischen Tarot. Damit ist gesagt, daß auch sie nicht alles über den Tarot enthalten, sondern eben nur den einen, esoterischen Teil. Die *Schule des Tarot* ist für westliche Menschen geschrieben, und der natürliche Weg des westlichen Menschen, mit einer Sache vertraut zu werden, ist der Weg des Denkens und Wissens. Darum wird in den beiden ersten Bänden auch darauf der Akzent gelegt.

Dieser dritte Band nun will den Zugang zum anderen Teil ermöglichen. Aber eben nur als Hinweis und Anregung, denn was der Narr nicht in seinem Beutel trägt, ist ein wohlgeordnetes, logisch aufgebautes und durchdachtes Buch. Der erste Band, *Das Rad des Lebens,* kann in gewisser Weise mit dem Bild des Magiers verglichen werden. Der zweite Band, *Der Baum des Lebens,* der sich mit dem großen Ganzen der kosmischen Ordnung beschäftigt, kann mit Bild XXI in Beziehung gebracht werden. Dieser dritte Band nun stellt einen Versuch dar, zwischen diesen beiden Bildern eine Synthese, einen Verbindungsweg zu schaffen, unter gleichzeitigem Eingeständnis der Unmöglichkeit, in einem Buch das Bild des Narren zugänglich und verstehbar zu machen.

Vergegenwärtigen wir uns noch mal den Begriff esoterisch. Esoterisch heißt: *nach innen gerichtet.* Was aber ist innen? Betrachten wir doch, um der Antwort auf diese Frage näherzukommen, gemeinsam Bild »X Rad des Schicksals«. Wenn du den Blick längere Zeit auf diesem Bild verweilen läßt, dann bemerkst du sicher, daß deine Augen von der Auflösung und Auflockerung der Gestalten am Rande immer wieder wie magisch nach innen, zur Mitte hin gezogen werden. In dieser Mitte des Bildes befindet sich die Nabe, der scheinbar ruhende Pol, der Ausgangspunkt der ständig kreisenden oder hin- und herschwingenden Bewegung des Rades ist. Ohne diesen Pol erscheint die Bewegung des Rades sinnlos und unbegreiflich. Wir vermögen weder Zusammenhänge noch Übereinstimmungen zu entdecken. Erst die Erkenntnis, daß die ganze Dynamik, von der dieses Bild beherrscht wird, Ausgang und wiederum Ziel im Mittelpunkt dieses Rades, eben der Nabe, hat, gibt uns die Möglichkeit, dieses Bild als ein Ganzes und in seinem Zusammenhang zu überblicken.

Übertragen wir das Bild der Nabe und der um sie kreisenden Bewegung auf eine uns übergeordnete makrokosmische Ebene, so erscheint vor uns das Bild der Sonne als Zentrum der sie umkreisenden Planeten. Auf diese Weise wird für uns das Planetensystem selbst zu einem übergeordneten Rad, dessen Bewegung wir, ob wir es nun wollen oder nicht, mitzuvollziehen gezwungen sind. Dieser Umstand müßte uns zwangsläufig in große Angst und Panik versetzen, wenn es nicht möglich wäre, die Gesetzmäßigkeit und Ordnung dieser Bewegung zu erkennen und zu begreifen, daß diese Bewegung einem Zyklus, einem Rhythmus unterliegt, dessen Wesen verstanden werden kann, wenn der Blick unentwegt auf einen festen Bezugspunkt gerichtet bleibt, in diesem Falle auf die Sonne als Nabe dieses gigantischen Rades.

Ich glaube, wir dürfen ohne weiteres die Behauptung wagen, daß die bloße Erkenntnis und Betrachtung einer solchen Nabe, ganz gleich auf welcher Ebene, darüber entscheidet, ob uns das Leben sinnvoll oder sinnlos erscheint. Jede Religion und jede Weltanschauung hat letztlich kein anderes Ziel, als eine solche Nabe zu finden und auf die jeweils ihr gemäße und eigene Weise den Weg dorthin zu zeigen.

So betrachtet gewinnt der Umstand natürlich eine besondere Bedeutung, daß der ursprüngliche Name des Tarot, unter dem er in Europa eingeführt und bekannt wurde, das Wort *Naib* oder *Naibbe* war, was aus dem Sanskrit abgeleitet *Nabe* bedeutet. Dies kann nichts anderes heißen, als daß wir im Tarot Landkarte und Wegweiser zugleich vor uns haben, womit uns ermöglicht wird, den Weg zu diesem Zentrum zu finden und vor allem unsere eigene persönliche Existenz, unser Leben damit in Beziehung und Verbindung zu bringen. Daraus geht klar hervor, daß der Tarot in jeder Beziehung als Richtschnur und Maßeinheit gebraucht werden kann und dazu dient, unser ganz persönliches Leben in Übereinstimmung und Harmonie mit diesem übergeordneten Ganzen, der großen kosmischen Schöpfungsordnung, zu bringen.

Wer dies erkannt hat und sein Leben danach ausrichtet, der ist Esoteriker, nicht weil er mehr weiß und kann als andere, sondern weil sein Leben nach innen gerichtet ist, zum Zentrum, zur Nabe hin. Somit verstehen wir einmal mehr, warum die Menschen von alters her ihren Blick immer wieder auf die Sonne als die Bringerin des Lichtes gerichtet haben und ihre Kulte und religiösen Anschauungen daraus abgeleitet haben. Die Sonne zu finden, und zwar nicht nur die große kosmische am Himmel, sondern überall, selbst in den kleinsten Dingen, die uns umgeben, das ist es, was unserem Leben Geborgenheit, Schönheit, Lust und Freude geben kann. Aber der Esoteriker hat kein absolutes Monopol. Auch derjenige, der in seinem Leben weniger nach Wissen und Erkenntnissen strebt, dem es nicht so unbedingt wichtig ist, den Überblick und die Beziehung zum großen Ganzen, zum Zentrum, zur Nabe zu wissen, sondern der mehr Wert darauf legt, in jedem Augenblick seines

Lebens diesen Zusammenhang zu spüren, zu erleben, zu fühlen – auch dieser Intuitive kann sich am Kern der Dinge befinden. Der Unterschied besteht darin, daß er dies nicht weiß, sondern bestenfalls spürt. Damit soll keinesfalls Wissen gegen Gefühl ausgespielt werden oder das Gefühl gegenüber dem Wissen als unterlegen dargestellt werden. Gefühl wie Wissen sind nur Teil eines Ganzen, das sich jeweils nur aus der Vereinigung beider Teile ergibt.

Die Gefahr des Esoterikers ist, daß er mit all seinem Wissen und seiner Erkenntnis am eigentlichen Erlebnis vorbei geht. Nicht gelebtes Wissen ist tot und nutzlos. Dagegen läuft der Intuitive Gefahr, daß er, nur auf sein Gefühl vertrauend, eine Nebensache zum Zentrum und damit zur Nabe erhebt. Darin gleicht er dem Anhänger eines geozentrischen Weltbildes, das allein auf die unmittelbare sinnliche Erfahrung aufbaut. Würden wir nur auf das vertrauen, was wir sehen und erleben, so wären wir alle noch Anhänger des geozentrischen Weltbildes, das die Sonne um die Erde kreisen läßt. Was uns zu Anhängern des kopernikanischen Weltbildes mit der Sonne im Zentrum macht, ist allein unser Wissen, wodurch unser sinnliches Leben nicht etwa außer Kraft und für ungültig erklärt wird, sondern lediglich in den richtigen Bezug gesetzt wird. Anders gesagt: der Intuitive steht durchaus im Kontakt mit den zentralen Dingen des Lebens; was ihm fehlt, ist der Überblick, der es ihm ermöglicht, das unmittelbare Erlebnis in den Zusammenhang mit dem größeren Ganzen zu setzen, obgleich er durchaus ahnen und erfühlen kann, daß ein solcher Zusammenhang existiert.

Vielleicht haben wir in dieser Unterscheidung auch die klassischen zwei Wege der Religion vor uns: Erkenntnis und Erleuchtung. Aber auch hier gilt, daß jede Erkenntnis schließlich zur Erleuchtung und jede Erleuchtung auch zur Erkenntnis führen sollte. Jeder Mensch ist von seiner Natur her entweder dem esoterischen oder dem intuitiven Weg zugeneigt.

Noch einmal sei betont, daß damit in keinem Fall ein Werturteil verbunden ist, sondern lediglich zwei verschiedene Startpositionen definiert werden, die letztlich zum gleichen

Ziel führen sollen. Gleicht der Esoteriker einem Schiffskapitän auf einer dunklen, wild bewegten See, der weiß, daß er sich trotz dieser mißlichen Verhältnisse jederzeit auf seine Instrumente und auf seine Fähigkeit, Standort und Kurs zu berechnen, verlassen kann, so kommt der Intuitive oft direkt an Dinge heran, die dem Nur-Esoteriker nur nach langem Lernprozeß, wenn überhaupt, zugänglich sind.

Da die Menschen nun einmal gerne zur Wertung und zur hierarchischen Einteilung neigen, hat dies von jeher zu vielen Konflikten, Mißverständnissen und Neid geführt. Warum kommt gerade jener zur plötzlichen Erleuchtung, der ein so scheinbar unwürdiges Leben führt, während ich, der ich mich jahrelang bemühe und alle Gebote zu erfüllen trachte, immer am gleichen Punkt zu verweilen scheine? Diese Problematik ist uralt. Ich nehme an, daß dieses Thema in dem bekannten Gleichnis von Jesus behandelt wird, das davon erzählt, wie die Arbeiter im Weinberg trotz verschieden langer Arbeitszeit am Ende den gleichen Lohn erhalten (Matth. 20). Der Sinn scheint klar: Weder Esoteriker noch Intuitive dürfen aufeinander herabsehen; keiner soll den anderen als minderwertig oder überheblich bezeichnen, denn nur beide zusammen können ein Ganzes ergeben, *das* Ganze.

Der Tarot gibt uns sehr deutlich Aufschluß sowohl über den Esoteriker als auch den Intuitiven. Das Bild des Magiers verkörpert den Esoteriker, und im Bild des Narren begegnen wir dem Intuitiven. So verschieden das gezeichnete Bild sie auch darstellt, so verkörpern sie beide im Grunde doch das gleiche. Beide, Narr wie Magier, verfügen über die magischen vier Werkzeuge. Der Narr trägt sie unbewußt und unerkannt in seinem Beutel verpackt mit sich, der Magier hat sie auf der ihm gegebenen materiellen Ebene vor sich ausgebreitet und schickt sich an, mit ihrer Hilfe Ordnung und Leben zu erkennen und zu schaffen. Beide sind ohne einander nichts. Der Magier hätte keine magischen Werkzeuge zur Verfügung, trüge er sie nicht unerkannt als Narr im Beutel mit sich. Was nützten sie dem Narren, wenn er sie nicht auspackt und zum richtigen Gebrauch zur Hand nimmt?

Diese Zusammenhänge werden uns vollends klar, wenn wir die beiden Bilder wieder einmal dort betrachten, wo sie am Baum des Lebens ihren Ort haben. Der Narr repräsentiert das unmanifestierte *Ain Soph Aur,* das sich anschickt, in Kether zu manifestieren: das Chaos, das alles enthält, das aber noch nicht zur Form gefunden hat, aus der allein Leben möglich ist und gelebt werden kann. Der Narr gibt den Stoff (Ain Soph Aur), aus dem das Universum geschaffen ist, und damit erst dem Magier die Möglichkeit, seine Werkzeuge einzusetzen. Aber der Narr dreht sich letztlich im Kreis, wenn er auf seiner Intuition beharrt, das heißt, sich weigert, seine vier magischen Werkzeuge auszupacken, auf dem Tisch auszubreiten, um damit seine Aufgabe wahrzunehmen. Erst wenn dies geschieht, wird aus dem Kreis, dem Symbol des Chaos, das Mandala als Symbol der Ganzheit, die Spirale, die allein Vorwärts- und Aufwärtsbewegung ermöglicht.

Aber auch dem Magier sind deutlich wahrnehmbare Grenzen gesetzt. Durch 21 Stationen hindurch erkennt und ordnet er die Welt, bis sie sich ihm in Bild XXI in einem Zustand darbietet, worin Schönheit, Harmonie und Ordnung zu einem Ganzen vereint sind, als Ziel und Zweck des Universums überhaupt. Aber wir wissen: Grundgesetz und Grundlage des Kosmos ist Fluß und Bewegung, das Fließen der Kraft von einem Pol zum andern. Darum ist der in Bild XXI dargestellte Zustand auch vergänglich, denn alles, was ist, darf nicht stehenbleiben, sondern muß weitergehen und fließen, ins Chaos versinken, um von neuem daraus wieder zu entstehen und zu leben. Das heißt: auch der Magier muß immer wieder zum Narren werden und zulassen, daß seine einmal geschaffene Ordnung sich als vergänglich erweist.

Daraus ergibt sich, daß Spiel des Lebens und Sinn des Lebens eng miteinander verbunden sind. Beide, sowohl Sinn wie Spiel, zeigen letztlich nur zwei Aspekte des Gleichen. Der Magier, der mit Hilfe seiner vier magischen Werkzeuge aktiv und bewirkend in seine Umwelt eingreift und im Rahmen seiner Möglichkeiten auf ihre Gestaltung Einfluß nimmt, muß doch erkennen, daß all sein Tun und Wirken nur Teil eines größeren Spiels ist und daß seine Einflußnahme letztlich nicht absolut sein kann. Auf die religiöse Ebene übertragen gleicht der Magier dem Priester, der Mythen schafft und Richtlinien aufstellt, anhand derer die Menschen die größeren Zusammenhänge erkennen und – vielleicht – den Weg finden können, ihr Leben in etwa in Einklang mit dem größeren Ganzen zu bringen.

Aber auch der Magier muß irgend einmal buchstäblich seine Waffen strecken und erfahren, daß er nur Teil eines ihm übergeordneten größeren Spiels ist. Der Yogi wiederum, der sich auf den begrenzten Teppich seiner Erleuchtung zurückzieht und es sich dort wohl sein läßt, gleicht dem Narren, der sich im Kreise dreht. Bleibt er auf seinem Teppich sitzen, verstößt er, so groß die erfahrene Erleuchtung auch sein mag, gegen das Grundgesetz des Kosmos, das kein An-Ort-Treten und keinen Stillstand will. Der Schritt zum Magier muß vollzogen werden, und das bedeutet: wieder hineintreten in die manchmal banale Alltagswelt, die zugegebenermaßen oft widrig ist und scheinbar oft so gar nichts mit dem zu tun hat, was in der Erleuchtung erlebt und erfahren worden ist. Aber genau das heißt esoterisch leben, nämlich auf die praktische alltägliche Ebene hinunterbringen und dort anwenden, was entweder in der Erleuchtung erlebt oder im Wissen erkannt worden ist. Es ist der Weg von Atziluth nach Assiah, dem – wie wir noch sehen werden – im Tarot eine ganz besondere Bedeutung zukommt.

Was heißt esoterisch leben?

Im vorigen Kapitel wurde die Behauptung aufgestellt, daß der Tarot Wegweiser und eine große Hilfe für denjenigen sein kann, der sich darum bemüht, sein Leben nach esoterischen Grundsätzen auszurichten. Wie und auf welche Weise der Tarot dies vermag, das ist das Hauptthema dieses Buches.

Aber bevor wir näher darauf zu sprechen kommen, wollen wir uns noch einmal etwas eingehender mit der Frage beschäftigen, was es denn eigentlich bedeutet, esoterisch zu leben, und zwar nicht nur als Theorie und Weltanschauung, sondern als praktische Verwirklichung und Anwendung im Alltag eines jeden Menschen. Wenn ich den Begriff einer esoterischen Lebenshaltung und Lebensführung so sehr betone, dann gehe ich davon aus, daß eine solche nicht die Regel bildet, sondern von dem, was wir als die mehrheitliche und durchschnittliche Lebenseinstellung betrachten, erheblich abweicht. Deshalb ist es vielleicht nötig, daß wir uns, um die Praxis der esoterischen Lebensführung besser zu verstehen, zunächst einmal mit dieser durchschnittlichen Lebensphilosophie näher befassen.

Erinnern wir uns noch einmal daran, daß esoterisch *nach innen gerichtet* heißt und daß dieses Nach-innen-gerichtet-Sein in Verbindung steht mit einem Bezugspunkt, den wir anhand von »X Das Rad des Schicksals« als die Nabe dieses Rades erkannt haben. Dies allein macht aber noch nicht den Unterschied zwischen exoterischem und esoterischem Leben aus. Auch derjenige, der sein Leben in keiner Weise von Grundsätzen bestimmen läßt, die wir esoterisch nennen, richtet sein Leben nach einem Bezugspunkt, nach einem Zentrum, nach einer Nabe hin aus. Ja, wir dürfen sogar behaupten, daß ohne einen solchen Bezugspunkt ein Leben in unserem Sinne auf die Dauer unmöglich ist.

Die Frage ist nur, nach welchem Bezugspunkt, das heißt nach welcher Nabe wir unser Leben ausrichten. Hier wird die Antwort nun ganz verschieden ausfallen. Je nach der Position, der Lebenseinstellung, dem Ziel, das jemand hat, werden viele voneinander verschiedene Bezugspunkte beziehungsweise Naben genannt. Als Nabe wird jeder Mensch das nennen, worauf er sein persönliches Leben ausrichtet und dem er alles andere als weniger wichtig zu unterstellen bereit ist. Ein Lehrer wird eine andere Nabe haben als ein Bankier. Für den Verkaufschef einer großen Firma ist die Umsatzstatistik die Nabe, um die er sein ganzes übriges Leben sich drehen läßt, ja drehen lassen muß; denn täte er dies nicht, so wäre er in kurzer Zeit seinen Posten los. Auch der Playboy hat eine andere Nabe als der Mönch. Wir erkennen wirklich, daß das Leben einem Räderwerk gleicht, das mehr oder weniger ineinander greift, kooperiert, sich gegenseitig hemmt und manchmal knirscht.

Ziel der Erziehung des Menschen und dessen Eingliederung in die Gesellschaft ist, ihm dazu zu verhelfen, seine eigene persönliche Nabe zu finden, nach der er sein Leben ausrichten kann, so daß sich sein persönliches Rad möglichst gut und störungsfrei in das Getriebe der anderen Räder einordnen läßt. Hat ein Mensch die Anhäufung materiellen Reichtums als die Nabe seines Lebens definiert, so wird er alles andere diesem Ziel unterstellen. Damit ist sein Leben fortan in eine ganz bestimmte Ordnung und in ganz klare Prioritäten eingebettet, die von diesem zentralen Bezugspunkt her bestimmt werden.

Somit können wir das Leben als ein überaus vielfältiges und kompliziertes Räderwerk begreifen, das schwer zu überblicken ist und uns damit zwangsläufig zur Frage führt, ob diese Räder denn immer im Gleichklang, in der Kooperation, zusammenwirken, oder ob nicht doch sehr häufig Störungen und Defekte in diesem Ineinandergreifen entstehen. Natürlich wissen wir aus eigener Erfahrung und Anschauung, daß dies so ist. Das Zusammenspiel dieses vielfältigen Räderwerkes, als das sich das menschliche Leben in seiner Vielfalt darbietet, ist ein einziges Aneinanderreiben, Knirschen, bis hin zu Bruch und Defekt im Bestreben, dem eigenen persönlichen Rad die möglichst günstigste Drehung mit möglichst viel Kraft und Wucht zu geben. Wenn dabei andere Räder beschädigt werden oder gar zu Bruch gehen – nun ja, dann ist dies eben der Lauf der Welt. Die Hauptsache, es trifft nicht mein Rad, so daß es sich möglichst ungehindert weiterdrehen kann. Dies erklärt auch, warum Selbstbehauptung und Durchsetzung der eigenen Interessen zu so wichtigen Kriterien eines erfolgreichen Lebens geworden sind, denn das eigene persönliche Rad in Schwung zu halten, das ist das A und O erfolgreicher Lebensgestaltung in unserer Welt. Dies führt denn auch automatisch dazu, daß Schwungkraft und Wirkungsvermögen der einzelnen Räder miteinander verglichen werden und eine diesbezügliche hierarchische Rangordnung erstellt wird, wie etwa: Mein Rad ist größer als deins, meines dreht sich schneller und meines hat die größere Schwungmasse und so weiter. Dem eigenen Zentrum, der eigenen Nabe möglichst viel Gewicht und Bedeutung zu verleihen, das wird uns als eines der erstrebenswerten Ziele in dieser Welt gelehrt. Da jeder Mensch sein eigenes Ziel hat und diese verschiedenen Ziele und Zentren nicht immer miteinander zu vereinbaren sind, ist ein Kampf eines jeden gegen jeden, der nur mühsam durch eine soziale Ordnung gemildert wird, das logische Resultat und die Konsequenz dieser Lebenseinstellung.

Wer Lust hat, kann hier einen Moment der Meditation einfügen, mit seinem inneren Auge möglichst intensiv und klar dieses Durcheinanderdrehen der Räderwerke unserer Welt betrachten und sich gleichzeitig die Frage stellen: Wo in diesem Durcheinanderwirbeln ist denn *mein* Rad? Wie verhält sich seine Drehung und Kraft zu den anderen? Vor allem: Was ist die Nabe meines persönlichen Rades, um die es sich bisher gedreht hat?

Erinnern wir uns ferner daran, daß das Wort Nabe in sehr enger Verwandtschaft mit dem Wort Nabel steht. Der Nabel bildet am Menschen in etwa die Mitte. Stellt man sich den Menschen als in kreisender Bewegung vor, bei der Füße und Kopf die Peripherie bilden, dann kann der Bauchnabel auch tatsächlich zur Nabe eines sich drehenden Rades werden. So gibt es auch das Wort Nabelschau, ein etwas abschätziger Ausdruck für die Haltung eines Menschen, der sich in einer meditativen Selbstversenkung befindet. Ein Mensch, der die Nichtigkeit, die Destruktion dieses chaotisch durcheinanderwirbelnden Räderwerkes, das wir Leben nennen, erkannt hat und danach trachtet, ihm zu entfliehen, dem bleibt buchstäblich oft nichts weiter übrig, als sich der Nabelschau zu ergeben. Das heißt: er versucht zunächst einmal, sich auf sich selbst zurückzubesinnen, die eigene Persönlichkeit zum Zentrum zu machen, um von da aus zu einer neueren und hoffentlich besseren Orientierung zu gelangen. Es gibt viele Gurus und auch manche der neueren psychologischen Richtungen, die diese persönliche Nabelschau betont fördern, indem sie den Menschen dazu anhalten, sich nur auf sich selbst zu verlassen und das Glück nicht mehr von der äußeren Welt, sondern in sich selbst zu finden. Das ist immerhin schon etwas und ganz sicher nicht negativ zu bewerten, solange man sich bewußt ist, daß es nur *einen* Schritt in die richtige Richtung bedeutet und noch lange nicht das Ziel darstellt.

Ein Mensch, der Nabelschau betreibt, hat sich zunächst einmal nur losgelöst vom Getriebe der Welt. Er findet in sich selbst Ruhe und Geborgenheit und, wer weiß, vielleicht sogar auch Glück. Das ist mehr, als die meisten anderen, die dem Räderwerk des Lebens verhaftet bleiben, von sich sagen können. Bedingung und Preis dafür sind allerdings, daß ein solcher Mensch sein Leben sehr engen Grenzen unterwerfen und darauf achten muß, nicht mehr mit dem Getriebe der Welt in Berührung zu kommen und sorgfältig auf Distanz und Abgrenzung bleibt. Solche Menschen wählen den Weg des Mönchs, des Asketen. Unter ihnen finden wir in gewisser Weise auch diejenigen, die wir als »Aussteiger« zu bezeichnen pflegen. Sie sind eng dem Bild »IX Der Eremit« verbunden, mit allem Positiven wie Negativen, das dieses Bild enthält. Dieses Bild weist uns an, zunächst einmal die Dinge von einer höheren Warte aus zu betrachten. Es bedeutet Bewußtheit, den Sinn in und hinter den Dingen zu erkennen, aber es kann auch Einsamkeit, Isolation beinhalten, in der man nur zu oft zu erkalten und zu erfrieren droht. Nicht zu unterschätzen ist die Gefahr, daß ein solcher Mensch, auch wenn er sich im positiven Sinne der Nabelschau ergibt, Gefahr läuft, der Ich-Bezogenheit zu verfallen und dadurch den Blick für ein größeres Ganzes zu verlieren.

Zum Eremiten werden ist ein notwendiger Schritt auf dem Weg zur esoterischen Lebensführung. Vorausgesetzt, wir sind uns stets klar darüber – was das Bild des Eremiten ja sehr deutlich darstellt –, daß nämlich diese Station nur ein Durchgang sein kann und keine Bleibe ist. Der Eremit ist die letzte Station der ersten Ebene des Tarot, welche die Bilder I bis IX umfaßt. Es ist der Ort, wo der Sinn dieser Ebene im Lichte des sechszackigen Sterns erkannt wird, bevor sich der Eremit anschickt, sich wieder umzudrehen und durch Bild X hindurch, eben das Bild des Rades, zu einer höheren Ebene aufzusteigen. Damit wird klar, daß der »Eremit« sehr wohl Ziel und Ende der unteren Ebene des Tarot, die dem alltäglichen Leben entspricht, sein kann, aber nicht im Blick auf das Ganze Ende und Ziel bleiben darf, sondern sich zum Ausgangspunkt wandeln muß für das Erklimmen einer höheren Ebene, deren Erkenntnis erst das wahre esoterische Leben ermöglicht. An dieser Stelle sei auch noch einmal an den Nabel des Teufels in Bild XV erinnert, der sich jetzt auch in einer speziellen esoterischen Bedeutung enthüllt, nämlich als die falsche Nabe, als den Punkt, der vom großen Ganzen abgespalten ist und um diese Nabe zu kreisen unweigerlich zu Blockade und Stillstand führt.

Wer auf den esoterischen Weg verwiesen wird oder ihn aus freiem Entschluß heraus gehen will, dem wird zunächst die Erkenntnis, daß seine bislang gültigen Bezugspunkte, die Nabe, um die sich sein Lebensrad bisher drehte, nicht unbedingt in Übereinstimmung und Ausrichtung zur großen kosmischen Nabe stehen und daher als erstes eine Neuausrichtung, eine Neuorientierung vorgenommen werden muß. Das klingt nun freilich leichter als es ist. Denn von frühester Kindheit an sind wir fast alle immer gutgemeinten, aber nicht unbedingt guten Einflüssen durch unsere Erzieher ausgesetzt, die es sich zum Ziel gesetzt haben, uns eine Verhaltensweise und Lebensweise anzugewöhnen, die uns auf eine möglichst beschwerdefreie Weise durchs Leben führen soll. Dies geschieht, indem uns eine ganze Menge von Verhaltensweisen und Konventionen beigebracht werden, von denen angenommen werden kann, daß sie zu möglichst wenig Konflikten führen, weil sie von der großen Mehrheit der Menschen geteilt und anerkannt werden. Erziehung zu Konventionen und moralischen Werten, aus denen sich schließlich »gute« Gewohnheiten entwickeln sollen, sind die Mechanismen, die den Menschen, gleichsam automatisch gesteuert, auf einen den Interessen der jeweiligen Gesellschaft dienenden Lebensweg führen sollen. Namentlich die Gewohnheiten sind das stärkste Hindernis auf dem Weg zu einer esoterischen Lebensführung. Die Worte »Gewöhne dir das an oder ab!« gehören sicher zu den häufigsten, die ein heranwachsender Mensch sich anhören muß. Gewohnheiten ermöglichen ein Handeln ohne zu denken und ohne vorherige Überlegung. Darum sind »gute« Gewohnheiten anscheinend so praktisch und angenehm und die schlechten wiederum so hartnäckig und störend. Eines aber müssen wir wissen: Jede Gewohnheit, sei sie nun nach unseren jeweiligen Maßstäben gut oder schlecht, ist ein Hindernis, ohne dessen Überwindung keine esoterische Lebensführung möglich ist, denn gewohnheitsmäßiges Handeln bedeutet, in einem unbewußten und gedankenlosen Zustand zu verweilen, und das ist genau das Gegenteil dessen, was das Bild des Eremiten von uns als Voraussetzung verlangt, um die höhere Ebene zu erreichen.

Bei dieser Gelegenheit möchte ich darauf aufmerksam machen, daß wir in den vier Ebenen des Tarot (I bis X; XI bis XX und XXI und O) ein analoges Abbild dessen vor uns haben, was ich im *Baum des Lebens* das »psychologische Dreieck«, das »esoterische Dreieck« und das »mystische Dreieck« nenne (vgl. *Der Baum des Lebens,* S. 89 ff.). (Bild 0 entspricht der vierten Ebene Ain Soph Aur oberhalb Kether).

Darum ist es eine erste und grundlegende Bedingung für esoterische Lebensführung, sich sofort darum zu bemühen, alles gewohnheitsmäßige Handeln und Tun abzulegen, selbst wenn es sich dabei um »gute« Gewohnheiten handeln sollte. Das heißt, etwas tun oder nicht tun, weil wir dieses Tun beziehungsweise Nichttun als richtig *erkannt* haben in Übereinstimmung mit einem uns übergeordneten größeren Ganzen, nicht weil wir damit einem natürlichen oder uns von außen her konditionierten Trieb oder Gefühl folgen, etwa noch in der Meinung, dafür entweder belohnt oder bestraft zu werden.

Damit sind wir einmal mehr bei dem so altbekannten Problem der Dualität Denken und Fühlen angelangt. Da diese Frage wirklich von einiger Wichtigkeit ist und auch für die uns hier beschäftigenden Fragen Bedeutung hat, möchte ich kurz dabei verweilen.

Denken und Fühlen werden offenbar seit jeher vom Menschen als Gegensatz empfunden, der dadurch gelöst zu werden pflegt, daß man das eine dem jeweils anderen unterordnet, entweder seinen Gefühlen vertraut, ohne sie durch die Gedanken zu überprüfen, oder umgekehrt dem Kopf absolute Priorität einräumt und eventuell störende Gefühle konsequent unterdrückt und verdrängt. In einer Zeit, die noch gar nicht so lange zurückliegt, hat man den philosophischen Gedanken mehr vertraut als den Gefühlen, die innerhalb der bürgerlichen Gesellschaft zu einer Angelegenheit der Dichter und Künstler gemacht wurden, mit oft fatalen Folgen für diese, wenn sie versuchten, aus diesem Ghetto, das ihnen die Gesellschaft gnädig zuwies, auszubrechen und ihre Gefühle in die damalige Sozialordnung einzubringen und zu leben.

Heute schlägt das Pendel eher in die andere Richtung aus. Gewisse Richtungen der westlichen Psychotherapie zum Beispiel räumen heute dem Gefühl absolute Priorität ein und ermuntern die Menschen dazu, ganz auf ihre Gefühle zu vertrauen und aus ihnen heraus zu leben. Sie übersehen dabei allerdings, daß Gefühle genauso konditioniert und manipuliert werden können wie Gedanken und schon deshalb nicht als absolute Richtlinien tauglich sind. Wenn jemand beispielsweise Angst vor einer Maus empfindet, so ist das Gefühl zweifellos echt und für den Fühlenden die Wirklichkeit schlechthin. Der Betreffende täte nur gut daran, die Realitätsbezogenheit seines Gefühls anhand von Gedanken und vernünftigen Überlegungen zu überprüfen. Das heißt nun beileibe nicht, daß Gefühle unterdrückt, nicht beachtet werden sollen oder daß man ihnen grundsätzlich mit Mißtrauen zu begegnen habe. Gefühle wie Gedanken sollten akzeptiert und ihrem freien Strömen und Fließen überlassen werden. Aber man sollte sich stets bewußt sein, daß sowohl Gedanken als auch Gefühle durch mehr oder weniger erkennbare äußere Einflüsse von unserem inneren eigentlichen Selbst her abweichen können und deshalb nicht dazu taugen, uns als Nabe oder Bezugspunkt zu dienen.

Die östliche Lebenshaltung hat dies schon längst erkannt und dafür den Begriff Maya geprägt, die Täuschung. Maya heißt aber nicht so sehr, wie oft mißverstanden, »nichtig«, sondern vielmehr, daß alles, was dem Menschen durch sein Denken, Fühlen und Empfinden zuströmt und das er wahrnimmt, nicht absolut sein kann, sondern stets als relativ zu betrachten ist. Wer Zorn fühlt, soll diesen Zorn ruhig wahrnehmen und strömen lassen, solange er sich darüber im klaren ist, daß sein Gefühl des Zorns noch gar nichts über die Berechtigung dieses Zorns oder dessen auslösenden Grund aussagt. Wer Liebe fühlt, soll diese Liebe strömen lassen und sich ihr hingeben, solange er nicht den Anspruch erhebt, daß seine Gefühle über das Objekt seiner Liebe etwas allgemein Gültiges und Absolutes aussagen.

Wir sehen uns jetzt also mit der Möglichkeit konfrontiert, vieles, das meiste, ja im Grunde genommen alles das aufzugeben, wonach wir uns bisher in unserem Leben ausgerichtet haben und was für uns Bezugspunkt und Nabe bildete. Gleichzeitig heißt es, die neuen Kriterien zu finden, nach denen wir uns in einem höheren kosmischen Sinne orientieren können. Diesen Schritt zu vollziehen bedeutet in jedem Falle, einen Schritt ins Leere zu wagen. Wer einmal zur Erkenntnis und zur Einsicht gekommen ist, daß die bisherigen Richtlinien und Kriterien in seinem Leben keinen absoluten Wert mehr besitzen, der kann nie mehr dahin zurück, selbst wenn er dies noch so sehr will und anstrebt. Das ist es, was den Tarot unter anderem gefährlich für manche Menschen macht.

Diese Situation ist ziemlich genau einer Geburt vergleichbar, einer Neugeburt mit all den Merkmalen, die mit Geburt und Initiation verbunden sind und wie sie in »III Die Herrscherin«, durch den Wasserfall symbolisiert wird. Einmal mehr gleicht der Mensch, der zu dieser Erkenntnis gelangt ist, dem Tropfen, der von einer Ebene des Wasserfalls auf die untere gefallen ist und nun keine Möglichkeit mehr hat, die obere Ebene wieder zu erreichen, sondern sich nur dem Strom des Wassers anvertrauen kann, der ihn auf der neuen Ebene, in einer neuen Dimension seiner endgültigen Bestimmung zuführt.

Wenn die Kriterien, nach denen wir bisher gelebt haben, entweder von außen her oder durch unseren freien Entscheid mehr oder weniger plötzlich außer Kraft gesetzt werden, dann ist es nur natürlich, daß dieser Vorgang große Angst erzeugt. Der Mensch findet sich plötzlich in einem Zustand der Unsicherheit, der Desorientiertheit, ja vielleicht der absoluten Leere wieder. Nicht jeder Mensch besitzt so viel Charakterstärke, um sich diesem Zustand zu stellen, sich mit ihm auseinanderzusetzen und ihn letztlich in einer Vorwärtsbewegung, zu einem neuen Richtpunkt hin zu überwinden.

Dies ist auch genau der Punkt, wo sich der Weg einer esoterischen Lebensführung und der Weg der religiösen Institutionen mit ihren Vorschriften, Richtlinien und Geboten scheiden. Die wenigsten Menschen sind dazu imstande, sich selbst aus dieser Leere hinauszuhelfen und aus eigenen Einsichten den Weg zu finden. Die Mehrheit ruft verzweifelt nach Orientierung von außen her, nach Gesetzen und Geboten, die ohne viel Nachdenken und gewohnheitsmäßig erfüllt werden können und trotzdem den Weg zum Heil garantieren sollen.

Erinnern wir uns an dieser Stelle noch einmal an die Sohar-Legende (vgl. *Baum des Lebens,* S. 50), die berichtet, daß Gott ursprünglich für sein Volk Israel den esoterischen Weg, den Weg des Baums des Lebens, gewählt hatte, den Weg ohne Vorschriften, ohne Gesetze, nur durch eine höhere Einsicht und

Erkenntnis bestimmt. Während aber Moses auf dem Berg Sinai weilte, zwang das Volk Israel den Aaron, das Goldene Kalb zu verfertigen, das als ein Symbol des Heils gesehen werden kann, wie es dem Menschen von außen her dargeboten wird, ohne daß er Verantwortung übernehmen muß. Das einzige, was verlangt wird, ist, daß man dieses Symbol umtanzt und damit sein wahres Selbst aufgibt, um es fortan fremdbestimmen zu lassen. Da das Volk Israel offenbar diesem zweiten, religiösen Weg den Vorzug gab, brachte ihnen Moses statt der zehn Sephiroth vom Baum des Lebens die zehn Gebote, und so führten sie von da an eben ein Leben in der Furcht des Herrn, anstatt in seiner Erkenntnis. Wer irgendein goldenes oder sonstiges Kalb umtanzt, der überwindet zwar das schreckliche Gefühl, in die Leere geworfen zu sein, aber er hat letztlich keine Garantie, trotz aller Versicherungen, die ihm, von welcher Seite auch immer, gegeben werden, daß er sich wirklich nach der großen kosmischen Nabe ausrichtet und statt dessen nicht auf den Nabel des Teufels bezogen ist und an dessen Block gekettet bleibt.

Der beste Weg, um das Gefühl der Furcht und des Verlassenseins zu überwinden, nachdem du diesen Schritt ins Leere getan hast, oder dich dazu entschlossen hast, ihn zu vollziehen, ist eine intensive Beschäftigung mit dem Bild des Eremiten und allen seinen Aspekten. Halte dir vor allem vor Augen, daß der Zustand des Eremiten wohl Einsamkeit und vielleicht Alleinfühlen bedeuten kann, aber daß er in einem viel höheren Sinne auch Bewußtheit bedeutet. Sich allein fühlen und Einsamkeit sind keine Endzustände, sondern dazu bestimmt, vorüberzugehen; und der Eremit besitzt alles, was er braucht, um seinen Weg fortzusetzen: Die Lampe der Erkenntnis mit dem sechszackigen Stern als Leuchte und den Stab der Kraft, der es ihm ermöglicht, auf eine höhere Ebene durchzusteigen. Jeder, der gewillt ist, aus seinem Leben mehr zu machen, als was vom Durchschnitt und der Mehrheit verlangt wird, kommt zwangsläufig zum Stadium des Eremiten. Wer dort angelangt ist, darf zur Kenntnis nehmen und sich der tröstlichen Gewißheit hingeben, daß die nächste Station »X – Das Rad des

Schicksals« sein wird, in dem ihm für all das, was er aufgegeben und worauf er verzichtet hat, etwas Neues und Größeres wiedergegeben wird, das ihm ermöglicht, aus seiner scheinbaren Leere hinauszutreten und neuen, festeren Grund voll Wärme und Kraft unter seinen Füßen zu spüren.

Wer sich in der Bibel etwas auskennt, wird ohne Mühe nachprüfen können, daß die Vision des Propheten Hesekiel ziemlich genau dem Schritt von Bild IX zu Bild X entspricht, wobei einmal mehr auf die enge Verbindung hingewiesen werden kann, welche die biblische Bilderwelt mit dem Tarot hat, und umgekehrt. Tarot-Bild X gibt uns buchstäblich eine Vision der höheren, kosmischen Ordnung und Gesetzmäßigkeit. Mit ihr vertraut zu werden und sie in unser weiteres Leben zu integrieren, erfordert vier Schritte, die wir entweder nacheinander oder mehr oder weniger gleichzeitig zu vollziehen haben.

Erstens müssen wir *wahrnehmen,* daß es eine uns übergeordnete Ordnung gibt. Zweitens müssen wir *erkennen,* worin diese übergeordnete Ordnung besteht, und wir müssen ihre Gesetze *wissen* und benennen können. Drittens müssen wir sie *anzuwenden* suchen, wo es nur immer geht, und sie vor allem auf unsere eigene, persönliche Ebene heruntertransformieren und dort danach handeln. Viertens müssen wir aus dieser Anwendung der Gesetze *ein Resultat, ein Ergebnis hervorgehen lassen.* Alle großen kosmischen Gesetze sind in der Art und Weise, wie sie auf der irdisch-materiellen Ebene in Erscheinung treten, in Bild X enthalten.

Im Grunde kennen wir ja diese Gesetze längst. Es handelt sich dabei um die drei hermetischen Gesetze, ergänzt durch ein viertes, das den drei erst ihren eigentlichen tieferen Sinn gibt. Rufen wir sie uns kurz ins Gedächtnis zurück:

1. Das Gesetz *»Wie oben, so unten«.* Dieses Gesetz sagt aus, daß alles, was existiert, in verschiedene Ebenen geordnet ist, die sich in ihrer Erscheinungsform voneinander sehr unterscheiden können. Aber auf jeder Ebene sind letztlich die gleichen Regeln und Gesetze gültig. Auf Bild X ist diese

Wandlung der gleichen Erscheinungen durch verschiedene Ebenen hindurch durch die sogenannten magischen Korrespondenzen dargestellt. (Zu deren näheren Erläuterung verweise ich auf *Das Rad des Lebens,* S. 160–163.) Wer einmal dieses erste hermetische Gesetz in seinem innersten Kern begriffen hat, für den ist sehr wohl noch manches unfaßbar, aber nichts mehr unbegreiflich.

2. Das *Gesetz der Polarität.* Es besagt, daß alles zwei Seiten hat, die zueinander in einem entgegengesetzten Spannungsverhältnis stehen. Auf Bild X ist es dargestellt in dem aufwärtsstrebenden schakalköpfigen Anubis und in der niederzüngelnden Typhon-Schlange.

3. Das *Gesetz der Dreiheit.* Es sagt aus, daß zwischen den zwei entgegengesetzten Spannungspolen, wie sie im Gesetz der Polarität beschrieben sind, eine Kraft fließt, durch die etwas Neues entsteht und die verhindert, daß das ständig in Bewegung befindliche Universum erstarrt und dem Tod verfällt.

Dies sind die drei hermetischen Gesetze so, wie wir sie bisher kennengelernt haben. Dazu gesellt sich nun noch ein viertes Gesetz, das die drei hermetischen Gesetze gewissermaßen zu einer höheren Einheit und Bestimmung miteinander verbindet. Es ist das Gesetz der *Balance* oder der *Ausgewogenheit.* Dargestellt ist es in Bild X durch die Sphinx, die an der Oberseite des Rades darauf achtet, daß weder Anubis noch Typhon das Übergewicht erlangen und beide polaren Kräfte in Ausgewogenheit und Harmonie dem Ganzen des Weltenlaufs dienen. Dieses Gesetz der Balance und Ausgewogenheit haben wir vor allem an der magischen Glyphe des Baums des Lebens kennengelernt, wo es uns darauf hinwies, zwischen der belebenden männlichen und der formgebenden weiblichen Säule die Mitte, den mittleren Pfad zu finden.

Wenn wir diese vier Gesetze des Kosmos nüchtern betrachten, dann fällt es uns wahrscheinlich etwas schwer zu begreifen, warum irgendein goldenes Kalb für die Menschheit immer so viel attraktiver ist als die Erfüllung und Beobachtung dieser Gesetze. Sie sind ihrem Wesen nach nicht schwer zu begreifen; auch ihre Erfüllung scheint nicht unbedingt außerhalb des Rahmens des Möglichen zu liegen. Was also ist denn daran so schwierig, daß es den Menschen im allgemeinen davor zurückschrecken läßt, sich nach der großen kosmischen Ordnung zu orientieren, um sich statt dessen mit einer niederen partiellen Ordnung zufriedenzugeben?

Zur Beantwortung dieser Frage nimmst du am besten »VIII Die Gerechtigkeit« zur Hand. Blicke auf die beiden Gegenstände, die der Figur der Gerechtigkeit als Embleme beigegeben sind. Sie hält in der linken Hand die Waage und in der rechten das Schwert. Ein Blick auf die Waage wird uns deutlich zeigen, worin die Schwierigkeit besteht. Es handelt sich dabei um eine Waage, wie sie heute kaum mehr verwendet wird und die doch in ihrer Handhabung dem Betrachter alles über das große Gesetz der Ausgewogenheit mitteilen kann. Eine Waage, wie die hier abgebildete, befindet sich in der Balance, im Gleichgewicht, wenn die beiden Schalen und ihr jeweiliger Inhalt auf gleicher Ebene nebeneinander liegen. Je nachdem, ob die eine Waagschale höher oder tiefer ist, befindet sich die Waage im Ungleichgewicht, in der Unausgewogenheit. Eine solche Waage ins Gleichgewicht zu bringen, ihr die Balance zu verschaffen, kann auf zweierlei Weise erfolgen. Entweder du fügst der Waagschale, die sich höher befindet und deshalb leichter ist, mit der Kraft von Chesed so lange etwas zu, bis sie mit der anderen eine horizontale Ebene bildet, oder, und dies ist der andere Weg, du nimmst der Waagschale, die sich tiefer befindet und deshalb schwerer ist, so lange etwas weg – das heißt, du reduzierst mit der Kraft von Geburah ihren Inhalt –, bis sie sich ebenfalls wieder gehoben hat und sich mit der anderen auf einer Ebene befindet. Es gibt also zwei Wege und Mittel, die eingesetzt werden können, um eine Waage, die sich im Zustand der Unbalanciertheit befindet, in die Ausgewogenheit zu bringen. Beide Wege führen zum gleichen Ziel, aber sie erreichen es auf eine jeweils entgegengesetzte Art und Weise.

Jeder Mensch, der sein Leben nach esoterischen Grundsätzen – und das heißt hier nach den Richtlinien dieser vier kosmischen Gesetze – führen will, muß bestrebt sein, sein Leben, sein Tun und Handeln nach dem Beispiel der Waage in den Zustand der Ausgewogenheit und Harmonie zu bringen. Nur – auf welche Weise soll er dieses Ziel erreichen? Soll er auf der leichteren Schale dazufügen oder notfalls mit dem Schwert von der schwereren Seite wegnehmen?

Mit anderen Worten ausgedrückt: Ich kann mich vor die Aufgabe gestellt sehen, eine aus dem Gleichgewicht geratene Waage wieder in die Balance zu bringen. Alles hängt nun schon davon ab, wie ich die beiden Waagschalen und ihren Inhalt benenne. Ich kann beispielsweise den Inhalt der schwereren Schale als böse und destruktiv bezeichnen und den Inhalt der leichteren als gut und kreativ. (Aber auch das Entgegengesetzte ist möglich!) Somit habe ich wiederum zwei Möglichkeiten. Ich kann – und das wird mir wahrscheinlich am naheliegendsten erscheinen – den zu leichten Inhalt der »guten« Schale mit Gutem auffüllen, bis sie der »bösen« Schale das Gegengewicht hält. Oder ich kann vom Inhalt der »bösen« Schale mit dem Schwert so lange Stücke wegschlagen, bis sie aufsteigt und mit der »guten« Schale eine Ebene bildet.

Nun erkennen wir auch sogleich, warum der esoterische Weg für die meisten Menschen als zu beschwerlich und mühsam angesehen wird. Denn auf dem esoterischen Weg gilt es Entscheidungen zu treffen. Entscheidungen, die einem niemand abnehmen kann, die man ganz aus sich selbst heraus treffen muß und die Bereitschaft verlangen, dafür auch die Verantwortung zu übernehmen. Kein Wunder, daß sich der Mensch vor dieser Situation immer wieder drücken will, um sich hinter die Bequemlichkeit irgendwelcher Gebote und Verbote zu verschanzen, für die er keine Verantwortung zu übernehmen gezwungen ist und die ihm klar sagen, welche Waagschale gut und welche böse ist. Alles, was von ihm verlangt wird, ist, diese Gebote oder Verbote einzuhalten, ohne zu denken und ohne zu fragen. Der Mensch sieht sich vor die Tatsache gestellt, daß er unter Beachtung der großen kosmischen Gesetze sehr wohl und verhältnismäßig leicht als Magier in das Gefüge der Welt eingreifen kann, daß es ihm möglich ist, Harmonie und Ausgewogenheit herzustellen, aber, daß er auch die Freiheit der Wahl des Weges zu dieser Harmonie hat und alles und jedes davon abhängt, daß er für den jeweils gegebenen Moment den wirklich richtigen Weg einschlägt. Sich dieser im wahrsten Sinne göttlichen Freiheit bewußt zu werden und sich mit ihr auseinanderzusetzen, das kann manchen Menschen schon in oder an den Rand des Wahnsinns bringen.

Friedrich Schiller behandelt dieses Thema in seinem Gedicht *Das verschleierte Bild zu Sais:*

Ein Jüngling, den des Wissens heißer Durst
Nach Sais in Ägypten trieb, der Priester
Geheime Weisheit zu erlernen, hatte
Schon manchen Grad mit schnellem Geist durcheilt,
Stets riß ihn seine Forschbegierde weiter,
Und kaum besänftigte der Hierophant
Den ungeduldig Strebenden. »Was hab ich,
Wenn ich nicht alles habe?« sprach der Jüngling.
»Gibt's etwa hier ein Weniger und Mehr?
Ist deine Wahrheit wie der Sinne Glück
nur eine Summe, die man größer, kleiner
Besitzen kann und immer doch besitzt?
Ist sie nicht eine einzige, ungeteilte?
Nimm einen Ton aus einer Harmonie,
Nimm eine Farbe aus dem Regenbogen,
Und alles, was dir bleibt, ist nichts, solang
Das schöne All der Töne fehlt und Farben.«

Indem sie einst so sprachen, standen sie
In einer einsamen Rotonde still,
Wo ein verschleiert Bild von Riesengröße
Dem Jüngling in die Augen fiel. Verwundert
Blickt er den Führer an und spricht: »Was ist's,
Das hinter diesem Schleier sich verbirgt?«
»Die Wahrheit«, ist die Antwort. – »Wie?« ruft jener,

»Nach Wahrheit streb ich ja allein, und diese
Gerade ist es, die man mir verhüllt?«
»Das mache mit der Gottheit aus«, versetzt
Der Hierophant. »Kein Sterblicher, sagt sie,
Rückt diesen Schleier, bis ich selbst ihn hebe.
Und wer mit ungeweihter, schuldger Hand
Den heiligen, verbotnen früher hebt,
Der, spricht die Gottheit – « – »Nun?« –
»Der *sieht* die Wahrheit.«

»Ein seltsamer Orakelspruch! Du selbst,
Du hättest also niemals ihn gehoben?«
»Ich? Wahrlich nicht! Und war auch nie dazu
Versucht.« – »Das faß ich nicht. Wenn von der Wahrheit
Nur diese dünne Scheidewand mich trennte –«
»Und ein Gesetz«, fällt ihm sein Führer ein.
»Gewichtiger, mein Sohn, als du es meinst,
Ist dieser dünne Flor – für deine Hand
Zwar leicht, doch zentnerschwer für dein Gewissen.«

Der Jüngling ging gedankenvoll nach Hause.
Ihm raubt des Wissens brennende Begier
Den Schlaf, er wälzt sich glühend auf dem Lager
Und rafft sich auf um Mitternacht. Zum Tempel
Führt unfreiwillig ihn der scheue Tritt.
Leicht ward es ihm, die Mauer zu ersteigen,
Und mitten in das Innre der Rotonde
Trägt ein beherzter Sprung den Wagenden.

Hier steht er nun, und grauenvoll umfängt
Den Einsamen die lebenlose Stille,
Die nur der Tritte hohler Widerhall
In den geheimen Grüften unterbricht.
Von oben durch der Kuppel Öffnung wirft
Der Mond den bleichen, silberblauen Schein,
Und furchtbar wie ein gegenwärtger Gott
Erglänzt durch des Gewölbes Finsternisse
In ihrem langen Schleier die Gestalt.

Er tritt hinan mit ungewissem Schritt,
Schon will die freche Hand das Heilige berühren,
Da zuckt es heiß und kühl durch sein Gebein
Und stößt ihn weg mit unsichtbarem Arme.
Unglücklicher, was willst du tun? So ruft
In seinem Innern eine treue Stimme.
Versuchen den Allheiligen willst du?

Kein Sterblicher, sprach des Orakels Mund,
Rückt diesen Schleier, bis ich selbst ihn hebe.
Doch setzte nicht derselbe Mund hinzu:
Wer diesen Schleier hebt, soll Wahrheit schauen?
»Sei hinter ihm, was will! Ich heb ihn auf.«
(Er ruft's mit lauter Stimm.) »Ich will sie schauen.«
Schauen!
Gellt ihm ein langes Echo spottend nach.

Er spricht's und hat den Schleier aufgedeckt.
Nun, fragt ihr, und was zeigte sich ihm hier?
Ich weiß es nicht. Besinnungslos und bleich,
So fanden ihn am andern Tag die Priester
Am Fußgestell der Isis ausgestreckt.
Was allda gesehen und erfahren,
Hat seine Zunge nie bekannt. Auf ewig
War seines Lebens Heiterkeit dahin,
Ihn riß ein tiefer Gram zum frühen Grabe
»Weh dem«, dies war sein warnungsvolles Wort,
Wenn ungestüme Frager in ihn drangen,
»Weh dem, der zu der Wahrheit geht durch Schuld,
Sie wird ihm nimmermehr erfreulich sein.«

»Nun«, fragt ihr, »und was zeigte sich ihm hier?« Aufgrund unserer gemeinsamen bisherigen Gedanken ist die Antwort nicht schwer zu finden. Hinter dem Schleier war nichts. Das bedeutet, die Wahrheit besteht darin, daß es nichts gibt, was dem nach Wahrheit suchenden Menschen seine Entscheidungsfreiheit abnimmt und ihn von der Verantwortung für die getroffene Entscheidung entbindet. Wer unvorbereitet mit dieser Wahrheit konfrontiert wird, mag sehr wohl das gleiche Schicksal wie Schillers Jüngling erleiden, weil wir Menschen nur nach einer langen Wegstrecke der Entwicklung unserer Individualität durch viele Inkarnationen hindurch soviel Stärke und Festigkeit aufbringen können, um diese Wahrheit unbeschadet zu sehen und zu erkennen, das heißt, ihr gemäß zu leben.

Kehren wir noch einmal zu unserem Bild von den beiden Waagschalen zurück, die sich nicht im Gleichgewicht befinden. Ich habe den Inhalt der beiden Waagschalen mit gut und böse bezeichnet, bin mir aber durchaus darüber klar, daß diese Ausdrücke sehr fragwürdig sind. Ein Kennzeichen für den Menschen, der sich auf den esoterischen Weg begeben hat, ist, daß er sich als erstes mit dieser Fragwürdigkeit und ständigen Relativität von Ausdrücken und Wörtern herumschlagen muß, die in seinem Leben bisher eine bestimmtere und vielleicht auch absolutere Bedeutung gehabt haben. Das ist ja eben gerade das Wesen von Maya, der Täuschung, daß alles unsicher ist, fragwürdig, und mal so und mal anders erscheint, je nach dem Standpunkt, den man gerade einnimmt. Dies gilt im besonderen auch für die Begriffe Gut und Böse. Für einen Menschen, der sich in der verhältnismäßig heilen Welt von »gottgegebenen« Geboten und Verboten bewegt, sei dies nun im Rahmen der Religion oder innerhalb eines staatlichen und gesellschaftlichen Gefüges, ist diese Frage verhältnismäßig leicht zu beantworten. Gut ist, was diesen Geboten entspricht, was sich nicht im Bereich des Verbotenen abspielt; und böse ist, was die Gebote nicht beachtet und die Verbote außer Kraft setzt. Aber da zeigt es sich bald, daß innerhalb der verschiedenen Religions- und Gesellschaftssysteme trotz mancher Übereinstimmung nicht überall die gleichen Gebote und Verbote Gültigkeit haben. In dem einen System ist erlaubt oder gilt als Tugend, was in einem anderen strikte abgelehnt und als böse taxiert wird. Wir können auch den Versuch unternehmen, uns auf unsere natürlichen Sinne zu verlassen und das als gut zu bezeichnen, was uns behagt und gute Gefühle gibt, und als böse zu bezeichnen, was uns Unbehagen bereitet oder gar Leiden verursacht.

Aber auch hier merken wir sehr bald, daß wir dadurch dem Einfluß der Maya nicht entfliehen, denn manches, was wir zunächst mit unseren Sinnen als angenehm und »gut« empfinden, erweist sich später als »böse«, während manches wiederum, das uns zuerst von Übel dünkt und uns leiden macht, sich später als für uns heilsam und förderlich erweist. Aber auch so können die Grenzen nicht immer genau gezogen werden, denn der Schmerz und das Leiden, das uns ein Chirurg im Rahmen einer lebensrettenden Operation zufügen muß, ist für uns in jeder Beziehung gut, während der gleiche Schmerz, der uns von einem Folterer angetan wird, mit dem Zweck, ein bestimmtes Ziel zu erreichen oder rein um seiner sadistischen Freude willen, durchaus »böse« ist.

Hier ist es vielleicht angebracht, einige Gedanken zum Thema Leid und Leiden zu äußern. Der religiös orientierte, in unserer westlichen Welt vorwiegend christliche Mensch neigt oft dazu, Leid und Leiden als zum Heile notwendig und der menschlichen Reife und Entwicklung zumindest förderlich zu betrachten. Dies führt denn oft dazu, daß Leiden an sich als ein Zeichen göttlichen Erwähltseins betrachtet wird, als Verdienst, womit das Himmelreich erlangt werden kann. Ein einziger Blick in das Naturgeschehen zeigt uns aber, daß es sich so nicht verhalten kann. Körperliches Leiden, das ja in den meisten Fällen auf irgendeine Weise mit Schmerz verbunden ist, zeigt an, daß der Körper sich nicht mehr im Zustand der Ausgewogenheit befindet; seine Balance ist gestört, und dies äußert sich durch Erscheinungen, die wir Krankheit nennen und die ja so oft auch mit Schmerz und Leiden verbunden sind. Der Schmerz ist ein notwendiges Warnungssystem des Körpers, das Störungen anzeigt und durch seinen Leidensdruck veranlaßt, die angezeigte Unausgewogenheit in Ordnung zu bringen.

Leidenslosigkeit, auch wenn sie unter heutigen Umständen selten geworden sein mag, ist der natürliche Zustand, welcher der kosmischen Ordnung entspricht. Zu allen Zeiten wurden in den verschiedenen religiösen Systemen Leiden und Schmerz als mehr oder weniger notwendige Voraussetzungen zur Erlangung des Heils den Gläubigen gelehrt. Einen Höhepunkt solcher Bestrebungen bildete sicher bei uns im Westen die christliche Kirche, indem sie den gekreuzigten Christus, den Schmerzensmann, als Gegenstand der Verehrung anbietet. Der Grund dazu ist recht offensichtlich: einmal mehr geht es um Macht und Machtausübung. Und wo diese ins Spiel kommen, befinden wir uns stets auch im Bereich oder zumindest in der Nähe der schwarzen Magie, die versucht, das kosmische Gleichgewicht zugunsten eigener persönlicher Bestrebungen und Vorteile zu verändern. Da dies aber in den meisten Fällen nicht ohne Beeinträchtigung und Vergewaltigung anderer geht, ist schwarze Magie stets auch mit Schmerz und Leiden für diese anderen verbunden. Wenn nun eine Person oder Institution den Schmerz und das Leiden, gerade auch unter Hinweis auf das Leiden des Christus, als Vorbild, als Heilsweg, Trost und gottgefällige Sache hinstellt, dann kann damit auch der eigene Machtanspruch und die eigene Machtposition sozusagen göttlich legitimiert und von der Opposition der Gläubigen, über die Macht ausgeübt werden soll, abgesichert werden, denn wer kann schon mit gutem Gewissen behaupten, daß Leiden und Schmerz zu ertragen nicht unbedingt eine Tugend sei, wenn er darauf hingewiesen wird, daß Christus ja auch gerade für ihn am Kreuz gelitten habe.

Zu Recht haben sich die Katharer, diese esoterische Gemeinschaft im Mittelalter, geweigert, das Kreuz Christi, ein Hinrichtungsinstrument und Werkzeug der Leidenszufügung, zu verehren. Und wie die Kirche dann mit ihnen verfahren ist, bestätigt genau die hier ausgesprochene These. Dagegen spricht auch nicht, daß sich die Kirchen heute vermehrt der Entrechteten und Hungernden in der Dritten Welt annehmen, denn die Art und Weise, wie dies geschieht, zeigt, daß sich am Prinzip der Machtausübung nicht eben viel geändert hat. Die Methoden sind nur viel subtiler und unmerkbarer geworden als vor einigen hundert Jahren.

Früher wurde die Sexualität dazu benutzt, um den Menschen in sich ständig erneuernde Schuldgefühle zu versetzen, deren Leidensdruck die Kirche allein durch ihre Gnadenmittel ein – vorläufiges – Ende zu setzen vermochte. Heute, nachdem die Sexualität durch Veränderung der Moralbegriffe dazu mehr und mehr unbrauchbar wird, geschieht ähnliches mit dem natürlichen Bedürfnis nach Nahrung, das ja, wie die Sexualität, auch immer wieder neu gestillt werden muß, damit der Mensch leben kann.

Soviel Gutes die Kirchen auch tun, um den Hunger in der Welt zu vermindern und in diesem Bereich Gerechtigkeit und Balance herzustellen, so kann die Art und Weise und der Unterton, womit dies geschieht und das Bewußtsein der Menschen auf diese zweifellos bestehenden Probleme gelenkt wird, letztlich doch gelegentlich darauf hinzielen, daß ich, wenn ich mich sattesse, an unbewußten Schuldgefühlen leiden soll im Gedanken daran, daß ein Mensch irgendwo auf der Welt sein tägliches Brot oder seinen täglichen Reis nicht hat. Die aus diesen Schuldgefühlen entstehende Spannungsenergie kommt dann ganz bestimmt nicht mehr nur der Dritten Welt, sondern auch dem Einfluß und der Machtausübung der Kirche im Westen zugute. Nun darf man aber nicht der Meinung verfallen, daß solch raffiniertes Spiel den in der Kirche Tätigen bewußt sei. Sie übernehmen nur im guten Glauben jahrhundertealte Traditionen, die sich bewährt haben, ohne sie näher zu untersuchen und auf verborgene Absichten zu hinterfragen.

Auch Bibelworte, die auf das Leiden als Weg zum Reiche Gottes hinweisen, meinen nichts weiter, als daß sich der Mensch seiner Disharmonie bewußt werden, seine Unausgewogenheit erkennen muß, um, was aus der Balance geraten ist, wieder in die große kosmische Ordnung zurückzuführen. Nichts anderes steht auch hinter den Wunderheilungen von Jesus. Diese sind ja das deutliche Indiz, daß Krankheit und Leiden auf keinen Fall gottgewollt, sondern stets Folgen und Symptome der Abweichungen vom Zustand der Balance sind.

Der tanzende Androgyn ist Ausdruck des Universums, das sich in göttlicher Harmonie befindet, und sein Tanz vermittelt nicht den Eindruck von Schmerz, sondern von höchster Lust, die ihrerseits wieder von den gleichen Priestern, die den Schmerz heiligen, verteufelt wird.

Aber, um wieder zu unserem Bild von den ungleichen Waagschalen zurückzukommen: Der Schwertstreich, mit dem das Zuviel auf der zu schweren Waagschale weggeschlagen wird, ist er nun böse oder gut? Für das, was sich als zu gewichtig auf der Waagschale befindet, ist er sicher böse, während er im Hinblick auf die Balance sicher »gut« ist. Auch alle anderen Begriffe, womit wir Polaritäten zu bezeichnen pflegen, geraten nun mehr und mehr ins Schwimmen. Ist das Hohe besser als das Tiefe, ist positiv gut und negativ böse? Bedeutet passiv sein verwerfliche Trägheit und im Gegensatz dazu Aktivität gutes Handeln? Kann nicht auch in bestimmten Momenten Neinsagen von Gutem sein und das Bejahen dem Bösen den Weg freilegen? Womöglich kann passives, das heißt hier untätiges Verhalten, Raum für das Gute offen lassen. Wohin wir auch blicken: alles ist in Bewegung geraten, nichts gilt mehr, die Werte verlieren ihre Bedeutung – alles ist Maya.

Allerdings können wir sofort wieder Ordnung und Struktur in den Wirrwarr bringen, sobald wir irgendwo einen festen Bezugspunkt setzen. Wenn ich irgend etwas als absolut gültig definiere, habe ich die Möglichkeit, alles und jedes in Beziehung auf dieses Absolute zu bewerten, und zwar nicht nur in den moralisch-ethischen Belangen wie Gut und Böse, sondern auch in allen anderen Bereichen.

Bei der Waage, wie sie auf Bild »VIII Gerechtigkeit«, abgebildet ist, ist dieses Absolute die Linie, die sich ergibt, wenn sich beide Waagschalen genau auf gleicher Höhe befinden. Damit habe ich die Möglichkeit, jederzeit zu messen und zu überprüfen, inwiefern und ob sich die beiden Waagschalen auf dieser Linie befinden oder sich nach der einen oder anderen Richtung von ihr entfernt haben. Wir sehen: Es geht im Grunde wirklich nur darum, irgendwo einen festen Bezugspunkt zu erhalten oder festzulegen, um alles, was vorher im Chaos der Desorientierung zu versinken drohte, wieder in Ordnung zu bringen und überblickbar zu machen.

Die Frage ist nur: *Welcher* Bezugspunkt hat Gültigkeit?

Jedes Religionssystem und jede Gesellschaftsordnung setzen eigene und andere »absolute« Bezugspunkte, die für allein gültig und richtig erklärt werden. Damit sind wir auf andere Weise genau wieder beim bereits erwähnten Problem des Rades mit seiner Nabe angelangt. Das Problem zeigt sich nun darin, den richtigen Bezugspunkt zu finden. Und »richtig« sollte durchaus unter der Beachtung des Gesetzes »wie oben so unten« verstanden werden, und zwar in dem Sinne, daß wir uns möglichst darüber im klaren sein sollten, auf welcher Ebene wir uns befinden und wo der Bezugspunkt, das heißt die Nabe des für diese Ebene gültigen Rades, zu finden ist. Diese Aufgabe ist nicht leicht zu lösen, denn wie wir gesehen haben, bieten sich uns eine Vielfalt derartiger Bezugspunkte an, von denen jeder für sich den Anspruch erhebt, die allein richtige Nabe zu sein.

Auf den Tarot übertragen bedeutet dies, in der Drehung des Rades des Lebens den Schritt vom »Narren« zum »Magier« zu vollziehen. Das Bild des Narren beinhaltet unter anderem die Erkenntnis, daß alles Maya ist; und sich dieser Erfahrung stellen, bedeutet entweder Wahnsinn, Ekstase oder höchste Erleuchtung. Keiner dieser drei Zustände ist für den Menschen, so wie er für die irdisch-materielle Ebene geschaffen ist, als normal oder gar von Dauer vorgesehen. Es ist ein Zustand, der durchschritten werden muß. Deshalb steht auch am Anfang des menschlichen Lebens auf der irdisch-materiellen Ebene der Magier und nicht der Narr, weil im Narren Anfang *und* Ende in eins zusammenfallen. Der Magier hat vor sich auf dem Tisch die vier magischen Werkzeuge, um damit seine Welt zu ordnen und zu bewältigen. Aber gleichzeitig ist ihm auch die Aufgabe gestellt, einen Bezugspunkt, und das heißt in unserem Falle eben *den* Bezugspunkt, die Nabe, zu finden, die dem großen kosmischen Ganzen in seiner Ordnung entspricht. Das heißt: Im Bild des Magiers muß irgendwo auch die Orientierungshilfe, die Maßeinheit zu finden sein, nach der dieser absolute Bezugspunkt gefunden werden kann. Diese Maßeinheit ist die Lemniskate, die über dem Haupt des Magiers schwebt und die wir bisher als Zeichen des Neubeginns kennengelernt haben. Nun werden wir sie auch in ihrer Funktion als Maßeinheit und Richtlinie zur kosmischen Nabe hin erfahren, so daß durch sie gewissermaßen die Vierheit der magischen Werkzeuge zur Fünfheit des Pentagramms erweitert wird.

Betrachten wir wieder einmal diese über dem Haupt des Magiers schwebende Lemniskate, so wie damals, als wir dieses Bild zum ersten Mal anschauten. Wie damals fällt uns auch jetzt sofort wieder die Bewegung und die Dynamik auf, zu der dieses Symbol unseren Blick verleitet. Es ist eine Eigenschaft der Lemniskate, daß sie die Augen sofort dazu anregt, ihrer geschlossenen Linienführung zu folgen und in einer scheinbaren Unendlichkeit immer wieder von neuem die gleiche Bewegung zu vollziehen. Diese andauernde Bewegung ist es, die sie zum gleichzeitigen Symbol der Unendlichkeit und des Neubeginns macht.

Lassen wir unseren Blick eine Zeitlang in dieser Bewegung schweifen, dann fällt uns bestimmt noch eine weitere Eigenschaft dieses Symbols auf: die Harmonie, die auch durch Begriffe wie Rhythmus oder Zyklus bezeichnet werden kann. Rhythmus und Zyklus können auch als synonyme Begriffe für Ordnung und Struktur genommen werden, und beides finden wir hier in der Begrenzung der Bewegung durch die beiden gleichgroßen Schleifen, die sich in einem Punkt berühren und miteinander verbunden sind, in dem sich die schwingende Bewegung immer wieder *kreuzartig* selbst begegnet.

Dieser letzte Satz mag vielleicht etwas ungelenk und schwer verständlich erscheinen. Ich habe ihn aber absichtlich so gebaut, um möglichst viele Begriffe, die für das Verständnis der Lemniskate von besonderer Wichtigkeit sind, einzubringen. Es sind dies die Worte Harmonie, Rhythmus, Zyklus, Bewegung, kreuzartig. Dieses letzte Wort soll auf die Polarität hinweisen, die auch in der scheinbar gleichartig schwingenden Bewegung der Lemniskate enthalten ist.

Wenn du mit deinen Sinnen, und nicht nur mit dem Verstand, noch etwas tiefer in das Wesen der Lemniskate eindringen willst, dann schlage ich dir folgendes kleine Experiment vor: Zeichne auf ein Blatt Papier eine Lemniskate (nicht zu klein) und fahre mit dem Stift immer wieder ihren Schleifen entlang. Du wirst wahrscheinlich bald die Entdeckung machen, daß die Bewegung deines Stiftes nicht gleichmäßig verläuft, sondern daß sie sich an den runden Enden der Schleife verlangsamt, um dann wieder an Tempo zuzunehmen und den Kreuzungspunkt mit der größten Geschwindigkeit durchläuft. Die menschlichen Sinne sind darauf ausgerichtet, jede Bewegung als von einem Ausgangspunkt zu einem Zielpunkt hingehend zu erkennen. Die in sich geschlossene Form der Lemniskate gibt uns keine Möglichkeit zu erkennen, wo Anfang und Ende ihrer schwingenden Bewegung zu finden sind. Ich bin sicher, daß du bei näherer Beobachtung herausfinden wirst, daß du willkürlich an irgendeiner Stelle der Lemniskate für dich Ausgangspunkt und Zielpunkt annimmst, wo die Bewegung deines Stiftes startet und wieder endet, analog zum ersten akzentuierten Schlag eines Rhythmus, der dann zyklisch immer wiederkehrt.

Sollte es dir aber wider alles Erwarten doch möglich sein, die schwingenden Bewegungen der Lemniskate zu zeichnen, ohne einen solchen Anfangs- und Endpunkt zu setzen, dann ist dir die Gnade zuteil geworden, die Ganzheit des Alls zu erschauen. Du hast Buddhaschaft erlangt, und dieses Buch kann dir überhaupt nichts Neues mehr sagen.

Fassen wir noch einmal zusammen, welche Informationen uns die Betrachtung des Symbols der Lemniskate liefert. Wir lernten sie als Ausdruck einer vollendeten *Harmonie* kennen, deren Ausgewogenheit sich in den beiden gleichgroßen Schleifen offenbart. Aber die Lemniskate ist kein statisches Symbol. Kein in sich ruhender Zustand, sondern sie ist ebensosehr Ausdruck von *Dynamik* und *Bewegung,* die sich *rhythmisch* und *zyklisch* äußern. Im Kreuzpunkt der Lemniskate erfährt ihre schwingende Bewegung immer wieder eine gegenläufige, also *polare* Begegnung.

Wenn wir nun von der These ausgehen, daß die Lemniskate die Maßeinheit bildet, an der die große kosmische Ordnung erkannt und definiert werden kann, dann lassen sich darüber folgende Aussagen machen: Die große kosmische Ordnung bildet eine in sich geschlossene Einheit, deren Anfang und Ende nicht erkennbar sind. Sie ist in einer immerwährenden Bewegung begriffen, deren Art wir als rhythmisch oder zyklisch erkennen können. Diese Bewegung resultiert aus dem Spannungsfeld zwischen zwei entgegengesetzten Polen, die sich zueinander im Gleichgewicht befinden müssen, da sonst eine rhythmische, zyklische Bewegung nicht möglich wäre. Wäre dieses polare Gleichgewicht nicht vorhanden, dann müßte alle Energie nach der einen Seite hin fließen, gleichsam einem Gesetz der Schwerkraft folgend, und dort blockiert werden (»XV Der Teufel«), ohne die Möglichkeit zum Rückfluß zu haben. Erstarrung und endgültiger Tod wäre die Folge. Somit erkennen wir, daß das Prinzip der Balance, die Ausgewogenheit, das alles durchdringende Grundgesetz der großen kosmischen Ordnung ist.

Derjenige, der sein Leben nach dieser großen Ordnung ausrichten will, also das zu tun beabsichtigt, was hier eine esoterische Lebensführung genannt wird, der muß sich dieser Ordnung unter zwei Aspekten, einem passiven und aktiven, nähern. Bevor ein Mensch daran gehen kann, diese große Ordnung in seinem Leben und auf allen Ebenen, auf denen er sich bewegt, anzuwenden und zu verwirklichen, muß er sie zunächst einmal passiv erfassen und buchstäblich begreifen. Er muß sich ihr also von »II Die Hohepriesterin« her nähern, die diesen Umstand zum Ausdruck bringt, indem sie die Thora, das Gesetz der Natur, das sie als Isis verkörpert, in ihrem Schoß birgt, halb ver-birgt und be-greift. (Hier haben wir übrigens einen Hinweis mehr, warum Binah, deren AMA-Aspekt die Hohepriesterin ja auch zum Ausdruck bringt, den Namen »Verständnis« trägt.)

»Verständnis« ist die unbedingt notwendige Voraussetzung, um auf dem Wege weiter voranzukommen, aber es bleibt doch nur eine halbe und damit im kosmischen Sinne tote Sache, wenn der Mensch nicht aktiv anhand von Bild »I Der Magier« darangeht, das Erfaßte und Begriffene aktiv handelnd umzusetzen und zu verwirklichen. Der Fluß dieser Energie bildet sich ihm zur Lemniskate, die, ständig präsent über seinem Haupte schwebend, ihn in die Lage versetzt, im Sinne der großen kosmischen Ordnung auf die ihm zur Wirkungsstätte gegebenen Ebenen gestaltend einzuwirken. Erst das ist »Weisheit« (Chockmah), was nicht in der bloßen Anschauung haften bleibt, sondern sich im praktischen Tun verwirklicht oder, wie es in der Bhagavad-Gita (V,5) heißt: »Wer einsieht, daß Erkennen und Tun im Grunde eins sind, der hat den richtigen Blick.« (Wer noch tiefer in das hier Gesagte eindringen möchte, dem empfehle ich, das mystische Dreieck des Baums des Lebens, vor allem die es verbindenden Pfade 11, 12 und 14, einer eingehenden meditativen Betrachtung zu unterziehen.)

Wir haben nun die Lemniskate als Ganzheitssymbol kennengelernt, als Mandala, das in sich die ganze kosmische Ordnung verkörpert und enthält. Das heißt: alles, was geschieht, kann in der Form der Lemniskate betrachtet und mit ihrer Dynamik erfaßt werden.

Wir wollen das an einigen Beispielen darstellen. Beginne damit beim Atmen, durch das sich dein Leben und seine Dynamik am grundlegendsten äußert. Der ganze Vorgang des Atmens besteht aus zwei Phasen: dem Einatmen und dem Ausatmen, die bildlich als jeweils eine Schleife der Lemniskate betrachtet werden können. Du kannst nun, wenn du willst, den Vorgang deines Atmens mit der meditativen Betrachtung der Lemniskate in der Weise verbinden, daß du möglichst gleichmäßig ein- und ausatmest und dabei mit dem inneren Auge, der inneren Wahrnehmung, die dynamische Bewegung der Lemniskate mitvollziehst, so daß jedes Ein- oder Ausatmen je einer Schleife der Lemniskate entspricht und der Moment, wo das Ausatmen wieder ins Einatmen und umgekehrt übergeht, zum Kreuzungs- und Verbindungspunkt der beiden Schleifen wird. Diese Übung ist sehr gut geeignet, in dir ein Gefühl der Ausgewogenheit und rhythmische, zyklische Dynamik zu erwecken. Achte aber darauf, daß du die gleiche Menge Luft auch wieder ausatmest, die du eingeatmet hast.

Aber auch die Vorgänge und Erscheinungen, die um uns geschehen, können unter dem Blickpunkt der Lemniskate erfaßt und betrachtet werden. Der Wechsel von Tag und Nacht entspricht durchaus dem Schwingen der Lemniskate, indem die Polarität der Schleifen durch die Gegensätze hell und dunkel zum Ausdruck gebracht werden. Kreuzungspunkt ist die Dämmerung, der Zustand also, wo sich Licht und Dunkel gegenseitig durchdringen. Nun kann allerdings mit Recht gerade bei diesem Beispiel von Tag und Nacht der Einwand erhoben werden, daß eigentlich nur an zwei Tagen des Jahres die beiden Schleifen sich in absoluter Ausgewogenheit und Balance befinden, nämlich an der Frühlings- und Herbst-Tagundnachtgleiche. Das stimmt, aber wenn wir den Tag von der höheren Ebene des Jahreslaufes her betrachten, so erkennen wir, daß jedem Tag, an dem die eine Schleife etwas stärker ausschlägt, immer auch ein Tag entspricht, an dem die andere analog auch einen gleich größeren Ausschlag erhält, so daß zuletzt doch alles wieder in der rechten Harmonie und Ausgewogenheit ist.

Diese Tatsache führt uns mit einem Umstand zusammen, der für unsere praktische Lebensgestaltung ziemlich wichtig ist, daß es nämlich oft nicht möglich ist, ein sofort in sich geschlossenes Gleichgewicht zu erlangen, obgleich dies natürlich ist und dem Ideal entspricht, und daß es dann darauf ankommt, diese Unbalanciertheit möglichst bald zu einem anderen Zeitpunkt wieder auszugleichen, gewissermaßen die offene Rechnung nach einer gewissen Frist zu begleichen, so daß von einer höheren Warte aus betrachtet das Gleichgewicht letztlich doch wieder gewahrt ist. Wir werden gerade auf diesen Umstand des zeitverschobenen Gleichgewichts noch in anderem Zusammenhang zu sprechen kommen. Auch die bereits erwähnte Viergestaltigkeit des menschlichen Lebens und Handelns kann in der Form der Lemniskate in der folgenden Weise dargestellt werden (siehe Zeichnung auf Seite 52 oben):

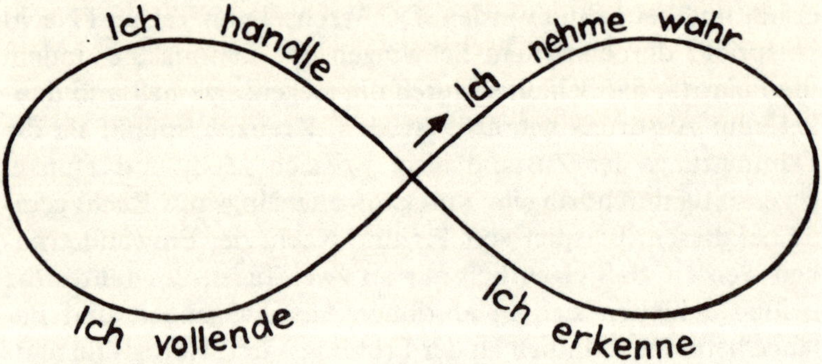

Der Kreuzungspunkt der beiden Schleifen kann als Ausdruck des reinen Seins mit »Ich bin« bezeichnet werden.

Auch die Lebensäußerung des Menschen, die vielleicht von allen die größte Dichte und höchste Intensität aufweist, die sexuelle Begegnung, kann in der Form der Lemniskate ausgedrückt werden:

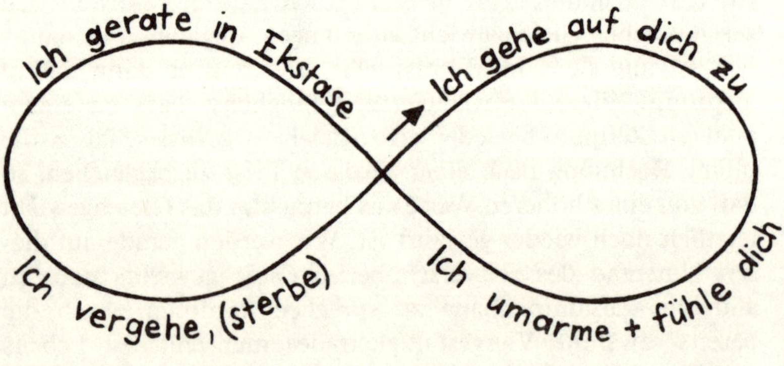

Die höchste Form, in der der Mensch das Gesetz der Polarität erfährt, ist der Wechsel von Leben und Tod. Auch Leben und Tod können wir in der Lemniskate als einen immer wiederkehrenden Wechsel zwischen diesen zwei Phasen erkennen:

So würde die eine Schleife dem entsprechen, was wir *Leben* nennen, die andere den Namen dessen tragen, was wir als *Tod* bezeichnen. Das Wort Tod ist kursiv gesetzt, damit deutlich wird, daß von der Form der Lemniskate her gesehen Tod eben nicht einfach Tod ist, sondern höchstwahrscheinlich eine andere Form des Lebens; der uns bekannten, in der wir uns jetzt befinden, durchaus analog und ebenbürtig, wenngleich wir über ihr Wesen nicht viel aussagen können. Zugleich aber wird deutlich, daß die christlich-kirchliche Vorstellung, nach welcher der Mensch nach einem kurzen, begrenzten Erdenleben in eine unendliche Ewigkeit hinüberwechselt, eine Lemniskate von größter Unausgewogenheit ergeben würde, woraus sofort ersichtlich wird, daß diese Vorstellung mit der großen kosmischen Ordnung nicht übereinstimmen kann. Die Anschauung der Reinkarnation indessen, wie sie in der westlichen Tradition überliefert ist – in der Weise nämlich, daß ein Mensch mit einer immer gleichbleibenden Individualität (»Selbst«) in immer wieder verschiedene Persönlichkeiten geboren wird – läßt sich durchaus mit der Lemniskate darstellen. Jede Schleife der Lemniskate würde damit einer inkarnierten Persönlichkeit entsprechen, während der Kreuzungspunkt, die Individualität, das Selbst zum Ausdruck bringt, zu dem die Verbindung zu schaffen immer wieder die Aufgabe der jeweiligen Persönlichkeit ist. Wir können sogar soweit gehen und uns den Zyklus der verschiedenen Inkarnationen auf dieser irdisch-materiellen Ebene als mehrere, jeweils zueinander verschobene Lemniskaten vorstellen, die indessen alle den gleichen Kreuzungspunkt haben, so daß sich daraus allmählich eine Rosette ergibt.

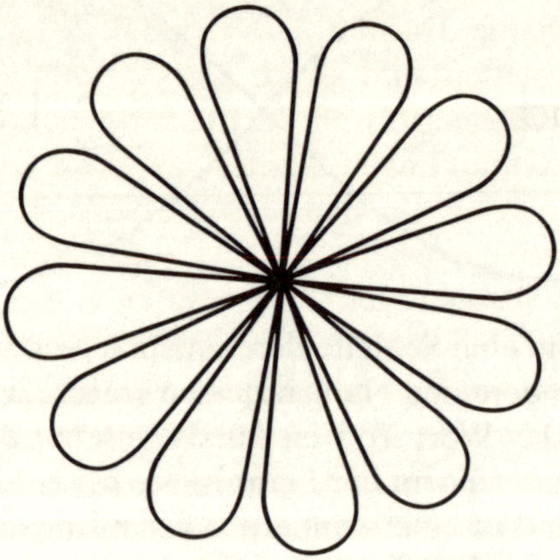

Auch die größte uns mögliche Vorstellung von Leben und Tod, nämlich die Entstehung und das Vergehen unseres Universums, wie es in der sogenannten Urknall-Theorie dargestellt wird, können wir in das Bild der Lemniskate fassen, indem die größte Ausdehnung der Schleife auch der jeweils größten Ausdehnung des Universums entspricht, während der Kreuzungspunkt den Zustand symbolisiert, in dem sich alle Materie in ihrer dichtesten Form im sogenannten Weltei befindet, aus dem heraus sie wieder zu einem neuen Kosmos explodiert. Auch hier läßt sich ohne weiteres analog zum menschlichen Leben das Bild der Rosette anwenden, und einmal mehr erkennen wir staunend die große Analogie zwischen makrokosmischem und mikrokosmischem Leben oder, anders ausgedrückt, daß vieles, ja vielleicht sogar alles dafür spricht, daß der Mensch in seiner Art ein Modell, eine Analogie des Universums ist.

Ich schlage nun vor, daß du selbst weitere Beispiele suchst, möglichst aus dem Alltagsgeschehen heraus, um sie in die Lemniskate zu projizieren und dann meditativ zu betrachten.

Wir wollen nun kurz noch einmal zurückblicken und zusammenfassen, was wir anhand der letzten Beispiele über das Wesen und den Gehalt der Lemniskate herausgefunden haben. Die Lemniskate hat eine Plus(+)-Schleife und eine Minus(—)-Schleife. Darin drückt sich das Gesetz der Polarität aus. Beide Schleifen sind gleich groß, ja müssen gleich groß sein, um die Balance zu wahren, die wir als ein Grundprinzip des Kosmos erkannt haben. Ferner haben wir herausgefunden, daß die Lemniskate ein dynamisches Mandala ist, wodurch der Energiefluß dargestellt wird, der den Kosmos in seiner Ordnung und Ausgewogenheit erfüllt. Ferner haben wir uns darin geübt, möglichst viele Lebensvorgänge und Erscheinungen in das Symbol der Lemniskate hineinzuprojizieren, um daraus zu erkennen, in welchem Maße und in welchem Zusammenhang sie mit der großen kosmischen Ordnung in Verbindung und in einem analogen Zusammenhang stehen.

Gehen wir nun noch einen Schritt weiter und versuchen wir, die Lemniskate in alles das, was wir bisher erfahren und gelernt haben, zu integrieren:

Die in der Lemniskate zum Ausdruck kommenden Gesetze sind uns natürlich nicht neu. Mit dem Gesetz der Ausgewogenheit und der Gliederung in verschiedene Ebenen haben wir uns bereits bei unserer Betrachtung des Baums des Lebens im zweiten Band der *Schule des Tarot* intensiv beschäftigt. Es müßte also von daher gesehen absolut möglich sein, auch die Lemniskate in die magische Glyphe des Baums des Lebens einzubeziehen. Dies ist in der Tat sehr leicht möglich, wenn wir um die Sephiroth, die sich auf den beiden äußeren Säulen, der belebenden und der formgebenden, befinden, die beiden Schleifen der Lemniskate herumführen. Der Kreuzungspunkt kommt dann exakt auf den Weg der mittleren Säule zu liegen. Die folgende Abbildung verdeutlicht dies auf der Ebene von Chesed und Geburah:

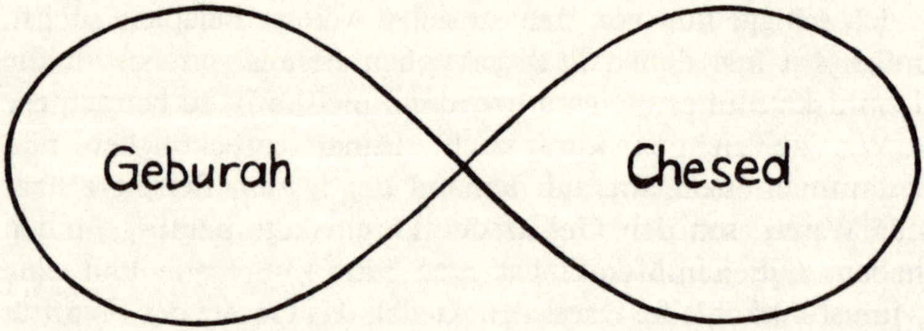

Wenn wir uns das bekannte Gesetz »zuviel Chesed ist Schwäche und zuviel Geburah ist Grausamkeit« vor Augen halten, dann erinnert uns dieser Satz an das Gesetz der Ausgewogenheit, wie wir es ja bereits als Grundprinzip des Baums des Lebens kennen und wie es zusätzlich durch die Projektion der Lemniskate auf den Baum zum Ausdruck gebracht wird. Analog können wir auf jede andere Ebene Nezach – Hod und Chockmah – Binah je eine Lemniskate projizieren.

Aber nicht nur die horizontalen Ebenen lassen sich mit einer Lemniskate umfassen, auch die mittlere Säule kann mit einer Lemniskate umschlossen werden, deren äußere Schleifen Kether und Malkuth bilden und deren Kreuzungspunkt durch Tipharet verläuft. Im weiteren lassen sich natürlich auch Malkuth und Tipharet mit dem Kreuzungspunkt Jesod als Lemniskate darstellen sowie Tipharet und Kether mit dem Kreuzungspunkt Daath.

Ich halte hier weitere Ausführungen für überflüssig, denn wenn du mit dem Baum des Lebens vertraut bist, wirst du ganz von selbst eine Menge Anregungen erhalten, die eine vertieftere Betrachtung verdienen und meinen Kommentar überflüssig machen.

Bei näherer Betrachtung können wir das Gesetz der Balance, wie es in den gleich groß schwingenden Schleifen der Lemniskate zum Ausdruck kommt, überall in der Natur als ein absolutes Gesetz beobachten, dem nichts und niemand sich entziehen kann und das sich mit konsequenter Unerbittlichkeit erfüllt. Der Mensch hat im Grunde nur die Möglichkeit, selbst diesem Gesetz entsprechend aktiv zu leben oder es passiv zu erfahren und zu erleben. *Wer nicht lebt, wird gelebt,* ist ein

Satz, den du von nun an ständig vor Augen haben solltest, wenn du dein Leben nach esoterischen Grundsätzen führen willst. Ich hoffe, du wirst mit der Zeit auch erkennen, daß dieser Satz nicht Einschränkung und enge Begrenzung bedeutet, wie es vielleicht auf den ersten Anblick den Anschein haben mag, sondern im Gegenteil die größtmögliche Freiheit bedeutet, die ein Mensch erlangen kann.

Im Blick auf das große Ganze besteht für den Menschen keine Möglichkeit, sich dem Gesetz des Ausgleichs zu entziehen. Ihm ist er unterstellt, und darin ist er eingebunden. Aber er hat die Möglichkeit und die Freiheit, die Schwingung und den Verlauf der Schleifen in einem gewissen Rahmen zu beeinflussen und von sich aus aktiv zu gestalten, entweder im Einklang mit der kosmischen Harmonie oder entgegengesetzt dazu. Jeder Mensch, sei er nun vom esoterischen Gedankengut beeinflußt oder nicht, wird auf irgendeine Weise die Existenz einer höheren, ihm übergeordneten Gesetzmäßigkeit anerkennen und einsehen, daß ihm nichts anderes übrigbleibt, als sich ihr zu unterziehen. Bei den meisten Menschen geschieht dies allerdings mehr aus dem Unbewußten heraus, und sie vermögen den Sinn und die größeren Zusammenhänge nicht zu erfassen. Sie handeln entweder aufgrund ihrer Instinkte und Triebe oder aufgrund dessen, was sie für ihre Lebenserfahrung halten. Da ihnen diese größeren Zusammenhänge nicht durchschaubar sind, kommen solche Menschen sehr schnell in den Zustand eines permanenten Schuldgefühls, leben ständig in der Furcht, irgendein ihnen bekanntes oder in noch mehr Fällen unbekanntes Gebot verletzt zu haben und dafür natürlich die entsprechende Strafe oder Vergeltung erdulden zu müssen. Darin erkennen wir natürlich sofort wieder den Lebensweg aufgrund von Geboten und Verboten. Wenn die größeren Zusammenhänge nicht erkennbar und durchschaubar werden, dann liegt nichts näher, als das eigene Leben unter dem Einfluß irgendwelcher unbekannter, aber starker Schicksalsmächte zu begreifen, deren Einflußnahme sich jedem Verständnis entzieht. Wir wollen versuchen, diese Gedankengänge anhand eines Beispiels zu verdeutlichen.

Nehmen wir einmal das Erscheinungsbild eines sehr aktiven und daher auch sehr erfolgreichen Mannes, wie es gewissermaßen das Leitbild unserer westlichen Zivilisation geworden ist. Ein solcher Mann arbeitet und ist unermüdlich tätig, konzentriert alle seine Kräfte auf ein Ziel, gönnt sich keine Ruhe und weiß jede Minute seines Lebens mit irgendeiner nützlichen Arbeit oder Tätigkeit auszufüllen. Die Früchte eines solchen Handelns bleiben denn auch nicht aus: er hat Erfolg, sein Status erhöht und seine Positionen mehren sich (Chesed). Diese Mehrung hat aber zur Folge, daß auch seine Kräfte noch mehr und noch stärker beansprucht werden. Es gibt eben jetzt mehr und Größeres, das seine Aufmerksamkeit erfordert. Die Schleife von Chesed wird immer größer und größer, bis eines Tages das Unvermeidliche geschieht. Mitten in dieser Phase der höchsten Aktivität erleidet dieser Mann einen Herzinfarkt. Auch wenn dieser Herzinfarkt nicht tödlich verläuft, so geschieht doch jetzt im Leben dieses Mannes eine folgenschwere Umstellung. Er muß ins Krankenhaus, möglicherweise auf die Intensivstation, und das bedeutet nun einen plötzlichen Wechsel aus der Phase der höchsten Aktivität in die Phase einer ebenso starken Ruhestellung.

Wer von den größeren kosmischen Zusammenhängen nichts weiß, dem erscheint dies wahrscheinlich als ein unverdienter Schicksalsschlag, als ein tragisches Ereignis, das den Mann nun hindert, die Früchte seines Tuns und seiner Arbeit voll auszuschöpfen und zu genießen. Aber wer die Zusammenhänge in einem esoterischen Sinne erfaßt und erkannt hat, für den gibt es an diesem Schicksal nichts Unbegreifliches und schon gar nichts Unnatürliches. Der Esoteriker sieht sofort, daß sich an diesem Mann nicht irgendein unfaßlicher Schicksalsschlag erfüllt hat, sondern ganz einfach das Gesetz der Balance. Unser Mann hat eine Zeitlang praktisch ausschließlich nur im Schwingungsfeld der höchsten und konzentriertesten Aktivität gelebt. Daher ist es nur natürlich, daß nach einer gewissen Zeit die andere Polarität zum Zuge kommt, ja zum Zuge kommen muß. Das heißt: je größer die aktive, tätige Phase gewesen ist, um so größer muß auch entsprechend die passive Ruhephase ausfallen. Das bedeutet in unserem Beispiel eben die Intensivstation des Krankenhauses, wo nun der Mann wirklich zur Ruhe gekommen ist und sich vorerst jeder weiteren Tätigkeit enthalten muß. Für den Betreffenden selbst ist dies zwar tragisch und in höchstem Maße leidvoll, aber letztlich hat sich an ihm nichts weiteres als das große kosmische Gesetz erfüllt. Und was ihn in bezug auf das große Ganze betrifft, ist die Welt wieder in Ordnung.

Dies ist ein sehr starkes Beispiel für das Prinzip *Wer nicht lebt, wird gelebt.* Aber es zeigt uns auch deutlich, in welchem Maße all unser Handeln und Tun unter das Gesetz der Lemniskate gestellt ist. Hätte sich der Mann unseres Beispiels von esoterischen Grundsätzen leiten lassen, so hätte er sorgfältig darauf geachtet, daß nach dem Beispiel der Lemniskate jeder Schwingung in der Plus-Phase eine gleich große Schwingung in der Minus-Phase entgegensteht. In seinem Falle hätte dies bedeutet, die Phasen der Aktivität nur soweit auszudehnen, daß sie durch eine entsprechende Ruhephase auch wieder ausgeglichen werden können. Das hätte in der Praxis sehr wahrscheinlich zur Folge gehabt, daß die aktive Plus-Schleife der Lemniskate nicht dermaßen aufgebläht worden wäre, daß nur ein entsprechend extremer Ausschlag auf die Gegenseite das Gesetz der Balance zur Geltung bringen kann, sondern, daß ein andauernder zyklischer Kraftfluß zwischen Aktivität und Passivität gewährleistet wird. Die Auswirkungen im Alltag des Betreffenden würden sich so auswirken, daß das Ausmaß und die Früchte seiner Tätigkeit sich etwas verringern, er aber gleichzeitig auch in der Lage bliebe, sie zu genießen, zu ernten und dem Strom seiner Lebenskraft einen kontinuierlichen Verlauf zu geben.

Somit können wir eine erste Schlußfolgerung dessen ziehen, was esoterisch leben bedeutet:

Alles, was man tut, soll aus der Erkenntnis heraus gestaltet werden, daß es Teil des großen Ganzen ist und daß sich selbst im geringsten Tun das Gesetz und die Ordnung, dem der ganze Kosmos untersteht, manifestiert.

Noch einmal sei betont: es gibt nichts, das zu banal oder zu gering ist, als daß sich nicht dieses Gesetz daran erfüllt. Was nun den Esoteriker betrifft, so sollte er diese Gesetze kennen und ihre höhere Gültigkeit akzeptieren. Jede Handlung, die er vollbringt, sollte deshalb in irgendeiner Beziehung zu diesem großen Ganzen stehen und möglichst in Einklang damit getan werden, nicht aus Rücksichtnahme auf irgendeine Konvention, ein Gebot oder eine bloße Gewohnheit.

Dieser einfache, fast zu simpel erscheinende Umstand ist es, der den Esoteriker vom Exoteriker unterscheidet. Beider Leben kann rein äußerlich betrachtet in gleichen Bahnen verlaufen ohne irgendeinen für den flüchtigen Blick in Betracht fallenden Unterschied. Aber das Fundament, worauf beide stehen, ist gänzlich voneinander verschieden. Der eine geht den Weg der Gebote und Verbote, der es ihm erspart, den Blick für die größeren Zusammenhänge zu öffnen, der andere geht den Weg der Erkenntnis, der ihm sagt, daß er, wenn auch ein noch so kleiner, doch ein Teil des großen Universums ist und daß alles, was er tut, an der Ordnung dieses Universums gemessen wird, er sich damit entweder im Einklang oder in der Disharmonie befinden kann.

Ein weiteres wird nun aber auch mit aller Klarheit deutlich. Derjenige, der sein Leben nach esoterischen Grundsätzen gestalten will, darf sich nicht der Illusion hingeben, daß sein Leben von nun an problemlos und leicht werden wird. Im Gegenteil, er muß darauf gefaßt sein, sich mit den genau gleichen Problemen und Konflikten, die bisher schon sein Leben bestimmten, auseinandersetzen zu müssen, ja, sie womöglich durch seine höhere Bewußtseinslage noch schärfer zu spüren. Es kann auch geschehen – das hängt zum Teil auch von seiner Umwelt ab – daß zusätzlich noch neue Probleme und Konflikte zu den bisherigen hinzutreten. Was den Esoteriker allerdings auszeichnet, ist, daß er über die besseren Voraussetzungen und die bessere Ausgangslage verfügt, um mit diesen Problemen fertig zu werden und sie zu bewältigen. Dazu braucht es allerdings vorerst einmal mehr Energie und mehr Einsatz, als für den Weg der Gebote und Verbote notwendig ist. Darum wird dieser Weg immer ein esoterischer, das heißt ein Pfad für wenige bleiben, und mancher, der vielleicht voll guten Willens ist, wird vorzeitig wieder aufgeben, weil ihm der andere Weg eben doch als der leichtere und bequemere erscheint.

Noch ein weiterer Umstand steht damit in enger Verbindung. Der wahre Esoteriker zeichnet sich nicht dadurch aus, daß er sich vom Trubel der Welt erhaben zurückzieht, sich durch Leidenschafts- und Emotionslosigkeit auszeichnet und erhaben bis arrogant über dem ganzen Getriebe der Welt zu stehen scheint. Nein, der wahre Esoteriker fühlt und weiß, daß er selbst ein Teil dieser Welt ist und daß er an dem Ort, der ihm zum Wirken gegeben ist, dafür zu sorgen hat, daß er mit dem großen Ganzen in Harmonie verbunden bleibt. Auch keine Askese ist damit gemeint, in keiner Beziehung, denn jede Askese ist Einseitigkeit und schon deshalb im Widerspruch zum Gesetz der Ausgewogenheit.

Der Esoteriker ist sich bewußt, daß er als Mensch ein dynamisches Energiesystem bildet, das dem großen kosmischen Gesetz, wie es in der Lemniskate zum Ausdruck kommt, unterstellt ist. Alles, was ein Mensch tut, denkt, fühlt, empfindet, ist Energie, und zwar von der gleichen Energie, die den Kosmos in Bewegung versetzt und »die Welt im Innersten zusammenhält«.

Nach einem bekannten Lehrsatz der Physik kann Energie nicht vernichtet, sondern allenfalls transformiert werden. Die Summe aller Energie im Kosmos bleibt somit konstant, und aufgrund dieses Satzes lassen sich sehr aufschlußreiche und interessante Überlegungen und Spekulationen über den Menschen in seiner Rolle als Mikrokosmos innerhalb dieses großen Universums anstellen.

Bevor wir aber diesen Gedanken ins große Kosmische hinein weiterverfolgen, wollen wir doch vorerst noch bei dem Energiesystem bleiben, das jeder einzelne Mensch für sich allein bildet. Auch der Fluß der Energie, durch die sich ein lebendiger Mensch ausdrückt, kann in der Form einer Lemniskate betrachtet werden. Der Mensch ist ein aufrecht gehendes Wesen und kann deshalb in eine obere und in eine untere

Hälfte eingeteilt werden. Wir können diese Zweiteilung oder Polarität so zum Ausdruck bringen, daß wir eine Lemniskate um die menschliche Gestalt herum führen, deren äußere Schleifen Füße und Scheitel bilden und deren Kreuzungspunkt etwa beim Bauchnabel, der Nabe, zu liegen kommt.

Die Einteilung des Menschen in eine obere und eine untere Hälfte hat mehr als nur eine anatomische Bedeutung. Sie wird auch benutzt, um zwei verschiedene Energiezentren oder Bewußtseinsebenen zu bezeichnen, die in jedem Menschen vorhanden sind. Als unten und dem niederen Bereich verhaftet wird alles betrachtet, was mit Trieb, Instinkt, Emotionen usw. zu tun hat, sofern sie sich in einer ursprünglichen, dem Animalischen verhafteten Art und Weise äußern. Mit oben und dem Höheren im Menschen wird all das zum Ausdruck gebracht, was mit Bewußtheit, Seele, Geistigkeit, Religion als das Gute schlechthin bezeichnet werden kann. Nach einer allgemeinen und weit verbreiteten Ansicht sollte das Streben des Menschen auf dem esoterischen Pfad darin bestehen, das Niedere, Untere nach Möglichkeit zu eliminieren, nicht zur Geltung kommen zu lassen, und, wenn dies nicht möglich ist, zu sublimieren und seine Energie von unten als einen Teil der höheren Ebene auf diese hinauf zu transformieren.

Daß es sich nicht so verhalten kann, erkennen wir mit einem einzigen Blick, denn ein solcher Mensch, der sich danach richten würde, erhielte dadurch eine überdimensionierte, aufgeblähte obere Schleife der Lemniskate, während sich die untere Schleife mehr und mehr verkleinern und verkümmern würde, also ein Zustand von höchster Unausgewogenheit. Dieses Mißverständnis rührt ziemlich sicher davon her, daß die meisten Menschen von Natur aus, und ganz besonders, wenn sie den Konventionen und Gewohnheiten verhaftet bleiben, über eine Lemniskate verfügen, deren untere Schleife im Vergleich zu der oberen stärker und größer ausgestattet ist. In einem solchen Falle ist es natürlich vollkommen verständlich, daß man seine Aufmerksamkeit und Konzentration zunächst einmal ausschließlich der Entwicklung der oberen Schleife zuwendet. Sind dann aber nach einiger Zeit bewußter und hartnäckiger Arbeit an sich selbst die Schleifen der persönlichen Lemniskate auf annähernd gleiche Größe gebracht, dann wird es allerdings Zeit, auf das Gesetz der Balance zu achten und dafür zu sorgen, daß diese Ausgewogenheit erhalten bleibt, entweder indem man aufhört, die obere Schleife weiterzuentwickeln, oder darauf achtet, daß auch der Energiestrom in der unteren Schleife entsprechend der oberen weiterentwickelt wird.

Der Kenner hat natürlich längst bemerkt, daß wir mit diesen Ausführungen nicht nur ein sehr bekanntes, sondern auch ein recht heikles Gebiet esoterischer Lehre betreten haben. Dieses Gebiet ist vor allem im Rahmen der östlichen Esoterik sehr sorgfältig erforscht und beschrieben worden und auch bei uns im Westen als die Lehre von den Energiezentren im Menschen oder den Chakren bekannt. Wer sich darin bereits etwas auskennt, dem ist sicher längst eine gewisse Übereinstimmung zwischen der Lehre von den Chakren und dem Baum des Lebens, namentlich dessen mittlerer Säule, aufgefallen. Auch ich bin der Überzeugung, daß der kabbalistische Baum des Lebens und die östliche Lehre von den Chakren im Grunde das gleiche Thema haben, indessen so, daß sich aufgrund von gleichen Beobachtungen und Erfahrungen zwei voneinander verschiedene Systeme entwickelt haben, die nicht ohne weiteres miteinander in Kongruenz und Übereinstimmung gebracht werden können.

Ich habe nicht die Absicht, im Rahmen der »Schule des Tarot« vertiefter und eingehender auf die Lehre von den östlichen Chakren einzugehen. Wer sich dafür interessiert, findet genügend mehr oder weniger kompetente Literatur, die meist auf dem bereits klassischen Standardwerk von Arthur Avalon *Die Schlangenkraft* (Otto Wilhelm Barth-Verlag) beruht. Lediglich auf eine Parallele möchte ich hinweisen, die gerade im Zusammenhang mit dem jetzt Behandelten interessant ist. Nach östlicher Darstellung werden die einzelnen am Körper des Menschen übereinander angeordneten Energiezentren (Chakren) wechselseitig von zwei polar entgegengesetzten Energieströmen (Ida und Pingala) umflossen, so daß sich das

Bild von mehreren übereinander angeordneten Lemniskaten ergibt. Im folgenden Vers erkennen wir sofort das Gesetz der Polarität, das Gesetz der Dreiheit und das erste hermetische Gesetz »Wie oben, so unten«: »Zur Linken die weibliche Ida als die des Mondes, zur Rechten die männliche Pingala als die der Sonne, in ihrer Mitte Sushumna, deren Substanz von dreigliedriger Qualität ist.« Auch das westliche Symbol des Hermes-Stabes mit den zwei Schlangen bringt das gleiche zum Ausdruck, und wir finden hier ebenfalls die Lemniskate.

Daß auch die untere, dem sogenannten Niederen verhaftete Ebene des Menschen entsprechend der oberen ausgebildet werden muß und auf welche Art und Weise dies zu geschehen hat, das bildet sehr wahrscheinlich den Inhalt der am besten gehüteten Geheimnisse der östlichen wie der westlichen esoterischen Geheimlehren. Sie werden wahrscheinlich deshalb so streng gehütet, weil die Versuchung zum Mißbrauch stets vorhanden ist und ähnlich der Atomenergie Kräfte geweckt werden können, deren Kontrolle nicht immer gewährleistet ist, oder, wie ein esoterischer Lehrsatz sagt: »Je mehr sich einem Menschen der Himmel öffnet, um so weiter öffnen sich für ihn auch die Tore der Hölle.«

In die Regionen dieser Praktiken hinauf- oder hinabzusteigen – je nach dem – wollen wir getrost dem professionellen Yogi überlassen. Wir Alltagsesoteriker finden mehr als genug Möglichkeiten und Anlaß, die Folgerungen, die aus diesen Geheimnissen entspringen, in unserem Alltagsleben zur Anwendung zu bringen und ihnen auf diese Weise nachzuleben. Einmal mehr wollen wir auch wieder staunend zur Kenntnis nehmen, wie der Tarot eingebettet ist in den großen Strom des globalen menschlichen Urwissens.

Versuchen wir nun, auf die bisherigen Ausführungen zurückzublicken und die praktischen Konsequenzen zu ziehen, die sich für uns ergeben, wenn wir uns bemühen wollen, unser tägliches Leben nach diesen Grundsätzen und Erkenntnissen zu gestalten. Zunächst sind wir uns wohl darüber klar geworden, daß der ganze Lebensbereich des Menschen mit all seinen Äußerungen sowohl oben wie auch unten zum Gegenstand esoterischer Erkenntnis und damit auch esoterischer Lebensführung werden kann. Je mehr es dem einzelnen Menschen gelingt, seinen ganzen Alltagsbereich davon durchdringen zu lassen und ihn unter Beachtung dieser Ordnung und Gesetzmäßigkeit zu gestalten, um so mehr verwirklicht er in seinem persönlichen Umkreis (als einer unteren Ebene) diese große kosmische Einheit. Dabei verschwinden mehr und mehr die Grenzen der Dualität, die unser Leben sonst so stark beherrschen. (Dualität ist nicht mit Polarität zu verwechseln. Dualität bezeichnet einen Gegensatz, bei dem jeder Teil ein mehr oder weniger gesondertes Dasein führt und wo kein die Gegensätze verbindender Kraftfluß vorhanden ist, wie er das Merkmal der Polarität ist.) Es gibt also auch nichts mehr, das man als hoch und edel oder als niedrig und gemein bezeichnen könnte, weil es ja darum geht, in jedem Pol auch den anderen wirksam werden zu lassen. Alles ist beidem verbunden. Das Hohe braucht das Tiefe, und das Tiefe findet seinen Sinn im Hohen. Profanes und Heiliges durchdringen sich. Es ist nicht mehr zu unterscheiden, was zum einen und was zum anderen gehört. Wir können durchaus das Heilige auch im Profanen finden und umgekehrt. Es kommt nur darauf an, daß sich alles unter der großen verbindenden Harmonie und in der polar schwingenden Energie der Lemniskate befindet.

In der Praxis führt dies natürlich zu einem Lebensverständnis, das sich recht stark von dem uns bisher Bekannten und Gewohnten unterscheiden dürfte, namentlich im Westen, der unter dem Einfluß von christlich-kirchlichem Gedankengut mehr dem Wesen der Dualität als der Polarität verpflichtet wurde. Wie dieses Einswerden von Profanem und Heiligem in der Praxis etwa aussehen mag, möchte ich anhand eines kurzen Zitates aus der »geheimen« Biographie des großen tibetischen Heiligen Drukpa Künleg belegen, der von allen mir bekannten religiösen Persönlichkeiten und Lehrern derjenige ist, bei dem die im Alltag sich verwirklichende Esoterik am besten zum Ausdruck kommt. »In Pälsang Butris Haus genoß Drukpa Künleg vom Morgen bis zum Mittag das Essen und trank starken Dschang; vom Mittag bis zum Einbruch der

Nacht spielte er entweder Laute oder Flöte und sang dazu; vom Sonnenuntergang bis Mitternacht machte er Liebe mit Pälsang Butri; und von Mitternacht bis zum Morgen saß er und übte die Sicht der Mahāmudrā (die Verwirklichung des ursprünglichen Wesens des Bewußtseins der Einheit von »Klarheit« und »Leere«). (Keith Dowman: *Der heilige Narr.* O. W. Barth-Verlag, 1982. S. 60.)

In diesem Tagesablauf erkennen wir den vollendeten Schwung der Lemniskate, den Tanz des Androgyns von Bild XXI. Im Hinblick auf den Tarot ist es sicherlich bedeutsam, daß von Drugpa Künleg als vom heiligen »Narren« gesprochen wird.

Für manche, deren Denken und Empfinden vielleicht noch stark vom Konventionellen her geprägt ist – und daran ist kein Makel zu erblicken, denn wir alle sind zunächst einmal das Produkt einer uns aufoktruierten Erziehung –, mag dieser Text auf den ersten Blick vielleicht etwas befremdlich wirken, denn er widerspricht ziemlich allem, was wir im Westen als ein religiöses Leben betrachten. Aber bei näherem Zusehen bringt dieser Text in der Lebensweise, die er beschreibt, die wirkliche Freiheit zum Ausdruck. Die Freiheit nämlich, die ein sicheres Kennzeichen des esoterischen Lebensweges ist.

Offenbar fällt es dem Menschen sehr schwer, wahre und wirkliche Freiheit in sein Leben zu integrieren. Zwar sehnt er sich mit allen Fasern seines Seins danach, aber wenn sie sich ihm wirklich greifbar nahe zur Verwirklichung darbietet, erschrickt er, weil er erkennt, daß Freiheit nicht ohne Verantwortung und Bewußtheit verwirklicht werden kann, zwei Dinge, die vom Menschen eine harte und geduldige Arbeit an sich selbst verlangen. Freiheit ist der Dualität, von der unser Leben noch beherrscht wird, diametral entgegengesetzt, und deshalb kann es nicht verwundern, daß gerade christliche Theologen – und nicht die schlechtesten unter ihnen – wahre Gedankenakrobatik vollbracht haben, um zu beweisen, daß es wahre Freiheit nicht geben könne oder darin bestehe, darauf zu verzichten.

Die bereits zitierte Erzählung vom Volk Israel am Berg Sinai und sein Tanz um das goldene Kalb veranschaulicht uns recht deutlich, wie sich der Mensch zu verhalten pflegt, wenn die Provokation der Freiheit auf ihn zukommt. Sofort delegiert und projiziert der Mensch seine ganze Verantwortung und Selbständigkeit nach außen hin auf ein Wesen, das er sich, wenn es sich ihm nicht von Natur aus darbietet, mit der Kraft seiner Gedanken künstlich erschafft, in diesem Falle das goldene Kalb. So der Verantwortung für sein Tun und Handeln scheinbar enthoben, empfängt dann der Mensch gerne von diesen äußeren Wesen, den Göttern, Gebote und Verbote, die er dann befolgen beziehungsweise übertreten kann, unter Erleidung oder Entgegennahme der entsprechenden Strafe oder Belohnung, um sich so der Illusion hinzugeben, auch auf diesem Wege den Weg zum Heil finden zu können.

Der Schritt vom Weg der Gebote und Verbote zum Weg der Erkenntnis fällt uns allen sehr schwer. Denn wir alle wurden ja für den Weg der Gebote und Verbote erzogen, weil wir alle in irgendeinem politischen System leben, und jedes wie auch immer geartete politische System kann nur im Rahmen dieses Wegs der Gebote und Verbote gedeihen und funktionieren. Das erklärt auch, warum es rundweg unmöglich ist, eine Gesellschaft oder die Menschheit zu verbessern. Revolutionäre aller Schattierungen haben dies immer wieder als ihr Ziel ausgegeben, aber ein Blick in die Geschichte zeigt uns ganz deutlich, daß es ihnen letztlich nur um die Macht ging, und daß sie lediglich ein auf eine Weise recht und schlecht funktionierendes System durch ein anderes, ihren Interessen dienendes ersetzten, das meistens im Anfangsstadium die Menschen noch mehr und härter auf den Weg der Gebote und Verbote verpflichtet, denn wer ist so dumm, das Auto in Frage zu stellen, wenn er sich zum Ziel seines Ehrgeizes gesetzt hat, selbst ans Steuer zu gelangen, statt weiterhin bloß Mitfahrer zu sein? Das einzige, was verändert und verbessert werden kann, ist der Mensch als jeweiliges Einzelwesen, die einzelne Persönlichkeit. Würden sich alle einzelnen Menschen der Welt jeder für sich verändern, dann würde die Welt als Ganzes gesehen sehr wohl anders und vielleicht auch besser. Aber diese Veränderung geschähe nicht im Zeichen irgendeiner Revolution, sondern würde sich allmählich als Evolution ergeben.

Darum fürchten auch alle Politiker, ganz gleich welcher ideologischen Farbe sie angehören, nichts so sehr wie den wahren Esoteriker. Dieser allein ist imstande, die Hand an die Grundlagen ihrer Macht zu legen, nicht indem er einfach ein System durch ein anderes analoges ersetzt, sondern ausgehend vom jeweiligen Gesellschaftssystem, das er vorfindet, dieses ganz allmählich von innen heraus ohne Gewalt »peu à peu« umgestaltet und vor allem auf eine neue Grundlage stellt. Dies ist freilich in der uns bekannten Geschichte bisher noch nie eingetreten, und es scheint mir sehr fraglich, ob es je eintreten wird. Aber es ist ermutigend und in gewisser Weise auch sehr erstaunlich, wie gerade heute mehr und mehr Menschen sich auf das alte Urwissen der Menschheit zurückbesinnen und mehr und mehr dazu bereit sind, ihre Lebensführung und ihr Handeln nach diesen Grundsätzen und Erkenntnissen auszurichten. Gerade in den letzten Jahren ist ihre Zahl unübersehbar im Steigen begriffen, und dies könnte sehr wohl ein Zeichen dafür sein, daß das sterbende Zeitalter der Fische im Begriffe ist, vom kommenden Wassermann-Zeitalter abgelöst zu werden, einem Zeitalter, das sich wieder vermehrt den Früchten am Baum des Lebens statt denen am Baum der Gebote und Verbote zuwenden wird.

Esoterisch leben heißt, ein Leben unter dem Zeichen der Lemniskate führen. Es heißt ferner, darauf achten, daß ihre beiden Schleifen, dem Gesetz der Ausgewogenheit entsprechend, von gleicher Größe sind und in der richtigen Proportion zur jeweiligen Ebene des Menschen stehen, in die er gestellt ist, um dort zu wirken. Es heißt ferner, darauf achten, daß die Schwingungen der Lemniskate nicht zu groß werden. Das warnende Beispiel unseres extrem geschäftigen Mannes sei erwähnt, der das Gesetz der Harmonie nur auf der Intensivstation des Krankenhauses erleben kann.

Wenn wir den Baum des Lebens in unsere Betrachtungen miteinbeziehen, dann zeigt sich dort sehr genau, daß es eher darum geht, die einzelnen Ausschläge der Lemniskate möglichst gering zu halten, so daß sie sich im Bereich der mittleren Säule konzentrieren. Wir können uns sogar vorstellen, daß die einzelnen Ausschläge immer kleiner und kleiner werden, bis sie für unser Auge nur mehr als ein Punkt zu erkennen sind, was aber nicht bedeutet, daß die Lemniskate auch wirklich ein Punkt geworden ist. Die Lemniskate schwingt immer noch in ihrer Polarität, aber die Ausschläge sind so gering, daß sich ihre gleichbleibende Energie wirklich um einen Punkt herum verdichtet und konzentriert. Vielleicht ist dieses Bild eine Veranschaulichung dessen, was mit dem Begriff »Erleuchtung« gemeint ist. Darauf sollte geachtet werden, daß der Mensch als Ganzes sein Oben wie sein Unten von einer schwingenden Lemniskate gleichmäßig umschlossen hat und daß nach dem Beispiel von Drukpa Künleg alle Lebensbereiche davon durchdrungen werden.

Aber kein Mensch ist nur ein Einzelwesen. Jeder von uns ist auf vielfältige Weise mit anderen Menschen verbunden, mit denen wir unentwegt in irgendeiner Weise in Kommunikation begriffen sind. Das heißt, wir müssen das Gesetz der Lemniskate auch in diesen Bereichen der Verbindung mit anderen Menschen zur Anwendung bringen und beachten. Dies kann auf zweierlei Weise geschehen: entweder daß ein Mensch waagrecht zu seiner Oben und Unten umfassenden Lemniskate ebenfalls Energieströme in Form einer Lemniskate schwingen läßt, die einen mehr oder weniger großen Umkreis um ihn herum (Aura) durchdringen und so die Möglichkeit schaffen, mit den Energiefeldern anderer Menschen in Beziehung und Verbindung zu treten. Oder es kann auf die Weise geschehen, daß ein Mensch sich selbst als im Brennpunkt der einen Schleife empfindet und sein Gegenüber, das Du, als den Brennpunkt der anderen Schleife betrachtet, so daß beide Menschen zusammen eine Lemniskate bilden und ihre beiderseitige Energie sich in der Mitte zwischen ihnen, also im Kreuzungspunkt, begegnet und polar vereinigt.

Es gibt zahllose Möglichkeiten, das Gesetz der Lemniskate in deine tägliche Umwelt zu integrieren, und es sei deiner Initiative und Phantasie überlassen, möglichst viele davon zu finden und vor allem zu erfahren. Auf diese Weise kann der Mensch symbolhaft zu einer Blüte, zur Rosette, ja gar zur Rose werden, auf die der »Magier« von Bild I mit seinem Stab hindeutet als Ziel allen Wollens und Handelns auf der irdisch-materiellen Ebene.

Ja, wir dürfen uns mit dem Gedanken vertraut machen, daß die Lemniskate nicht nur zeitlich beschränkt im Bereiche einer Inkarnation auf dieser irdisch-materiellen Ebene schwingt, sondern darüber hinausreicht. Wir nähern uns mit diesem Gedanken dem, was man allgemein mit dem Wort Karma bezeichnet und worüber so viele Mißverständnisse und Unklarheiten herrschen, daß es vielleicht notwendig ist, einmal näher darauf einzugehen, ganz abgesehen davon, daß im Karma und seiner Bedeutung ein wesentlicher Teil esoterischer Weltanschauung zum Ausdruck kommt.

Der Begriff Karma spielt vor allem in den östlichen Religionssystemen eine wichtige Rolle, während er in den westlichen weitgehend fehlt oder vielmehr nicht so direkt und vordergründig zum Ausdruck kommt. Persönlich bin ich allerdings davon überzeugt, daß Jesus das Karma kannte und zum Bestandteil seiner Verkündigung machte, etwa in den Gleichnissen vom ungetreuen Haushalter (Lukas, 16; 1–9) und im Gleichnis von den anvertrauten Talenten (Matth. 25; 14–30).

Das Wort Karma bedeutet »Wirken«, aber vielleicht wird sein eigentlicher Sinn noch deutlicher, wenn wir statt dessen »Bewirken« sagen. In der Bhagavad-Gita steht darüber (VIII, 3): »Die ausstrahlende, schaffende Kraft, die alle lebenden Wesen ins Dasein ruft, wird Karma genannt.« Diese ausstrahlende, schaffende Kraft ist eine Eigenschaft von Adhyatman, einer Wesenheit, in der Brahma, der Schöpfergott, als die höchste Weltseele enthalten ist. In unserer Sprache würde das etwa dem obersten Prinzip entsprechen, das hinter der großen kosmischen Schöpfungsordnung steht und deren Ursache es ist. Da nun der Mensch als Mikrokosmos ein analoges Abbild dieser großen kosmischen Ordnung ist oder sein soll, so verfügt er analog dazu ebenfalls über eine ausstrahlende, schaffende Kraft, mit der er auf der ihm gemäßen Ebene wirken und eben auch etwas bewirken kann. Alles, was wirkt und bewirkt wird, ist Ausdrucksform von Energie, und da – wie wir bereits an anderer Stelle gesagt haben – Energie nicht vernichtet werden kann und nicht vergehen kann, bleiben alles Wirken des Menschen und die daraus hervorgehenden Folgen als Energieformen erhalten. Sie gewinnen Eigenständigkeit und in gewissem Maße vielleicht sogar ein Eigenleben, das auch über den physischen Tod der jeweiligen Persönlichkeit hinaus erhalten bleibt. Wenn es dem Menschen nicht gelingt, die Auswirkungen seiner »ausstrahlenden, schaffenden Kraft« in die große kosmische Harmonie zu integrieren, dann bleiben solche Auswirkungen als selbständige Energiemanifestationen erhalten, mit denen die Individualität des Menschen, wenn er wieder in eine andere Persönlichkeit inkarniert ist, konfrontiert wird, um die Möglichkeit zu haben, das jetzt zu vollenden, was im früheren Leben aus irgendwelchem Grund nicht getan wurde, und auf diese Weise dem Gesetz der Polarität zu entsprechen.

Im esoterischen Sprachgebrauch werden solche Energiemanifestationen aus früheren Inkarnationen eines Menschen mit »Hüter der Schwelle« oder als »die Bewohner der Schwelle« bezeichnet. Jede weitere Entwicklungsstufe der menschlichen Individualität kann nur dann vollzogen werden, wenn sich der Mensch der Begegnung und Konfrontation von Hüter und Bewohner der Schwelle stellt und das nachholt und zum Abschluß bringt, was er in einer früheren Inkarnation noch offengelassen hat. Mit anderen Worten, es ist also eine eigentliche Aufräumarbeit zu leisten. Dabei ist wichtig zu betonen, daß es sich beim Hüter und den Bewohnern der Schwelle nicht unbedingt um die »bösen« Taten eines Menschen handelt, sondern vielmehr um all das, was noch keine gegenpolare Entsprechung gefunden hat. Die Begriffe gut und böse sind nur dann angebracht, wenn man sie als subjektive Wertungen vom jeweils jetzigen Standort aus betrachtet. Der Hüter der Schwelle entspricht also ungefähr dem Abgespaltensein und der dadurch bewirkten Blockade – wie sie in »XV – Der Teufel« dargestellt ist –, und schlagartig begreifen wir nun auch, warum gerade dieses Bild unmittelbar auf »XIV-Mischung« folgt, da XIV ja auf das engste mit dem Begriff des Karma verbunden ist. Auch hier dürfen wir davon ausgehen, daß wir alle diese isolierten Energiemanifestationen in eine geschlossene Lemniskate integrieren sollen, bis auch hier der Mensch in seiner Individualität zu einer einzigen vibrierenden Rosette geworden ist. Erst wenn der Mensch auf diese Weise symbolhaft sich selbst zur Rose gewandelt hat, ist er fähig und bereit, in die nächste ihm bestimmte Ebene oder Dimension zu transzendieren.

In der Theorie hört sich dies vielleicht sehr schön und leicht an, aber die Praxis ist oft mit erheblichen Schwierigkeiten verbunden. Denn da gilt es nicht nur, die jeweiligen Bewohner der Schwelle als solche zu erkennen, sondern auch zu wissen und herauszufinden, welches entsprechende gegenpolare Bewirken sie nun erfordern. Auf diesen Punkt zielt denn auch die alte bekannte Frage, warum es dem Menschen nicht möglich sei, früher gelebte Inkarnationen wieder zu erinnern, denn in diesem Falle wäre es ihm dann leicht, das jeweils jetzt zu Bewirkende von da her zu erkennen und dann entsprechend zu handeln. Aber genau das hieße, auf dem Weg der Gebote und der Verbote beharren. Die Bewohner der Schwelle sind ja nicht unbedingt Repräsentanten sogenannt böser Taten, sondern in vielen Fällen auch der Ausdruck von etwas, das der Mensch in einer früheren Inkarnation noch nicht bewältigen konnte, weil ihm, entsprechend seinem damaligen Reifegrad, dazu die entsprechenden Mittel einfach noch fehlten.

Damit kommen wir auch wieder an den Begriff der »Mehrung« heran, der, wie wir von Bild XIV her wissen, sehr eng mit dem Karma verbunden ist (vgl. auch hier das Gleichnis von den anvertrauten Talenten). Da der Mensch mit der Aufgabe betraut ist, in jeder Inkarnation mit den Mitteln der ihm zur Verfügung stehenden Persönlichkeiten seine »Talente« zu mehren, so sollte er sich auf diese Weise irgendeinmal die Mittel erwerben, das damals noch nicht Vollendete nun zum rechten Ende zu bringen. Dazu ist es aber notwendig, daß der Mensch in aller Freiheit und von allen Erinnerungen unbelastet, unvoreingenommen noch einmal dem Hüter der Schwelle begegnen kann, um aus den ihm jetzt zur Verfügung stehenden Möglichkeiten und gemäß seiner Reife in aller Freiheit das Richtige zu bewirken, und zwar aus der Erkenntnis heraus, daß es das Richtige ist, nicht einfach als Reaktion, die von einer früher gemachten Erfahrung her bestimmt wird. Etwa in der Art: Dasjenige, was ich in der gleichen Situation früher gemacht habe, hat sich als das Falsche erwiesen. Wenn ich jetzt einfach das Gegenteil von damals mache, dann wird das logischerweise wohl das Richtige sein. Ein solches Wirken ist fernab jeder höheren Erkenntnis und absolut untauglich, ein Karma zu bewältigen, denn es verzichtet auf jede höhere Einsicht und Erkenntnis. Zur Lösung eines Karmas ist es nicht unbedingt notwendig zu wissen, woher dieses Karma kommt und was seine Ursache gewesen sein mag.

Nicht was damals war, ist heute wichtig, sondern das, was wir jetzt tun. Wenn es sich aus irgendeinem Grunde als notwendig erweisen sollte, daß sich der Mensch in seiner jetzigen Persönlichkeit an Geschehnisse aus früheren Inkarnationen erinnert, dann wird ihm, wie ich anhand meiner persönlichen Erfahrungen und Beobachtungen immer wieder feststellen kann, diese Erinnerung ganz von selbst zuteil, ohne daß besondere Maßnahmen ergriffen werden müssen, um sie herbeizuführen.

Persönlich halte ich das bei manchen esoterisch interessierten Menschen bereits zur Manie gewordene Herumgrübeln in früheren Inkarnationen für unnötig, ja sogar gefährlich, denn je mehr sich ein Mensch früherer Inkarnationen erinnert, um so mehr läuft er auch Gefahr und neigt dazu, ohne daß er es will, das damit verbundene Karma bloß im obenerwähnten Sinne reaktiv abzuarbeiten und nicht aus einer neugewonnenen und vermehrten und vor allem unbefangenen Erkenntnis heraus. Jede Inkarnation ist auf ihre Weise immer wieder ein Neubeginn im Zeichen des »Magiers«, und deshalb ist die Lemniskate ja auch an so wichtiger Position auf diesem Bild.

In gewisser Weise ist es ein Glück, daß der Begriff des Karma in der westlichen Denkweise in den Hintergrund oder in

Vergessenheit geraten ist, denn dadurch konnte er sich hier viel besser in seiner ursprünglichen und reinen Form erhalten als etwa im Osten. Dort hat das Karma die Rolle übernommen, die bei uns Himmel und Hölle spielen. Es übt damit die Funktion von Belohnung und Strafe aus, indem alles, was der Mensch Gutes tut, im nächsten Leben durch eine bessere Inkarnation belohnt und im gegenteiligen Sinn jede böse Tat durch eine qualitativ schlechtere Inkarnation vergolten wird. Auf diese Weise ist das Karma seinem eigentlichen Sinne entfremdet worden und ganz zum Bestandteil des Pfades der Gebote und Verbote geworden.

Kehren wir nach diesem Abstecher in die höheren Sphären der Esoterik wieder in den Bereich unserer Alltagswirklichkeit zurück (in der ja auch das Wort »wirken« enthalten ist). Um wieder ganz auf den Boden dieser Wirklichkeit zu gelangen und in ihr zu verwurzeln, möchte ich dieses Kapitel mit dem »Glücksgebet« des »Heiligen Narren« Drukpa Künleg zum Abschluß bringen (Keith Dowman: *Der heilige Narr.* O. W. Barth-Verlag, 1982; S. 60). Dieses Glücksgebet ist in keiner Weise frivol, wie ein erstes Durchlesen vielleicht den Anschein zu erwecken vermag. Es ist vielmehr Ausdruck und Zusammenfassung all dessen, womit wir uns in diesem Kapitel beschäftigt haben und deshalb wohl wert, nicht nur mit Worten gebetet, sondern, als Ausdruck der Lemniskate, auch gelebt zu werden:

Glücksgebet

Einige Wesen bevorzugen die ausgedehnten Räume
des Himmels,
andere lieben mehr den Reichtum der unteren Regionen –
Glück den Göttern und Glück den Schlangen!

Einige Menschen haben Freude an verdienstvollen Taten,
andere finden mehr Gefallen an angehäuften Schätzen –
Glück den Redlichen und Glück den Reichen!

Der edle Ngawang Dschögyal liebt Pferde,
der von Zwängen freie Drukpa Künleg liebt Mösen –
Glück dem, der Pferde, und dem, der Mösen liebt!

Der Diener Legshä trinkt gerne Dschang,
Pälsang Dordsche ißt gern Fleisch –
Glück dem Biertrinker und Glück dem Fleischesser!

Kyob Kyob Kharäl vergnügt sich mit dem Würfelspiel,
Ashang Khyung Khyab liebt es zu singen –
Glück dem Spieler und Glück dem Sänger!

Baleb Sung Sung rezitiert gern *Mani Peme,*
Döndrub Pälsang ißt gern Fisch –
Glück dem, der die Lehre, und dem, der Fische mag!

Ani Atsün legt sich gerne hin,
Apa Akhyab hat Freude, wenn er steht –
Glück dem Passiven und Glück dem Aktiven!

Der Hochländer Tsewong hat Freude an der Lehre,
der von Zwängen freie Künleg findet Gefallen an seiner Gastgeberin –
Glück dem Liebhaber der Lehre und Glück dem Liebhaber der Frauen!

Tsündschung Tashi ist glücklich in Tibet,
Tsöndrü Sangmo ist im Süden glücklich –
Glück den Freunden Tibets und Glück den Freuden Bhutans!

Junge Männer mit der Kraft eines Helden trinken gerne Dschang,
sie tragen feine Kleider und Ringe an den Fingern –
Glück den tigergleichen Jünglingen!

Mädchen behängen sich mit Schmuck und naschen gern,
sie geben sich der Liebe hin und bringen Söhne zur Welt –
Glück den Mädchen und Frauen!

Die Lehre, die dargelegt wird, und das Ohr des Zuhörers,
der Sinn, der überprüft wird, und die zur Vollendung führende Übung –
Glück den Lehrern und Glück den Schülern!

Die Freunde, die mit uns suchen[1], der Weg, der deutlich vor uns liegt[2],
und das Ziel, das es zu erreichen gilt[3]
Mögen uns die Drei Kostbarkeiten Glück bringen!

[1] Die Verbundenheit mit anderen Menschen, mit all ihrer individuellen Verschiedenheit; das Ja-Sagen zur irdisch-materiellen Ebene, die uns als Ausgangspunkt unseres Strebens gegeben ist.

[2] Der Weg zur Erkenntnis der großen Kosmischen Ordnung.

[3] Das Sicheinbringen in die große Kosmische Ordnung und Sich-als-ein-Teil-davon-Fühlen und -Erfahren.

Der Tarot als Nabe

Ein Mensch, der gewillt ist, sein Leben nach esoterischen Grundsätzen zu gestalten, wird bald entdecken, daß bloßes Wissen und die Kenntnis der großen kosmischen Gesetze und Zusammenhänge dazu allein nicht genügen, sondern daß alles davon abhängt, wie diese große kosmische Ordnung auf der jeweiligen Wirkungsebene des betreffenden Menschen umgesetzt und verwirklicht werden kann. Dies kann nun allerdings nicht ohne Bezugspunkt geschehen, sowenig wie ein Seefahrer sein Schiff über das offene Meer steuern kann, ohne anhand irgendeines fixen Bezugspunktes, sei es Kompaß oder Funkfeuer, seinen Kurs entsprechend zu bestimmen und einzuhalten. Fehlen solche Bezugspunkte, ist Desorientierung und Abweichung vom Kurs die natürliche Folge.

Somit gilt es auch für unser Leben, solche Bezugspunkte zu finden und uns nach ihnen auszurichten. Wie wir wissen, ist das Angebot an solchen Bezugspunkten, die uns von überall her zur Auswahl angeboten werden, reichlich, aber das einzige, was uns interessiert, ist der Bezugspunkt, der es uns ermöglicht, unser Leben nach den großen kosmischen Gesetzen auszurichten. Damit kommen wir wieder zum Bild der Nabe, die als Zentrum des Rades, das Dynamik und Vorwärtsbewegung ausdrückt, uns einmal mehr auf den Tarot als geeigneter Bezugspunkt hinweist.

Hier stellt sich nun natürlich auch die Frage, warum heute der Tarot so plötzlich in den Blickpunkt des Interesses gerückt ist und ob denn die jahrhunderte- oder gar jahrtausendealten heiligen Schriften und Bücher der Menschen die Aufgabe, Bezugspunkte zu bilden, nicht ebensogut oder vielleicht sogar noch besser erfüllen. Das ist eine berechtigte Frage. Es ist notwendig, mit ein paar Worten darauf einzugehen, weil unser aller Leben schließlich, bevor wir den Tarot kennengelernt haben, in irgendeiner Weise von diesen heiligen Büchern her bestimmt wurde. Ich habe schon an früherer Stelle die Ansicht geäußert, daß zwischen Tarot und heiligen Schriften, namentlich auch der Bibel, kein Unterschied oder gar Widerspruch besteht über das, was mit dem Bezugspunkt gemeint ist.

Wer sein Auge geschärft hat und nicht nur zwischen, sondern auch hinter den Zeilen zu lesen vermag, der wird entdekken, daß in der Bibel und in anderen heiligen Schriften der Menschheit die genau gleichen Grundsätze enthalten sind, die im letzten Kapitel dargelegt wurden. Der Unterschied besteht freilich darin, daß die heiligen Schriften die gleiche kosmische Schöpfungsordnung in Verhaltensweisen übertragen haben, die anhand von Erzählungen und Parabeln in moralischen Vorschriften dargelegt werden. Im Tarot ist der Mensch unmittelbar und direkt mit der großen kosmischen Ordnung in Form eines Modells konfrontiert. Aus diesem Grunde drücken beide Quellen, Tarot wie heilige Schriften, das gleiche auf eine jeweils andere Art und Weise aus.

Aber nur beim Tarot ist das große Ganze direkt als Abbild oder Modell der Wirklichkeit vorhanden, bei den anderen bietet es sich in Gestalt von Gleichnissen und Übertragungen dar, die erst wieder rückentschlüsselt werden müssen. Darin zeigt sich zugleich auch der Unterschied zwischen der direkten Sprache der Bilder und der indirekten Sprache des Wortes. Es ist auch darauf hinzuweisen, daß bei der Rückübersetzung der Texte der heiligen Schriften allzuleicht Fehler und Abweichungen auftreten können, ganz abgesehen davon, daß die heiligen Schriften von Natur aus dazu neigen, den Weg der Gebote und Verbote zu betonen, das heißt, dem Menschen fix und fertige Lebensrezepte anzubieten, statt ihn mit der reinen Wirklichkeit zu konfrontieren, in bezug zu der der Mensch die für ihn richtige und gültige Handlungsweise selbst in aller Freiheit herausfinden und bestimmen kann.

Nun ist allerdings die Bandbreite sehr groß, innerhalb der der Tarot heute im Sinne eines Bezugspunktes gebraucht wird. Sie reicht von der ernsthaften, vertieften Meditation bis hin zur frivolen Wahrsagerei und Kartenschlägerei. Es ist klar, daß nicht jede dieser Praktiken den Anspruch erheben kann, dem Tarot-Leser den richtigen Bezugspunkt zu zeigen, und daß wir, ohne über vertieftere Kenntnisse zu verfügen, leicht das Opfer irgendwelcher Scharlatanerien werden können mit allen daraus hervorgehenden unangenehmen und nicht immer harmlosen Folgen. Es ist Ziel dieses Buches, den Leser zu einem verantwortungsbewußten Umgang mit dem Tarot hinzuführen, denn nur so ist die Möglichkeit gegeben, daß der Tarot seine Aufgabe als Nabe erfüllen kann.

Wer sich mit Esoterik beschäftigt, weiß, daß der Kosmos, und damit auch der Mikrokosmos, der wir selbst sind, nichts Starres ist, sondern ein kompliziertes und in vielen Bereichen auf den ersten Anschein hin unübersichtliches Zusammenspiel und Ineinanderwirken von Kräften, deren zugrundeliegende Ordnung und Ausrichtung nicht immer sogleich erkannt werden können. Da der Mensch nur seine eigene, sehr begrenzte Umwelt überblicken kann, neigt er dazu, aus dieser Perspektive heraus alle seine Lebensprobleme anzupacken und zu lösen. Da ihm der Blick für größere Zusammenhänge fehlt, sind Fehlentscheidungen und Fehlentwicklungen sehr oft möglich. Das ist eine wichtige Erfahrung des Menschen. Der Tarot zeigt ihm als Modell des Kosmos diese größeren Zusammenhänge auf, macht ihn darauf aufmerksam, wo sein eigenes persönliches Leben mit der großen kosmischen Ordnung übereinstimmt oder wo es entsprechend korrigiert werden muß.

Aus dem Ganzen des Tarot heraus wissen wir, daß die Bilder »XXI Die Welt« und »0 Der Narr«, eng miteinander verbunden sind. Das eine Bild zeigt uns die Welt, den Kosmos, in der vollendeten Ordnung und Harmonie als ein lebendes, das heißt tanzendes Ganzes, das sich in höchster Ausgewogenheit befindet. Der Narr wiederum zeigt uns den gleichen Kosmos, in dem nun alle Ordnung scheinbar aufgelöst und desintegriert ist, wo nur noch die Urbewegung, das Perpetuum mobile, anhält, damit aus diesem Chaos eine neue Welt und eine neue Ordnung und Struktur entstehen können. Dies ist der tiefere Grund dafür, daß der Tarot, das »Buch des Thoth«, kein gebundenes Buch ist wie die anderen heiligen Bücher der Menschheit, sondern aus losen Blättern besteht, die in beliebiger, das heißt zufälliger Weise miteinander kombiniert werden können, wodurch sich eine beinahe unendliche Anzahl von Informations- und Aussagemöglichkeiten ergeben. Denn nur auf diese Weise ist es denkbar, daß kein Umstand von Wichtigkeit und kein Detail, das in irgendeiner Weise bedeutsam sein könnte, ausgelassen wird. Ferner wird damit verhindert, daß der Tarot zur Lehre, zum Kanon irgendeiner Institution werden kann, weil er, dem Narren gleich, nicht im gebräuchlichen Sinn verständig sein kann und jede Ordnung, sobald sie manifestiert ist (XXI), wieder in ihre Bestandteile zerlegt (0), woraus dann eine neue Ordnung hervorgehen kann. Damit entzieht sich der Tarot dem Zugriff jeder Institution und jedes strukturierten Systems, und jedermann, der den Versuch unternimmt, den Informationsgehalt des Tarots zu entschlüsseln, muß sich darüber im klaren sein – und das gilt auch für die »Schule des Tarot« – daß aus diesem Grunde nur Teilaussagen gemacht werden können, die vor allem auf eine jeweilig gerade bestehende Situation Bezug nehmen und daher nie den Anspruch erheben können, das Ganze zu enthalten.

Es ist hier vielleicht am Platz, darauf hinzuweisen, daß der Tarot in seiner Ursprünglichkeit ziemlich sicher nicht identisch mit der Form als Kartenspiel ist. Nach gewissen Ansichten sollen beispielsweise die Bilder der großen Arkana als eine Art Galerie im Einweihungstempel von Memphis in Ägypten vorhanden gewesen sein. (Das sehr lesenswerte Buch von Woldemar von Uxkull, *Eine Einweihung im alten Ägypten,* beruht auf dieser Form des Tarots.)

Überhaupt: wer mit der alten ägyptischen Kultur und Kunst etwas vertraut ist, wird bald entdecken, daß sie reich an Anspielungen und Darstellungen des Tarot sind. Wenn die Schlange auf der Stirne der goldenen Maske des Tut-Anch-Amun aus einer bestimmten Perspektive heraus betrachtet wird, bildet sie sich zur Lemniskate, und eine weitere sehr bekannte Skulptur aus dem Grab des Tut-Anch-Amun zeigt den Pharao mit weiblichen Brüsten auf einem schwarzen Panther stehend, in den Händen gesenkt die Embleme seiner Macht tragend. Für den Kenner des Tarot ist darin unschwer eine Darstellung von Bild »XXI Die Welt« zu erkennen.

Daß der Tarot nun aber am Beginn des neuen Wassermann-Zeitalters vorwiegend in seiner Form als Kartenspiel bekannt ist, ist für mich ein weiterer Hinweis dafür, daß das Zeitalter der gebundenen heiligen Bücher, die durch ihre äußere Form die Gedanken des Menschen in ganz bestimmte, nicht vom Leser selbst geschaffene Bahnen lenken, vorbei ist, denn nur in der Form dieses Kartenspiels ist es möglich, aus den vergehenden Strukturen der hinter uns liegenden zwei Weltzeitalter (Widder und Fische) etwas Neues zu erkennen, das für das künftige Weltzeitalter gültig ist. Damit wird der Tarot erst recht zum »Spiel des Lebens« im Zeichen des Narren. Vor allem dadurch wird er auch zum Modell des Kosmos, indem seine losen Karten und Bilder ein Abbild jener mannigfaltigen Energien liefern, die kosmisch in einem kontinuierlichen Zusammenspiel begriffen sind, immer wieder neu wachsen, neue Verbindungen eingehen, und die, wenn sie das Gesetz der Dreiheit erfüllt haben, wieder auseinanderfallen, um sich als neue Pole immer wieder dem Spiel des Zu-Falls auszuliefern.

Genau das gleiche geschieht auch auf der mikrokosmischen Ebene des Menschen, der sich selbst auch immer wieder unter dem Einfluß der verschiedensten Energiemanifestationen fühlt, die er sehr oft als Triebe, Wünsche und Begierden empfindet, die er nur schwer in geordnete Bahnen lenken und unter Kontrolle halten kann. Die Menschen des zu Ende gehenden Weltenzeitalters von Widder und Fische haben diese Energiemanifestationen stets mit äußerstem Mißtrauen betrachtet, weil sie eben in den meisten Fällen nur schwer erkennen konnten, welchem übergeordneten Ziel dieses scheinbar willkürlich durcheinanderwirbelnde Kräftespiel gehorcht. Gerade die Religionen der letzten Jahrtausende haben immer wieder versucht, diese fließenden Energien mittels des Weges der Gebote und Verbote in möglichst übersichtliche und geordnete Bahnen zu lenken oder, wenn dies unmöglich schien, sich ihnen gänzlich durch Entsagung zu entziehen.

Gerade in den östlichen Religionen nehmen die sogenannten »Begierden« des Menschen eine zentrale Rolle ein. Aber was sind denn diese Begierden anderes als Ausdrucksformen von Energie, und zwar von kosmischer Energie? Der Mensch steht immer wieder vor der Tatsache, daß er imstande ist, das Gleichgewicht der Welt auf vielen Ebenen, innen wie außen, zu stören und so die große kosmische Ordnung zu verletzen, was natürlich entsprechende Folgen haben kann. Gerade in den östlichen Religionen wird dies immer wieder in Zusammenhang mit dem Einfluß der Begierden gebracht, und der Erlösungsweg wird denn auch in den möglichst vollständigen Entsagungen und in der Ablegung aller Begierden erblickt, denn wo nichts mehr begehrt wird, kein Trieb mehr zum Tun antreibt, da kann auch logisch nichts mehr falsch gemacht werden, aber analog dazu auch nichts mehr richtig.

Dieser Weg scheint mir allzugroße Ähnlichkeit mit dem Vorschlag zu haben, die beste Maßnahme, um Verkehrsunfälle zu verhindern, bestehe darin, ein Loch in den Benzintank zu bohren und den Treibstoff ausfließen zu lassen oder: »Du lebst am besten, wenn du tot bist.« Diese Lösung scheint mir denn doch ziemlich mit der Situation von Bild XV übereinzustimmen, im klaren Gegensatz zu Bild XXI. Ganz abgesehen davon, daß nach psychologischen Erkenntnissen die scheinbar bezwungenen und eliminierten Begierden in den weitaus meisten Fällen bloß aus dem Bewußtsein verdrängt worden sind, um ihre Energie aus den dunklen Tiefen der menschlichen Psyche heraus dann um so stärker, unbeherrschter, weil unbewußter, und in vielen Fällen grausamer zu entfalten. Gerade der Osten bietet in seiner Geschichte und Kultur zahllose Beispiele dafür, und auch die christliche Religion als Botschaft der Liebe hat ihre sehr starke und ausgedehnte dunkle Seite, wie Inquisition und arroganter Überlegenheitsanspruch mit allen bekannten Folgen zur Genüge zeigen. Halten wir uns deshalb lieber an Drukpa Künleg und seine Art, die Welt zu betrachten.

Von all diesen Bewertungen und Einteilungen hält der Tarot nichts. Er stellt ein wertfreies Modell der Welt dar, wie sie ist, und jedes seiner Bilder kann unter dem Aspekt beider Pole, des hellen und des dunklen, des Plus und Minus, betrachtet und wirksam werden. Modelle werden in der Technologie und in der Wissenschaft oft als Denkhilfe für abstrakte Dinge gebraucht, damit sie für die menschlichen Sinne einigermaßen faßbar sind und gehandhabt werden können, oder sie dienen maßstabgetreu verkleinert dazu, Vorgänge und Gesetzmäßigkeiten eines Projektes genau zu studieren, bevor es in seiner eigentlichen Größe ausgeführt wird. In dieser Beziehung ist der Tarot durchaus als ein Modell des Kosmos aufzufassen, das alle Vorgänge enthalten muß, die in diesem Kosmos enthalten sind und seine Beschaffenheit ausmachen. Dazu kommt noch, daß mit dem Tarot eine Form gefunden werden mußte, womit sowohl das große übergreifende Kosmische dargestellt werden kann wie auch das einzelne individuelle Kleine verstehbar gemacht wird. Auch hier also finden wir das große Gesetz »Wie oben, so unten«.

Diese Berücksichtigung von mindestens zwei analogen Ebenen bildet eine besondere Schwierigkeit im Umgang mit dem Tarot, weil sie einen zwingt, gleichzeitig auf mehreren Ebenen zu denken. Das gilt auch für das eigene, persönliche und individuelle Leben, denn aufgrund seiner bisherigen Bildung ist der Mensch dazu angehalten worden, sein Leben als jeweils nur auf einer Ebene sich abspielend und sich linear entwikkelnd vorzustellen. Es mag sein, daß diese Gedankengänge im Moment noch einige Mühe bereiten, aber sie werden sich dir spätestens dann erhellen, wenn du auf die spielerische praktische Weise, wie sie in diesem Buch geschildert wird, besser mit dem Wesen des Tarot vertraut bist.

Der Tarot erfüllt beide Forderungen, die an ein Modell gestellt werden. Er bildet eine Denkhilfe, um abstrakte und schwierige Vorgänge anschaulich zu machen, und er ermöglicht in einer kleineren überschaubaren Dimension das Studium der Gesetzmäßigkeiten, die im Makrokosmos als Ganzes für uns nur schwer zugänglich sind. Den Tarot in dieser Weise als ein Modell des Kosmos zu betrachten, ist meiner Ansicht nach die einzige einigermaßen befriedigende Erklärung, warum der Tarot divinatorisch gebraucht werden kann. In seiner Form als ein geschlossenes Paket loser Karten, die beliebig miteinander kombiniert werden können, zeigt uns der Tarot, daß alles und jedes im Weltall auf seine Weise in Bewegung und miteinander in Beziehung ist. Es gibt nichts Ruhendes. Alles, was im Kosmos existiert, ist auf seine Weise auf dem Weg des Wagenlenkers von einem Punkt A (woher komme ich?), befindet sich an einem Punkt B (wo bin ich?) und geht auf einen Punkt C zu (wohin gehe ich?). Es ist nicht immer leicht, diese Bewegung als zielgerichtet zu erkennen. Noch schwieriger ist es, sie als Teil eines großen Ganzen zu sehen, die ihren Sinn nicht nur in sich selber, sondern auch in der Harmonie mit dem großen Ganzen findet. Wenn der Mensch diesen Sinn, diese Harmonie mit dem größeren Ganzen nicht zu überblicken vermag oder auch keinen Gedanken dafür übrig hat, daß eine solche Harmonie bestehen könnte, dann muß ihm sein Leben und alles, was darin enthalten ist, zwangsläufig als sinnlos erscheinen. Ein solches Gefühl der Sinnlosigkeit ist heutzutage weitverbreitet und zeigt an, wie weit sich die Menschen von der Erkenntnis der großen Kosmischen Ordnung entfernt haben.

Wenn ein Grundgesetz des Kosmos die Bewegung ist, die einem größeren Ganzen verpflichtet ist, so muß, wenn der Tarot ein Modell dieses Kosmos sein soll, diese Bewegung auch im Tarot zum Ausdruck kommen, und zwar als Analogie, die uns ermöglicht, den Sinn, den wir direkt nicht zu erkennen vermögen, wenigstens modellhaft zu erblicken. Bild »VII Der Wagen«, bringt in der Reihe der großen Arkana, wenn sie als Evolutions- und Initiationsweg betrachtet werden, die dynamische Energie und damit die Zeit ins »Spiel«. Der Tarot wird somit gewissermaßen zum Meßinstrument, zur kosmischen Uhr, woran eine genau bestimmte Zeitqualität abgelesen werden kann. Dieser Umstand bereitet für das Begreifen erfahrungsgemäß am meisten Mühe, weil wir, aus unserer gewohnten Denk- und Bildungsweise heraus, überhaupt nicht damit vertraut sind, der Zeit irgendeine bewertbare Qualität beizumessen. Der Tarot allerdings tut dies, wie übrigens auch die

Astrologie, die ja, als eine gesonderte esoterische Disziplin, mit dem Tarot eine gewisse Verwandtschaft der Symbolsprache aufweist.

Ich möchte nun im folgenden versuchen, in etwa eine Theorie des Tarot aufzustellen, die es vielleicht ermöglicht, zu erklären und zu verstehen, wie der Tarot divinatorisch wirkt und warum er entsprechend gebraucht werden kann. Wer an theoretischen Erläuterungen nicht interessiert ist, kann diesen Abschnitt getrost überschlagen und mit dem nächsten Kapitel weiterfahren, das die eigentlichen praktischen Übungen bringt und, falls dann die Praxis die entsprechende Neugierde geweckt hat, wieder an diese Stelle zurückkehren.

Der Tarot zeigt die Vorgänge im Kosmos, das heißt sowohl im Makro- (Universum) als auch Mikrokosmos (hier Mensch) als energetisches Geschehen, und zwar unter drei Aspekten:

1. Alles kosmische Geschehen äußert sich durch direkte, objektive Energieeinwirkungen. Diese werden durch die *Zahlenkarten* dargestellt.
2. Jede Energieeinwirkung erfolgt an einem bestimmten Ort, auf einer bestimmten Ebene. Dieser Ort und diese Ebene werden durch die *Hofkarten* definiert.
3. Jede Energieeinwirkung, die an einem bestimmten Ort oder auf einer bestimmten Ebene erfolgt, wird zum Auslöser einer subjektiven Erfahrung. (Nicht ein Ereignis an sich, denn es kann wegen des Gesetzes der Polarität im Kosmos keine absoluten oder objektiven Ereignisse geben, sondern nur subjektive Erfahrungen. Warum dies so ist, wird weiter unten ausgeführt werden.) Diese subjektiven Erfahrungen sind in den *großen Arkana* enthalten.

Aufgrund dieser drei Thesen müssen wir uns mit der Vorstellung vertraut machen, daß die Tarot-Bilder nicht nur eine bildhafte Darstellung der im Kosmos wirkenden Energien sind, sondern gleichzeitig auch als ein direkter Ausdruck eben dieser kosmischen Energien zu verstehen sind.

Damit kommen wir nun zu einer für den Tarot besonders

wichtigen Tatsache, auf die schon in Band I der *Schule des Tarots* hingewiesen wurde, die hier aber unter Einbezug von weiteren Aspekten noch einmal näher betrachtet werden soll, da sie für die Wirkungsweise des Tarots und manchen anderen damit verbundenen Erscheinungen von besonderer Wichtigkeit ist.

Im exoterischen Sprachgebrauch stehen die Worte und Begriffe stellvertretend für die Gegenstände und Erscheinungen, die mit ihnen bezeichnet werden. Wenn wir beispielsweise das Wort »Auto« entweder lesen oder ausgesprochen hören, so genügen diese zwei Silben, um das in unserem täglichen Leben bestens bekannte Gefährt auf vier Rädern, das imstande ist, sich aus eigener Kraft fortzubewegen, vor unser inneres Auge zu projizieren.

In der Esoterik werden nun aber Buchstaben, Laute und Silben nicht nur als Kommunikationsmittel, die stellvertretend für die Dinge selbst stehen, betrachtet, sondern als direkte Energiemanifestationen, die in vielen Fällen direkt mit dem Wort zusammenhängen, dessen buchstabenmäßige und lautliche Verkörperung sie bilden. Um unser Beispiel zu brauchen, würde dies bedeuten, daß das Wort »Auto« nicht nur dazu dient, das Bild eines Automobils vor unser inneres Auge zu projizieren, sondern daß es in irgendeiner Weise optisch und akustisch auch die Energiequalität enthält, die mit dem Auto verbunden ist. Dies sind Gedankengänge, die für unser schulwissenschaftsmäßig trainiertes Denken besonders schwer zu begreifen sind. Zwar können wir, gestützt auf die Aussagen der Physik, noch einigermaßen nachvollziehen, daß solche Energiemanifestationen im akustischen Bereich durchaus möglich sind, denn der Ton ist Schwingung, dessen energetische Auswirkungen als Vibration in vielen Bereichen durchaus meßbar sind und der sinnlich auf anderer Ebene durch unser Ohr wahrnehmbar wird. Aber schon das gleiche Prinzip auf die optische Ebene zu übertragen stößt auf große Schwierigkeiten, denn wir können wohl psychisch und physisch wahrnehmen, daß Bilder im weitesten Sinne auf uns gewisse spürbare Auswirkungen haben, indessen ist mir keine Methode bekannt, die es erlauben würde, diese Auswirkungen als Folge von Energie in einer Weise zu messen, die von der Schulphysik anerkannt würde. Daß aber mit Buchstabenlauten und Worten ein jeweils ganz bestimmter Energiefluß verbunden ist, der für den eingeweihten »Wissenden« auch durchaus beeinflußbar und kontrollierbar ist und deshalb auch magisch, das heißt für einen bestimmten Zweck bewußt eingesetzt werden kann, das ist für die Esoterik eine Selbstverständlichkeit. In dieser Beziehung am bekanntesten ist sicherlich die Silbe AUM (manchmal auch OM), womit die den ganzen Kosmos durchdringende Ur-Energie, dessen Ursprung sie gleichzeitig ist, direkt zum Ausdruck gebracht wird. Diese Silbe ist übrigens nicht, wie vielfach angenommen wird, nur in östlichen Religionen beheimatet. Sie ist im Zusammenhang mit ihrer Bedeutung überall auf der Welt zu finden, so auch im Christentum im Wort Amen.

Dieses Zusammenfallen, die Synonymität von Darstellung und gleichzeitigem Sein des Dargestellten, finden wir als Grundsatz in vielen esoterischen Richtungen. Sehr deutlich kommt dies zum Ausdruck in den verschiedenen Gottesnamen des kabbalistischen Baums des Lebens, durch welche die jeweilige sephirothische Energie nicht nur auf der Ebene von Atziluth dargestellt, sondern gleichzeitig auch durch die Schwingungsebene, die durch das Aussprechen des jeweiligen Namens entsteht, ganz real erzeugt wird. In diesen Zusammenhang gehört auch das Geheimnis der Aussprache des bekannten Gottesnamens (Jod, Heh, Vau, Heh) des Tetragrammatons, von dem es ja heißt, daß, wenn es in der richtigen Art ausgesprochen wird, das Weltall zusammenstürzen könne.

Aber nicht nur Worte und Silben verfügen über eine derartige magische Kraft, sondern sie ist auch in jedem einzelnen Buchstaben des hebräischen Alphabets enthalten. Der Umgang damit gehört wieder zu den tieferen Geheimnissen der Esoterik. Ein analoges, sehr fein ausgearbeitetes System finden wir auch in den fünfzig Zeichen des indischen Alphabetes, das unter anderem auch in Beziehung mit den bereits erwähnten

Chakren zum Ausdruck kommt. Dabei ist es interessant festzustellen, daß es Theorien gibt, nach denen das indische Alphabet aus dem hebräischen abgeleitet worden ist.

Auch das nordische Runen-Alphabet, ein vielleicht aus atlantischer Vorzeit erhalten gebliebenes Erbe, ist imstande, sehr stark wirkende magische Energien zu manifestieren, deren Folgen allerdings nicht immer harmlos und angenehm sind. Ich warne daher ausdrücklich vor leichtfertigen Versuchen damit, wenn sie nicht von einem verantwortungsvollen Wissen getragen werden.

Auch mit unserem gebräuchlichen Alphabet hat es Versuche einer Buchstabenmystik gegeben (zum Beispiel durch Weinfurter). Auch viele magische Rituale, die früher streng geheimgehalten wurden und nun im Laufe der Zeitentwicklung mehr und mehr veröffentlicht und damit auch frei verfügbar werden, enthalten solche mantrisch wirkende Namen oder Worte. Auch oder gerade weil diese Geheimnisse im Zusammenhang mit Buchstaben, Worten und Namen heute mehr und mehr jedermann frei zugänglich sind, warne ich vor dem leichtfertigen und vor allem unwissenden Herumspielen damit, denn gegen alle schulmäßige Vernunft ist ihre Wirkung durch Erfahrung mehrfach erwiesen, und das sehr oft nicht zum Heil des Experimentators.

Um es an einem Alltagsbeispiel zu verdeutlichen: Es braucht ein minimales Wissen im Umgang mit dem elektrischen Strom, so wie er uns in der Steckdose zur Verfügung gestellt wird, um Unfälle oder Schlimmeres zu vermeiden. Ich erwähne dies hier alles auch nur, weil im Tarot eine gleiche Doppelbödigkeit vorhanden ist, wie in den Buchstaben und Worten, von deren Vorhandensein zu wissen und verantwortungsvoll mit ihr umzugehen eine absolute Voraussetzung für jeden ist, der sich eingehender mit dem Tarot befassen will.

Andererseits brauchen wir auch nicht übertrieben ängstlich zu sein, denn diese Energien sind uns nicht a priori feindlich gesinnt. Der Umgang mit ihnen ist durchaus machbar, und die Fähigkeit dazu kann erworben werden. Um diesen Umgang zu bewerkstelligen, müssen wir uns einfach jederzeit darüber im klaren sein, daß, wenn unser Blick auch nur flüchtig auf ein Tarot-Bild fällt, die entsprechende Energie, die in diesem Bild enthalten ist, gewissermaßen hervorgerufen, also evoziert wird und sofort nach einer Möglichkeit sucht, sich mit einer ihr polar entgegengesetzten Energieschwingung im Energiefeld des Betrachters zu manifestieren. Damit erscheint es nur logisch, daß viel, ja eigentlich alles, darauf ankommt, in welchem grundlegenden energetischen Zustand sich der Betrachter selbst befindet. Wir können fast als Grundregel betrachten, daß jede magische Energie, und die Energie des Tarot *ist* magisch, nur verstärkt, was bereits vorhanden ist. Befindet sich ein Mensch in einem stabilen psychischen Gleichgewicht und ist bewußt bemüht, diese Balance und Ausgewogenheit nicht nur zu halten, sondern möglichst noch zu verstärken und auszuweiten, dann wird er die ihm von außen her zufließende magische Energie, komme sie nun aus dem Tarot oder von anderswo her, als eine Hilfe in diesen Bestrebungen erfahren. Befindet er sich aber umgekehrt in einem unstabilen, ungeordneten Zustand der Unausgewogenheit oder gar an der Grenze zum Chaos, dann werden die einwirkenden magischen Energien, wenn sie nicht bewußt aufgenommen und verarbeitet werden, konsequenterweise diesen Zustand fördern, und das bedeutet, daß sie als äußerst störend, gefahrvoll und destruktiv erlebt werden.

Wir verstehen nun auch, warum alle magischorientierten Einweihungs- und Yogaschulen so außerordentlichen Wert darauf legen, daß der Neophyt, der bestrebt ist, seine magischen Fähigkeiten zu entwickeln, ein in jeder Hinsicht ausgewogenes und nach hohen ethischen Idealen orientiertes Leben führen soll, mit dem Ziel, daß, wenn durch das fortschreitende Training die magischen Kräfte im Menschen nach und nach erweckt und zum Fließen gebracht wurden, diese Energien sich für den Betreffenden in einer aufbauenden und das im kosmischen Sinn Gute fördernden Weise manifestieren.

Was für die Schüler der alten Mysterienschulen galt, das gilt natürlich auch in entsprechender Weise für den Schüler des Tarot. Wer bemüht ist, sein Leben in jeder Beziehung in Ordnung, entsprechend den großen kosmischen Gesetzen, zu halten – und das bedeutet vor allem, so zu leben, wie es im vorigen Kapitel ausgeführt worden ist –, der wird im Tarot jederzeit einen ihm wohlgesinnten Helfer finden, der sein Bemühen in jeder Hinsicht unterstützt. Fehlt aber dieses Bestreben, dann ist es oft nicht zu vermeiden, daß der Tarot sich für den Betreffenden in einer destruktiven und destabilisierenden Weise zur Geltung bringt. Deshalb gilt einmal mehr: »Mensch, erkenne dich selbst!«

Damit sei aber nicht verschwiegen, daß es Energiemanifestationen gibt, deren Wesen vor allem darin besteht, nach Möglichkeit destabilisierend zu wirken und das, was im Gleichgewicht ist, in den Zustand der Unausgewogenheit zu bringen, so daß eine polare Einseitigkeit entsteht, die von diesen Energien dazu genutzt werden kann, sich selbst als polare Entsprechung ins Spiel zu bringen und damit das Gesetz der Dreiheit in dem ihnen gemäßen Sinne zur Geltung zu bringen. Aber solchen Energien wirst du nach meiner Überzeugung und auch bisherigen Erfahrung im Tarot nicht begegnen. Ganz abgesehen davon, daß sie nur dort zur Wirkung gelangen können, wo ihnen der betreffende Mensch selbst einen Zugang bereitet oder einen Kanal offenhält, also gleichsam ein Verräter vorhanden sein muß, der dem belagernden Feind nachts in aller Heimlichkeit ein Tor der Stadtmauer öffnet. Wo nicht ein geheimes Einverständnis vorhanden ist, das auch im Unbewußten liegen mag, und von dessen Vorhandensein eine gewisse, manchmal unerklärliche Faszination für gewisse Dinge ein Zeichen gibt, können diese Energien von sich aus nicht viel ausrichten. Auch da gilt, seine Aufmerksamkeit auf das zu richten, was im vorigen Kapitel besprochen worden ist.

Im Hinblick auf das eben Gesagte können wir nun einen weiteren Grundsatz des Tarot betrachten, der besonders für den divinatorischen Gebrauch von großer Bedeutung ist. *Der Tarot stellt alles, was im Leben geschieht, unter dem Aspekt von Energie und Bewegung dar.*

Das bedeutet: Der Tarot gibt uns stets eine Darstellung des Parallelogramms der Kräfte, das im Moment gerade wirksam ist, und zeigt gleichzeitig auf, welche Bewegung daraus resultiert.

Um noch besser zu verstehen, was damit gemeint ist, schlage ich vor, daß du folgende Situation für eine Weile meditativ betrachtest: Stelle dir einmal vor, du seiest der Steuermann eines Schiffes auf hoher See und hättest die Aufgabe, dieses Schiff zu einem ganz bestimmten Punkt zu steuern. Diesen Punkt kannst du entweder anhand eines Funk- oder Leuchtfeuers bestimmen und mit Hilfe des Kompasses deinen Kurs darauf ausrichten. Durch den Schiffsmotor ist eine Energie wirksam, die das Schiff seiner Längsachse gemäß vorantreibt. Außer der Energie des Motors wirken aber noch andere Energien auf das Schiff ein. Es sind dies der Wind, der mehr oder weniger heftig aus einer bestimmten Richtung wehen kann, eine starke Meeresströmung, die wiederum das Schiff in eine andere Richtung zieht, und die Energie der Wellen, die mit plötzlicher Wucht auf den Schiffsrumpf aufschlagen. Alle diese Energien, Wind, Strömung, Wellen usw., wirken auf ihre Weise auf das Schiff ein und kombinieren sich mit der schiffseigenen Energie des Motors. Würdest du nun das Steuer loslassen und das Schiff ganz dem Spiel dieser verschiedenartig einwirkenden Kräfte überlassen, wäre es höchst unwahrscheinlich, daß du das dir gesetzte Ziel je erreichen würdest. Das Schiff würde an einen Ort gelangen, der sich aus der gerade wirksamen Kombination der verschiedenen Energien ergibt.

Dieses Bild eines Schiffes auf hoher See, das sich in beständiger Auseinandersetzung mit den verschiedenartigsten einwirkenden Energien befindet, ist ziemlich genau eine Parabel des menschlichen Lebens. Das Schiff stellt den menschlichen Körper dar, die Persönlichkeit und der Steuermann die in diesem Körper inkarnierte Individualität. So wie der Schiffssteuermann sein Ziel nur erreichen kann, wenn er anhand von Navigationshilfen den richtigen Kurs bestimmen kann und energetisch mit dem Steuerruder so auf das Schiff einwirkt, daß es unter Berücksichtigung aller einwirkenden Kräfte diesen Kurs auch hält, so kann auch die menschliche Persönlichkeit das Ziel der Vereinigung mit der Individualität, dem Selbst, nur erreichen, wenn sie sich der entsprechenden ihr zur Verfügung stehenden Navigationshilfen bedient und die daraus gewonnenen Informationen auch im täglichen Leben anwendet. Eine solche Navigationshilfe ist der Tarot.

Aus diesem Beispiel sollte auch wieder deutlich werden, warum der Tarot keine Ereignisse voraussagen kann, denn niemand wird im Ernst behaupten wollen, daß eine Naviationshilfe identisch mit dem Zielpunkt sei. Die Navigationshilfen liefern bloß Informationen, die aber vom Steuermann erst in praktische Handlungen umgesetzt werden müssen, damit der Zielpunkt erreicht werden kann, oder, in unserem Falle, das betreffende Ereignis eintritt. Wenn die Navigationshilfe die Information gibt, »Kurs nach Osten halten«, und der Steuermann, entweder weil er die Information falsch verstanden hat oder ihr nicht traut, das Steuer nach Westen umschlägt, dann ist ganz bestimmt nicht die Navigationshilfe daran schuld, wenn die Sache schiefgeht.

Aus diesem Beispiel können wir auch ganz deutlich ersehen, wie wichtig es ist, die Informationen, die von einer Navigationshilfe geliefert werden, richtig zu lesen, sie in der richtigen Weise zu verstehen und zu interpretieren, aber vor allem sie dann auch entsprechend richtig in praktische Handlung umzusetzen. Erst wenn alle diese Anforderungen entsprechend erfüllt sind, kann die Navigationshilfe ihren Dienst erfüllen, wie es von ihr erwartet wird. Gleichzeitig bedeutet dies aber auch, daß es ohne Wissen und Kenntnisse nicht geht. Kein Seemann wird an das Steuer eines Schiffes gelassen, wenn er nicht über die entsprechenden Kenntnisse, die er oft in langer Ausbildung erworben hat, verfügt, und für den Tarot gilt nichts anderes. Bei ruhiger See und Windstille, wenn überdies klare Sicht herrscht und keine tückische, unsichtbare Strömung vorhanden ist, kann auch ein Laie auf rein intuitive Weise das angepeilte Ziel ohne weiteres erreichen. Aber er würde sich einer großen Illusion hingeben, wenn er glaubte, was unter diesen einfachen Umständen möglich war, jederzeit wiederholen zu können. Damit sind wir noch einmal auf das

Problem *intuitiver Tarot – esoterischer Tarot* gestoßen und auf einen weiteren Umstand, der sie voneinander unterscheidet.

Jetzt haben wir auch alle Informationen, um zu verstehen, warum der Tarot keine Ereignisse voraussagen kann und deshalb nicht geeignet ist, in irgendeiner Weise eine Prognose zu erstellen. Jedes Ereignis ist das Resultat davon, wie der Mensch, analog zum Schiffssteuermann, die erhaltenen Informationen richtig zu interpretieren und sie vor allem in der richtigen Weise praktisch, der Situation gemäß, umzusetzen imstande ist. Der Tarot sagt keine Ereignisse voraus, sondern er stellt uns aufgrund einer momentan bestehenden Energiesituation Aufgaben, die wir lösen und verwirklichen müssen. Erst diese Verwirklichung in irgendeiner Form führt zu dem, was wir mit Ereignis bezeichnen können. Aufgrund einer gleichen bestehenden Energiesituation heraus sind mehrere voneinander sich durchaus unterscheidende Verwirklichungen denkbar. Deshalb ist es auch durchaus möglich, daß, bei späterer Überprüfung einer bestimmten Frage, man zur Ansicht gelangt, es sei gar nicht so herausgekommen, wie dies der Tarot sagt. Dabei wird nicht in Betracht gezogen, daß zwischen Tarot und dem Tarot-Leser stets eine Polaritätsachse besteht und daß die Beschaffenheit und der Zustand des Pols des Lesers erheblich dazu beiträgt, was für eine Energie sich innerhalb dieser Polaritätsachse nach dem Gesetz der Dreiheit verwirklicht.

Als Illustration dazu dieses vielleicht etwas drastische Beispiel: Stell dir vor, daß du dich vor die Aufgabe gestellt siehst, ein Bild an der Wand zu befestigen. Dazu benötigst du einen Wandhaken, eine Bohrmaschine oder einen Bohrer, ferner einen Dübel. Brauchst du eine Bohrmaschine, dann benötigst du zusätzlich noch einen elektrischen Stromanschluß, um die Bohrmaschine zu betreiben. Das sind die nötigen Voraussetzungen, damit das Vorhaben gelingen kann, und das entspricht auch in etwa den Informationen, die der Tarot dir auf deine Anfrage hin liefert. Ziemlich vergröbernd in die Sprache des Tarot übertragen heißt das: Du brauchst den Stab (Elektrizität), die klare Überlegung, wo du das Bild aufhängen willst

(Schwert), eine feste Grundlage wie Fußboden, Leiter oder Stuhl, worauf du stehen mußt, um das Bild in der richtigen Höhe anzubringen (Münze). Wenn du aber statt dessen eine Schere nimmst, eine Nadel mit Zwirn und zudem versuchst, das Bild statt an der Innenwand an der Außenwand zu befestigen, dann wundere dich nicht, wenn das Vorhaben mißlingt und die Aufgabe als Ereignis ganz anders herauskommt, als du dir vorgestellt hast. Zudem wäre es absurd, den Tarot zu beschuldigen, er habe dir auf deine Anfrage hin falsche Antworten gegeben.

Noch einmal: Der Tarot sagt keine Ereignisse voraus, sondern stellt vielmehr Aufgaben, die vom jeweiligen Frager in Angriff genommen und nach Möglichkeit gelöst werden müssen. In diesem Sinne gesehen bedeutet »Aufgabe«, *daß wir Menschen die Energie, die in uns ist und wirkt, in die »Welt« bringen sollen, um sie dort mit anderen Energien zu verbinden und nach dem Gesetz der Dreiheit etwas zu bewirken.* Auf diese Weise leben wir entsprechend dem Grundsatz von Energie und Bewegung. Wenn wir darauf verzichten, die Energie, über die wir verfügen, in irgendeiner Weise in Bewegung umzusetzen, mittels derer etwas bewirkt werden kann, dann verfallen wir der Situation, wie sie in Bild »XV Der Teufel«, dargestellt ist.

Gleichzeitig entdecken wir aber auch, daß der Tarot, wie es einem esoterischen Grundprinzip entspricht, die absolute Entscheidungsfreiheit des Menschen respektiert. Von daher gesehen wird jedes Ereignis, das der Mensch als Erfahrung erlebt, zu etwas, das aus irgendeiner Ursache heraus »bewirkt« worden ist. Diese Ursachen sind sehr oft unserem Bewußtsein entzogen, und das führt dann dazu, daß wir solche Ereignisse als Schicksalseinwirkungen oder gar Schicksalsschläge empfinden, die ohne unser Zutun über uns hereinbrechen. Es wäre nun aber durchaus unangebracht, angesichts dessen einfach zu kapitulieren und in eine Haltung des resignierenden Fatalismus zu verfallen. Auf diese Weise würde man sich wiederum in die Situation des Teufels (XV) begeben und auf eine andere Weise erst recht zum Spielball der auf uns einwirkenden Energien werden. Auch hier gibt es nichts Besseres, als das eigene, persönliche Leben möglichst bewußt und nach esoterischen Grundsätzen ausgerichtet zu gestalten, denn damit ist die beste Voraussetzung gegeben, daß die in uns und in unserem Umfeld wirkenden Energien sich als Ereignis im Sinne der großen kosmischen Ordnung manifestieren.

Das hier Gesagte gilt natürlich auch für alle anderen esoterischen Divinationssysteme wie Astrologie, I Ging usw. Nachdem wir uns nun eingehend mit diesen Gedankengängen als Versuch einer Theorie des Tarot beschäftigt haben, verfügen wir nun über die Voraussetzungen, um uns der eigentlichen Praxis zuwenden zu können.

Erste praktische Übungen

Für den divinatorischen Gebrauch des Tarot sind zwei wichtige Grundvoraussetzungen erforderlich. Die erste besteht in einer möglichst gründlichen und umfassenden, alle Bereiche enthaltenden *Kartenkenntnis.* Die zweite verlangt die Fähigkeit, nicht nur jedes Bild für sich allein zu betrachten, um die darin enthaltenen Informationen zu entschlüsseln, sondern *zwei und mehr Bilder miteinander zu einer Aussage beziehungsweise Interpretation zu kombinieren.* Die in diesem Kapitel vorgeschlagenen Übungen dienen dem Ziel, diese Fähigkeiten zu erwerben und zu trainieren.

Vorher möchte ich aber noch einiges Grundsätzliche über die Art und Weise sagen, wie mit dem Tarot in seiner Form als Kartendeck umzugehen ist. Wir haben schon früher festgestellt, daß der Tarot – und das gilt auch für seine Form als Kartendeck – ein analoges Modell des Kosmos bildet. Ferner wissen wir, daß der ganze Kosmos in ständiger Bewegung begriffen ist, daß jede Bewegung dem Ziel dient, Ausdruck einer großen allumfassenden Ordnung zu sein, daß diese Ordnung aber nicht Bestand haben kann, weil jeder bestehende Status eben diesem Prinzip der Bewegung widersprechen würde und daher jede Ordnung, wenn sie einmal erreicht ist, wieder in ihre Bestandteile zerfallen muß, aus denen sie aufgebaut wurde, damit daraus eine neue und andere Struktur entstehen kann.

Beim Tarot-Deck von 78 Karten wird dieser Umstand symbolhaft nachvollzogen durch den Vorgang, den man mischen nennt. Das Mischen der Tarot-Karten kann in der genau gleichen Weise erfolgen, wie dies auch bei den Kartenspielen üblich ist, denn gerade in der Prozedur des Mischens hat sich die eigentliche esoterische Bedeutung des Tarot eigenartigerweise noch ziemlich rein erhalten. Beim Kartenspiel erfolgt das Mischen dadurch, daß die Karten aus ihrer ursprünglichen Zusammengehörigkeit oder Reihenfolge herausgelöst und zufällig in neue Kombinationen gebracht werden, so daß für jedes Spiel, das heißt für jedes Universum, die einzelnen Bestandteile, die durch die Karten dargestellt werden, als neue Basis in neuer Zusammensetzung vorhanden sind. Ferner ist es beim Kartenspiel auch üblich, wenn alle Karten schließlich zu einem einzigen, geordneten Haufen zusammengelegt werden, diesen Haufen noch einmal zu teilen und neu zusammenzusetzen. Dieser Vorgang wird allgemein »abheben« genannt. Der Esoteriker erkennt darin sehr leicht eine rituelle Handlung, die das Gesetz der Polarität symbolisiert, indem dadurch noch einmal symbolhaft ausgedrückt werden soll, daß Gegensätze, das heißt hier Getrenntes, miteinander wieder zu einer Einheit verbunden werden sollen.

Aus diesem Grunde können wir den ganzen Vorgang des Mischens auch für unsere Zwecke übernehmen. Es gibt verschiedene Methoden, und welche du schließlich wählst, ist gleichgültig. Praktiziere die, die dir am besten gefällt und am leichtesten von der Hand geht. Probiere auch verschiedene aus, bis du die dir entsprechende Methode gefunden hast, und bleibe dann fortan bei dieser Methode. Wichtig ist stets nur, daß du dir beim Mischen etwas denkst. Wenn das Abheben der Karten in zwei Haufen eine symbolische Darstellung des Gesetzes der Polarität ist, so kannst du beim Teilen des Haufens in drei Teile an das Gesetz der Dreiheit denken; oder in vier Teile an die vier Elemente, in deren Form du alle Energie, die im Kosmos vorhanden ist, wahrnimmst.

Es ist meiner Erfahrung nach überhaupt von großer Bedeutung, daß nicht einfach gedankenlos mit dem Kartendeck umgegangen wird, sondern jede Handhabung bewußt und jeweils auf das Symbolhafte konzentriert vorgenommen werden soll. Ein solches Vorgehen fördert auch sehr intensiv die magische Aufladung der Karten. Je intensiver wir uns mit einem Tarot-Deck beschäftigen, um so mehr werden wir feststellen können, daß die Karten offensichtlich mit einer ganz bestimmten Art von Energie aufgeladen werden, die gerade für den divinatorischen Gebrauch sehr hilfreich sein kann.

Es ist eine bekannte esoterische Tatsache, daß jeder Mensch mehr oder weniger ständig Energie abstrahlt. Diese Energie ist bekannt unter den Bezeichnungen Odkraft, Fluidum oder Mana. Jeder Gegenstand, den wir handhaben, erhält aus diesem Grunde einen Teil unseres Fluidums, und das in um so stärkerem Maße, je mehr und häufiger wir mit ihm in Kontakt sind. Auch zwischen Menschen, wenn sie sich einander auf eine gewisse Distanz nähern, erfolgt sofort ein Austausch solcher Odkraft, der in einer harmonischen oder auch disharmonischen Weise stattfinden kann. Manche auf keine andere Weise verständliche Attraktion oder Abstoßung findet auf diese Weise ihre natürliche Erklärung.

Dies gilt natürlich auch in besonderem Maße für die Tarot-Karten, die sich entsprechend auch mit unserem persönlichen Mana aufladen, und dies um so intensiver, je häufiger sie zur Hand genommen werden. Solchermaßen mit persönlichem Mana aufgeladene Karten sind denn auch für den divinatorischen Zweck besonders geeignet, und ich kenne Menschen, die aus diesem Grunde das für ihre persönliche Divination bestimmte Kartendeck niemand anders in die Hand geben. Wer entsprechend begabt ist, kann durch Pendeln diese Aufladung auch nachweisen oder durch jemand anderen, der dazu imstande ist, nachweisen lassen. Allerdings bleibt die Odkraft nicht unbegrenzt erhalten. Wird ein Gegenstand, oder in unserem Falle ein Tarot-Deck, längere Zeit nicht mehr zur Hand genommen, dann verflüchtigt sich die Odkraft allmählich wieder. Um dem vorzubeugen, kann man das Kartendeck in ein Tuch aus reiner Seide einschlagen oder in ein entsprechendes Täschchen legen, und wenn man noch mehr in dieser Richtung tun will, die Karten überhaupt nur auf einem größeren Seidentuch auslegen. Mir persönlich tut es immer wieder richtig weh, wenn ich beobachten muß, wie manche Menschen gedankenlos ihre Tarot-Karten auf dem bloßen Fußboden ausbreiten, der erfahrungsgemäß oft mit den unsaubersten und disharmonischsten Odkräften versehen ist, die sich dann natürlich auch auf die Karten übertragen. Seide hat eine für die Odkräfte isolierende Wirkung und trägt deshalb dazu bei, daß sie möglichst intensiv und lange erhalten bleiben. Wenn wir dieses Tuch zusätzlich noch violett einfärben, dann versehen wir es symbolhaft mit der Farbe der Begrenzung und Abgrenzung.

Wenden wir uns nun der Frage zu, auf welche Weise die Karten zu wählen sind. Auch hier gibt es die verschiedensten möglichen Methoden. Man kann zum Beispiel die Karten in irgendeiner Weise ausbreiten oder sich zufällig ausbreiten lassen, und dann rein intuitiv seine Wahl treffen. Eine andere Methode der Wahl hängt eng mit dem Akt des Mischens zusammen. Man mischt die Karten mit beiden Händen so lange durcheinander, bis man fühlt, daß sie die Tendenz haben, sich unter den Händen zu einem geordneten Haufen zusammenzufügen. Bei dieser Methode ist es dann üblich, den Haufen mit der linken Hand jeweils dreimal oder viermal zu teilen und neu zusammenzufügen. Die Karten, die dann auf dem zuletzt gebildeten Haufen verdeckt zuoberst zu liegen kommen, werden dann der Reihe nach abgehoben und zur entsprechenden Kombination gefügt.

Die einfachste Methode, eine oder mehrere Karten zu wählen, ist die Klappmethode. Zu diesem Zweck nimmt man das gemischte Kartendeck in beide Hände und zerteilt es intuitiv an einer Stelle. Die dabei sichtbar werdende Karte ist dann die gewählte. Der Vorgang kann auf diese Weise mehrmals wiederholt werden.

Eine Variante dieser Methode besteht darin, daß man das geordnete Kartenpaket mit der Bildseite nach unten hinlegt und mit der linken Hand jeweils die Teilung vornimmt. Diese Methode kann allerdings mit einem ziemlichen Nachteil behaftet sein. Wenn du sie anwendest, kannst du in manchen Fällen die Entdeckung machen, daß dir der Tarot immer wieder die gleichen Karten vorweist. Bevor du nun darangehst, in diesem Umstand eine besondere esoterische Botschaft zu erblicken, ist es vielleicht besser, wenn du diese Karten etwas genauer untersuchst. Du machst dann vielleicht die Feststellung, daß sie ganz leicht gewölbt sind, so daß sich im geschlossenen Paket dort ein Luftpolster bildet, welches dazu führt, daß sich der Haufen immer wieder bei diesen Karten teilt. Dies hat nun allerdings weniger mit Esoterik als mit ganz gewöhnlicher Physik zu tun. Deshalb wende ich persönlich die Klappmethode nur dann an, wenn ich räumlich oder zeitlich zu eingeengt bin, um andere Methoden anzuwenden.

Für mich persönlich wende ich eine Methode an, die etwas umständlicher ist und in manchen Fällen auch etwas mehr Zeit erfordert, aber demjenigen, der auf sie eingeübt ist, sehr treffende Resultate liefert. Ich lege die Karten in einer halbkreisförmigen Linie auf ein violettes Seidentuch aus, möglichst so, daß von jeder Karte ein Stück sichtbar ist. Dann führe ich die Fingerspitzen der linken Hand in geringer Entfernung, aber ohne die Karten zu berühren, langsam über die ausgebreiteten Karten hin und her. Meistens empfinde ich dann schon recht schnell bei einer bestimmten Karte ein intensives Wärmegefühl im linken Mittelfinger. Das heißt, daß das Energiefeld der betreffenden Karte und mein momentan vorherrschendes persönliches Energiefeld miteinander in eine polare Beziehung treten, und das bedeutet, daß diese Karte mir gerade jetzt etwas zu sagen hat. Manchmal können auch mehrere Karten diese Wirkung ausüben, dann gilt es, die herauszufinden, bei der das entsprechende Gefühl am intensivsten ist. Das ist auch die Methode, die ich in meinen Kursen jeweils empfehle, und es hat sich gezeigt, daß eigentlich die meisten Menschen nach einer kurzen Zeit des Einübens recht gut damit zurechtkommen. Manche spüren indessen statt des Wärmegefühls ein Kribbeln in den Fingern, und andere wiederum berichteten, daß ihre Finger wie magnetisch von gewissen Karten angezogen werden. Hier gilt auch, das dir Gemäße herauszufinden und damit umgehen zu lernen. Manchmal kann es geschehen, daß während des Vorgangs des Mischens oder des anschließenden Auslegens der Karten eine oder mehrere Karten sich plötzlich selbständig machen und herausfallen. A. E. Waite gibt für diesen Fall die Anweisung, den Vorgang abzubrechen und neu zu beginnen. Meine eigene, persönliche Erfahrung weist in eine andere Richtung. Es hat sich gezeigt, daß gerade diese herausgefallenen Karten etwas ganz Besonderes sagen wollen und dementsprechend beachtet werden müssen. Aber auch hier kannst du es halten, wie es deinem eigenen Empfinden oder der eigenen Erfahrung entspricht.

Aber noch eine weitere, dritte Grundvoraussetzung muß beim Umgang mit dem Tarot, vor allem bei der Interpretation der Bilder, berücksichtigt werden. Der Tarot selbst, und ganz besonders auch in seiner Form als Kartendeck, ist in der Bildsprache gehalten. Die Bildsprache ist Ausdruck einer Schicht der menschlichen Psyche, die tief im Unbewußten des Menschen liegt und deshalb willentlich und direkt nicht, oder sagen wir besser nicht mehr so ohne weiteres, zugänglich ist. Nur in der sogenannten astralen Region herrscht diese Bildsprache noch vollumfänglich, und in ihr äußert sich die Welt der Träume und Visionen. Je mehr nun der Mensch im Zuge seiner Entwicklung Bewußtheit erlangt hat, um so mehr hat er auch gelernt, sich in einer anderen Sprache auszudrücken, und die Bildsprache, die früher dominierend war, ist mehr und mehr in den Hintergrund verdrängt worden und direkt eigentlich heute nur noch im Bereich des Traumlebens zu finden. Die Wortsprache ist ein Kennzeichen des Menschen des Widder- und Fische-Zeitalters, die ihrerseits wieder, wie bereits gesagt, von den heiligen Schriften und Büchern geprägt wurden, die allesamt in der Wortsprache abgefaßt sind.

In diesem Zusammenhang ist es recht interessant, daß die Veden, die zu den ältesten uns erhaltenen heiligen Schriften der Menschen gehören, nach der Tradition den Weisen, den Rishis, offenbart worden seien. Diese hätten sie »gesehen« und dann in die Wortsprache übertragen, um sie auf diese Weise den Menschen weiterzugeben. Dies könnte durchaus darauf hinweisen, daß es vor dem Widder-Zeitalter eine spirituelle Tradition gegeben hat, die auf der Sprache der Bilder aufgebaut war, und daß der Tarot in dieser vorverbalen Tradition seine Wurzeln hat. Manche Erscheinung der gegenwärtigen Zeit läßt die Vermutung aufkommen, daß mit dem beginnenden Wassermann-Zeitalter auch die Wortsprache wieder an

Bedeutung einbüßen wird beziehungsweise durch eine andere Sprache ersetzt werden wird. Ob das wiederum die Sprache der Bilder sein wird oder noch etwas anderes, das vermag im gegenwärtigen Zeitpunkt niemand vorauszusagen. Festzustellen ist nur, daß unser gegenwärtiges Leben mehr und mehr wieder von Medien der Bildsprache wie Fernsehen, Film usw. bestimmt wird.

Trotzdem sind wir alle noch, und zwar sicher noch auf längere Zeit hinaus, Kinder des Wort-Zeitalters, und das bedeutet, daß wir diesen Umstand bei unserem Umgang mit dem Tarot stark berücksichtigen und jede Aussage des Tarots in der uns gemäßen Wortsprache formulieren müssen, damit sie unserem Bewußtsein zugänglich gemacht werden kann. Ein Tarot-Bild, mit dem wir konfrontiert sind, kann uns durchaus spontan, eben auf intuitive Weise, die richtige Botschaft vermitteln, rein durch den Eindruck, den das Bild in uns erweckt. Wir müssen uns darüber aber im klaren sein, daß auf diese Weise die Information des Tarot-Bildes nur die unbewußte, astrale Schicht des Menschen erreicht und daß nicht ohne weiteres Gewähr dafür gegeben ist, daß sie auch die Sphäre des Bewußtseins erreicht. Zwar wird die Information des Tarot-Bildes auch in der astral-unbewußten Sphäre des Menschen seine volle Wirkung entfalten, aber diese Wirkung ist der bewußten Einflußnahme und Kontrolle des Menschen entzogen, und das heißt, sie kann nicht zur Erkenntnis werden. Deshalb ist es sehr wichtig, daß die Formulierung der Tarot-Information mit den Ausdrucksmitteln der Wortsprache besonders sorgfältig gepflegt werden muß. Ich wage die Behauptung, daß eine Botschaft des Tarot erst dann richtig verstanden worden ist, wenn sie mittels der Wortsprache klar ausgedrückt werden kann.

Daß die Umsetzung in die Wortsprache besonders sorgfältig vorgenommen werden soll, hat seinen Grund nicht zuletzt auch darin, daß die Ebene der Wortsprache bereits die dritte Übertragungsebene der Tarot-Information ist. Wenn wir die direkte Emanation der Energien gewissermaßen als dic Ursprache des Tarot betrachten, dann bedeutet auch die Bildsprache bereits eine Übersetzung, und die Formulierung in der

Wortsprache wäre demnach noch eine weitere Übertragung mit all den Risiken und Fehlerquellen, die eine Information aus dritter Hand enthalten kann.

Ich schlage deshalb als erstes eine Übung vor, die die Erwerbung von Kartenkenntnis mit dem Training des Ausdrucks in der Wortsprache verbindet. Für den ernsthaften Schüler des Tarot sollte diese Übung wirklich zum täglichen Exerzitium werden. Sie besteht darin, daß man jeden Tag, möglichst am Morgen, aus dem ganzen Paket der 78 Karten eine Karte mittels einer der vorher beschriebenen Methoden auswählt. Diese Karte wird dann als die »Karte des Tages« bezeichnet, deren Energiefeld für den betreffenden Tag und für den Betreffenden, der sie ausgewählt hat, gültig bleibt.

Nachdem die Karte ausgewählt ist, kannst du auf folgende Weise vorgehen: Lege die Karte in einen bequemen Abstand vor dich hin oder – vielleicht noch besser – lehne sie möglichst aufrecht an einen kleinen Gegenstand, so daß du sie auf jeden Fall bequem und ohne Anstrengung betrachten kannst. Setze dich aufrecht hin, die Handflächen auf die Knie gestützt, und betrachte das Bild eine gewisse Zeitlang, ohne dich von irgend etwas ablenken zu lassen. Die Zeitdauer kannst du individuell wählen; sie sollte indessen nicht länger als sieben Minuten dauern. Um nicht wegen der Zeitkontrolle durch einen Blick auf die Uhr abgelenkt zu werden, kannst du ein leeres Tonband die von dir für die Meditation vorgesehene Zeit laufen lassen und dann mit irgendeiner Art Zeichen, zum Beispiel leiser Gongschlag oder Beginn eines Musikstückes, bespielen.

Bemühe dich, während der Zeit der Betrachtung ganz offen zu sein, und zwar für alle drei Schichten, in denen das Tarot-Bild zu dir spricht, von seiner *Energie* her, von seinem *Bild* her und von den *Worten* her, die du dafür in deinen Gedanken formulierst. Führe gewissermaßen einen Dialog mit dem Tarot-Bild, bemühe dich, seine Information zu verstehen und kommentiere sie mit deinen eigenen Gedanken und Ansichten. Das Resultat dieser kleinen Meditation schreibst du dann anschließend in wenigen Sätzen in dein magisches Tagebuch. Dabei ist es nicht so wichtig, daß deine Formulierungen die richtigen Aussagen des Bildes enthalten, bedeutsamer ist, daß sie Ausdruck deiner Bemühungen sind, die erhaltene Botschaft in der Wortsprache zu formulieren.

Besonders am Anfang wirst du recht häufig auf Karten stoßen, mit denen du im Moment nichts, aber auch rein gar nichts anfangen kannst und keine Beziehung, oder nur sehr schwer, zu deinem Hier und Jetzt herstellen kannst. Auch in diesem Falle schreibe lieber irgend etwas, und sei es auch nur einen halben Satz, als gar nichts, und laß dich auch nicht von der Befürchtung beeinflussen, etwas Falsches zu schreiben, denn da du dein magisches Tagebuch niemand anderem zeigst, brauchst du auch keine Furcht zu haben, dich zu blamieren oder in irgendeiner Weise das Gesicht zu verlieren. Die stete Übung ist vorerst wichtiger als das möglicherweise richtige Erfassen der betreffenden Information.

Halte dann während des Tagesablaufs die gewählte Karte ständig vor deinem inneren Auge. Du kannst sie auch irgendwo hinlegen oder stellen, wo sie dir öfters wieder in den Blick fällt. Versuche herauszufinden, auf welche Weise die diesem Tarot-Bild zugrunde liegende Aussage sich in deinem Tagesablauf zur Geltung bringt. Es kann durchaus der Fall sein, daß du erst im Verlauf des Tages merkst, was die Karte dir zu sagen hat, und daß dies womöglich etwas ganz anderes ist, als was du am Morgen in dein Tagebuch geschrieben hast. Das macht gar nichts, denn auf diese Weise hast du die Möglichkeit, deine Kartenkenntnis, das A und O jedes Tarot-Praktikers, zu erweitern und zu vertiefen. Willst du noch mehr tun, dann kannst du am Abend dein magisches Tagebuch noch einmal zur Hand nehmen und hineinschreiben, wie du die Karte erlebt hast und zu welcher Erfahrung sie für dich geworden ist. Dann vergleiche mit dem, was du am Morgen eingetragen hast.

Ich kann dir garantieren: Wenn du diese kleine Übung wirklich jeden Tag machst, dann wirst du mit der Zeit aus dem Staunen nicht mehr herauskommen, wie treffend die gewählten Karten jeweils zu deiner Situation sprechen und wie schnell du dir auf diese Weise eine umfassende Kenntnis der Karten und ihrer Bedeutung aneignen kannst. Besonders wichtig ist, daß du auf die geschilderte Weise lernst und in Erfahrung bringst, wie der Tarot zu dir persönlich als Individuum spricht, und daß diese Aussagen nicht ohne weiteres auch auf andere Menschen übertragbar sind. Dies ist ein wichtiger Grund, warum ich immer wieder davor warne, den Tarot für andere Menschen zu lesen und auszulegen.

Wenn du diese erste Übung einige Zeit regelmäßig gemacht hast, wobei es natürlich keinen Grund gibt, jetzt damit aufzuhören – du kannst dieses kleine Ritual zu einem festen Bestandteil deines Alltags machen –, dann hast du einen Grad der Kartenkenntnis erworben, der es dir ermöglicht, einen Schritt weiter zu gehen. Jetzt nehmen wir unseren zweiten Grundsatz in Angriff, nämlich zwei und mehr Karten zu einer Aussage miteinander zu kombinieren. Während die erste Übung, die Wahl der Karte des Tages, durchaus bereits eine divinatorische Bedeutung hatte, so soll dieser zweite Schritt, um des effektiveren Lernprozesses willen, frei von aller divinatorischen Betrachtung sein. Sollte dir das schwerfallen, indem du feststellst, daß du unwillkürlich die gewählten Karten in irgendeiner Weise auf dich und deine Situation beziehst, dann ist es besser, sie willkürlich von jemand anderem auswählen zu lassen. Denn hier geht es vorerst darum, daß du dich möglichst unvoreingenommen im Übertragen der Bildsprache in die Wortsprache, also im Prozeß des Verbalisierens übst.

Für den Anfang schlage ich dir vier Zweierkombinationen vor, die je aus einem Bild der großen Arkana und einer Zahlenkarte bestehen. Deine Aufgabe ist, dir über diese Kombinationen deine eigenen Gedanken zu machen, herauszufinden, auf welche Weise der kombinierte Inhalt dieser Bilder in die Wortsprache übertragen werden könnte, und die entsprechenden Formulierungen dann niederzuschreiben. Als kleine Hilfe für den Anfang habe ich im Anhang zu diesen vier Zweierkombinationen meine eigenen Gedanken und Überlegungen niedergeschrieben, damit du sie anschließend mit deinen eigenen vergleichen kannst. Dabei spielt es überhaupt keine Rolle, ob der Inhalt deiner Überlegungen mit meinen mehr oder weniger übereinstimmt. Wichtiger ist hier die Art und Weise der Betrachtung, die Methodik, womit an die Bilder herangegangen wird.

Ferner muß ich hier ausdrücklich darauf aufmerksam machen, daß alle weiteren Übungen und Ausführungen sich auf das Tarot-Deck von A. E. Waite beziehen. Waite war meines Wissens der erste, der auch die Zahlenkarten, die ursprünglich beim Tarot nur mit der jeweiligen Anzahl der magischen Werkzeuge versehen waren, auch mit Bildern versah, die in irgendeiner Weise den Gehalt der betreffenden Zahlenkarte zum Ausdruck bringen. Dies bildet eine große Hilfe und Erleichterung für den Schüler des Tarot, besonders am Anfang, weil er die Bilder als Gedächtnisstütze benutzen kann und zudem nicht darauf angewiesen ist, bei jeder Zahlenkarte die komplizierte, abstrakte Analyse vornehmen zu müssen. Allerdings besteht die Gefahr, daß man es sich dann auch zu leicht macht und sich zu sehr nur auf die Bilder verläßt. Dies kann dann wiederum zu Abweichungen und Fehlinterpretationen führen.

Dabei ist zu beachten, daß diese Bilder natürlich auch die persönliche Auffassung von A. E. Waite wiedergeben, die durchaus nicht in allen Fällen mit der deinen und meinen übereinstimmen muß. Das ist legitim und natürlich. Zu beachten ist indessen, daß in der Darstellung von Waite die Reihe der Schwerter ganz allgemein eine viel zu negative und schlechte Bewertung enthält. Aufgrund meiner Nachforschungen dürfte dies daher rühren, daß Waite für die Schwerter einfach auf die Bezeichnungen zurückgriff, wie sie im Orden »The Golden Dawn« für die Schwerter üblich waren (Verdruß, Kummer, Krankheit, Tod). Wenn man diese Wörter entsprechend mit den sephirothischen Energien kombiniert, kommen zwangsläufig die Schwert-Bilder des Waite-Tarot heraus. Welche Gründe den »Golden Dawn« veranlaßten, die Schwerter so negativ zu bewerten, vermag ich nicht zu sagen, aber sie sind ganz offensichtlich falsch und entsprechen nicht der Realität. Das Schwert ist das magische Werkzeug des Denkens, des Verstandes, des Intellekts und kann in seiner Funktion sehr oft schmerzlich und einengend wirken, aber niemals mit einer derartigen Hoffnungslosigkeit und Trostlosigkeit, wie sie in manchen Waite-Bildern enthalten ist. Mittels des Schwertes gelangt der Mensch auch zur Bewußtheit, die eine Voraussetzung der Erkenntnis ist; deshalb ist das Schwert als magisches Werkzeug für unsere Entwicklung notwendig. Es ist aus diesem Grunde nötig, die Reihe der Schwert-Bilder im Waite-Tarot in der Betrachtung und Interpretation entsprechend um-, das heißt aufzuwerten.

Und nun die erwähnten vier Übungskombinationen:

VII Der Wagen / Sieben der Schwerter
XI Die Kraft / Drei der Münzen
XVII Der Stern / Acht der Münzen
IX Der Eremit / Neun der Kelche

Ich rate dir, anhand dieser vier Beispiele noch mehrere Zweierkombinationen, bestehend aus je einer Karte der großen Arkana und einer Zahlenkarte, zu analysieren. Als besonders wichtig erachte ich dabei, daß du nicht dabei bleibst, die Kartenkombination einfach intuitiv zu betrachten und möglicherweise nur die Gefühle und Empfindungen zu beachten, die sie in dir hervorruft, sondern daß du wirklich darangehst, das Ergebnis dieser Kombination zu verbalisieren und schriftlich festzuhalten, so daß du jederzeit vor dir selbst und anderen gegenüber begründen und darlegen kannst, warum du gerade auf diese entsprechend formulierte Aussage kommst. Ich weiß, daß dies etwas mühsam ist, aber nur auf diese Weise gelangst du mit der Zeit zu einem sicheren Umgang mit dem Tarot und wirst ihn divinatorisch viel tiefer ausschöpfen können als derjenige, der beim bloßen intuitiven Erfassen stehenbleibt.

Von den drei Aussageebenen, die der Tarot enthält, haben wir bisher in Form der großen Arkana und der Zahlenkarten nur zwei berücksichtigt. Wir müssen nun auch die Dimension einbringen, die im Tarot durch die vier Hofkarten ausgedrückt wird. Erst dann haben wir das ganze Instrumentarium zur Verfügung, das uns den richtigen praktischen Gebrauch des

Tarot ermöglicht. Erfahrungsgemäß bereiten die Hofkarten dem Schüler des Tarot am meisten Schwierigkeiten, so daß wir uns etwas eingehender mit den Hofkarten und ihrer Bedeutung beschäftigen müssen. Diese Schwierigkeit rührt zum größten Teil daher, daß das positivistische Weltbild und die von Kant geprägte Erkenntnistheorie noch weitgehend unser heutiges Denken bestimmen und daher auch die Art und Weise, wie wir die Erscheinungen, die Phänomene, in der sich die Welt uns zeigt, aufnehmen und verarbeiten. Bereits im zweiten Band der *Schule des Tarot,* im *Baum des Lebens,* habe ich das Wesen der Hofkarten und die mit ihnen in Verbindung stehenden vier kabbalistischen Welten erläutert (Seiten 85 bis 104). Diese Ausführungen berühren aber mehr den theoretischen Aspekt des Themas ohne weitere Berücksichtigung der praktischen Verwendung. Die nachfolgenden Ausführungen sollen nunmehr der Veranschaulichung der vier kabbalistischen Ebenen beziehungsweise der Hofkarten dienen und sind vor allem für die Praxis gedacht.

Mache dich nun mit folgender These vertraut: *Alles, was ist, sei es seiner Erscheinungsform nach statisch oder dynamisch, muß unter dem Aspekt der vier kabbalistischen Welten, im Tarot ausgedrückt durch die je vier Hofkarten, betrachtet werden.* Für das Verständnis wird es sehr hilfreich sein, wenn du, während du dich mit den folgenden Ausführungen beschäftigst, folgende vier Bilder vor dich hinlegst, und zwar senkrecht von oben nach unten: König der Stäbe, Königin der Kelche, Ritter der Schwerter, Page der Münzen. Um der Genauigkeit willen kannst du, wenn du willst, zwischen Königin und Ritter einen kleinen Zwischenraum lassen.

Diese vier Karten, das heißt die Gestalten, die auf ihnen abgebildet sind, repräsentieren nun – jeweils mit dem entsprechenden magischen Werkzeug versehen, das ihre Ebene mit Priorität regiert – die vier kabbalistischen Welten. Demnach repräsentiert der König Atziluth die Königin Briah; im Ritter erkennen wir Jezirah, und der Page verkörpert Assiah.

Nehmen wir einmal die bekannte Erscheinung eines Blitzes, um daran kennenzulernen, was in den je vier Hofkarten zum

Ausdruck kommt. Damit etwas, ein Phänomen, vom Menschen aus betrachtet als Blitz bezeichnet werden kann, muß es in sich die vier kabbalistischen Welten enthalten und zur Wahrnehmung bringen. Damit überhaupt das Phänomen eines Blitzes entstehen kann, müssen gewisse Voraussetzungen erfüllt sein. Die Luft muß elektrisch aufgeladen sein, und es muß ein entsprechend entgegengesetzter Pol vorhanden sein, damit auf der so vorhandenen Polaritätsachse ein Energiefluß nach dem Gesetz der Dreiheit in der Form eines Blitzes stattfinden kann. Diese Grundvoraussetzung können wir der Welt von Atziluth, repräsentiert durch den König, zuordnen. Die Entladung, so wie sie sich unseren Sinnen darbietet – in diesem Falle dem Auge, das uns in die Lage versetzt, zu erkennen und zu definieren: aha, ein Blitz – entspricht der Welt von Briah, repräsentiert durch die Königin. Der Vorgang des Spannungsausgleichs, die Entladung des Kraftflusses, ist der Welt von Jezirah, repräsentiert durch den Ritter, zuzuordnen. Und das Ende des ganzen Vorgangs geschieht auf der Ebene von Assiah, repräsentiert durch den Pagen, die auf diese Weise den Vorgang als Ganzes in sich enthält.

Wichtig ist nun, daß erst das Zusammentreffen, sei es simultan oder nacheinander (beim Blitz ist das praktisch kaum zu unterscheiden), *aller vier Ebenen* stattfinden muß, damit das Phänomen Blitz entsteht. Keine der vier Ebenen kann für den Vorgang Blitz allein als repräsentativ gelten. So kann beispielsweise eine elektrische Aufladung der Luft vorhanden sein, ohne daß sie sich zum Vorgang des Blitzes hin entwickelt. Auch kurze Lichterscheinungen, die wir »blitzartig« wahrnehmen, können alles andere bedeuten als das Phänomen des Blitzes in der Natur. Nicht jeder elektrische Spannungsausgleich führt zum Phänomen eines Blitzes, sondern kann zu den verschiedensten Zwecken verwendet werden, zum Beispiel zum Betreiben eines Elektromotors, eines Fernsehapparates usw. Das Wesen des Blitzes ist, daß der ganze Vorgang in einer fast unvorstellbar kurzen Dauer abgeschlossen ist. Das bedeutet, daß die Kürze der Erscheinung ein wesentliches Merkmal des Blitzes ist. Wenn wir einen Lichtschalter betätigen, dann erhalten wir eine ebenso schnelle Erhellung der Glühbirne, die indessen nicht sofort wieder beendet ist, sondern andauert, und die wir deshalb nicht mit »Blitz« bezeichnen, sondern den Ausdruck »leuchten« als dafür viel angemessener empfinden.

Gerade daran erkennen wir deutlich, wie wichtig für die Ebene von Assiah der Abschluß eines Vorganges oder die Umgrenzung eines Zustandes ist. Dies ist auch ein Grund dafür, warum wir unsere irdisch-materielle Ebene, auf und in der wir leben, so stark als Begrenzung empfinden, weil sie eben, von Malkuth her gesehen, die Welt von Assiah verkörpert.

Wir erkennen nun, daß die vier kabbalistischen Ebenen je ein bestimmtes Prinzip von allem und jedem, was existiert, repräsentieren. Die Ebene von Atziluth verkörpert das *Vorhandensein* von etwas und gleichzeitig die noch unbestimmte *Wahrnehmung* dessen, was vorhanden ist. Briah verkörpert die Ebene der *Erkenntnis,* denn das, was vorhanden ist, wird in Briah erkannt und in einer bestimmten Weise bezeichnet und definiert. Die Ebene von Jezirah ist die Ebene der *Handlung.* Sie verkörpert die Dynamik dessen, was in Atziluth vorhanden und auf Briah erkannt worden ist. Assiah schließlich zeigt an, daß das Phänomen als solches zum *Abschluß* gekommen ist oder sich in einem Zustand der *Ganzheit* befindet.

Am ehesten verständlich sind die vier kabbalistischen Ebenen, wenn man sie im Zuge einer dynamischen Entwicklung betrachtet. So kann zum Beispiel jede Entwicklung und jede Veränderung im menschlichen Leben nur dann wirksam sein, wenn sie im Sinne der vier kabbalistischen Ebenen erfolgt. Auch dazu ein Beispiel.

Ich nehme wahr, daß etwas in meinem Leben verändert werden muß. Indessen weiß ich noch nicht, was dies ist, und *nehme* statt dessen erst einmal ein mehr oder weniger starkes Unbehagen und eine Unzufriedenheit mit meiner jetzt *vorhandenen* Situation *wahr.* Dies würde der Ebene von Atziluth entsprechen. Aus dieser Wahrnehmung des Unbehagens heraus kann eine weitere Stufe der Entwicklung erfolgen, indem ich entweder allein oder mit Hilfe von jemand anderem *zur Erkenntnis gelange,* warum mein Unbehagen besteht und was zu tun ist, um es zum Verschwinden zu bringen. Dies ist die Ebene von Briah. Diese beiden Ebenen für sich allein betrachtet genügen allerdings noch nicht, um mein Problem zu lösen, wenn ich nicht die Konsequenzen ziehe und der Erkenntnis gemäß *handle.* Damit transportiere ich die vorhandene Situation auf die Ebene von Jezirah. Aber auch hier bin ich noch nicht am Ziel angelangt, denn es besteht immerhin die Möglichkeit, daß ich mich in einen fortwährenden Zustand der Aktivität verlieren kann, ohne etwas zu erreichen. Erst wenn mein Handeln die entsprechende Veränderung, die ich herbeiführen will, wirklich *herbeigeführt hat,* ist die Ebene von Assiah erreicht.

Gerade an diesem Beispiel können wir erkennen, wie wichtig, ja notwendig es ist, die Kenntnis und die Handhabung der vier kabbalistischen Ebenen in unsere esoterische Lebensführung mit einzubeziehen. Es ist für einen Menschen, der sein Leben nach esoterischen Grundsätzen führen will, von großer Wichtigkeit, daß er sich nach Möglichkeit jederzeit bewußt ist, auf welcher Ebene er sich gerade befindet, und daß sein Ziel erst dann als erreicht betrachtet werden kann, wenn es auf der Ebene von Assiah zur Manifestation, zur Konkretisierung gekommen ist.

Wenn du die vier vorher erwähnten Karten, die je eine der vier kabbalistischen Ebenen repräsentieren, vor dir liegen hast, dann ist es empfehlenswert, wenn du die hier gemachten Ausführungen mit dem entsprechenden Tarot-Bild vergleichst. Du wirst auf diese Weise am ehesten ein Gefühl dafür entwickeln, was mit der jeweiligen Ebene gemeint ist und wie sie in der Aussage einer Bildkombination zu interpretieren ist.

Wenn du die anderen Hofkarten noch einer näheren Betrachtung unterziehst, dann werden dir einige Dinge auffallen, die dir manches über das Wesentliche jeder kabbalistischen Ebene aussagen. Von den jeweils vier Figuren sitzen zwei auf einem Thron, es sind dies König und Königin. Der Thron ist ein Symbol des Erhabenseins, wie dies bereits bei der Analyse der großen Arkana in Band 1, *Das Rad des Lebens,* erwähnt worden ist. Der Thron erhebt die Person, die auf ihm sitzt, in eine höhere Sphäre. Im Tarot wird damit der Unterschied zwischen der oberen und der unteren Hälfte des Baums des Lebens gekennzeichnet. Aus diesem Grunde habe ich auch den Hinweis gegeben, zwischen Königin und Ritter einen kleinen Zwischenraum zu lassen.

Besonders wichtig ist, daß man sich nicht durch die hierarchische Gliederung der Hofkarten dazu verleiten läßt, die einzelnen kabbalistischen Ebenen besser oder schlechter zu bewerten. Atziluth ist nicht etwa besser als Assiah, sondern der Seins-Zustand, der durch Atziluth ausgedrückt wird, ist für uns Menschen viel schwieriger zu erfassen und zu handhaben als etwa Assiah, welches der Sphäre, in der wir leben, viel gemäßer und näher ist. So gesehen drücken Atziluth und Briah nicht etwas Höheres aus, sondern etwas, das von unserer menschlichen Seins-Ebene aus gesehen ferner ist.

Dies läßt sich vielleicht am besten zeigen, wenn man ein so banales Beispiel wie einen lästigen Schnupfen unter dem Aspekt der vier kabbalistischen Welten (König, Königin, Ritter, Page) betrachtet. Wenn wir eines Morgens mit einem unbehaglichen Gefühl aufwachen, eine unbestimmte Schwere des Kopfes empfinden, uns müde fühlen, ohne jedoch noch zu wissen, woher dieses Gefühl kommt und wohin es führt, dann erleben wir den Schnupfen in seiner Erscheinungsform in Atziluth. Die Krankheit selbst, das heißt die Ausbreitung und Infektion der betreffenden Viren, ist in diesem Stadium schon längst im Gange, aber für unser spezifisches Wahrnehmungsvermögen noch nicht faßbar. Erst wenn sich dann ganz bestimmte und bekannte Symptome einstellen, wie Niesen und Fließen der Nase, kommt die *Erkenntnis:* das ist ein Schnupfen! Damit befinden wir uns auf der Ebene von Briah. Jezirah bildet nun die Ebene für den Verlauf des Schnupfens und die Art und Weise, wie wir mit ihm *umgehen.* Wir können Medikamente nehmen, Tee trinken (Ritter der Schwerter), das Bett hüten (Ritter der Kelche), oder auch ganz einfach uns in Geduld wappnen und den Prozeß des Schnupfens bis zu seiner natürlichen Heilung laufen lassen (Ritter der Münzen). Wenn dann die Symptome *abgeklungen* sind, der Körper den Angriff der Viren erfolgreich abgewehrt hat und ihre Giftstoffe ausgeschwemmt sind, dann hat der Schnupfen die Ebene von Assiah erreicht, und das Phänomen als solches ist abgeschlossen und hat somit seine Ganzheit erreicht.

Im Falle eines Schnupfens sind Atziluth und Briah nicht dessen bessere und höhere Qualifikationen. Wenn wir die je vier Hofkarten als Ganzes betrachten, namentlich in der Darstellung des Waite-Tarot, dann drücken Könige in ihrem mehr oder weniger statischen Dasein einfach das Vorhandensein von etwas aus, das in einer mehr oder weniger bestimmten Weise wahrgenommen werden kann. Wird die Ebene von Atziluth vor allem durch die Erscheinung des Königs selbst dargestellt, so erkennen wir die Ebene von Briah darin, daß die Königinnen das entsprechende magische Werkzeug, das ihnen zugeteilt ist, in einer sehr betonten und signifikanten Weise halten. Sie zeigen sich dadurch in gewisser Weise als die Trägerinnen einer bestimmten Sache, worin der Begriff von Briah zum Ausdruck gebracht wird.

Auf den Ritter-Bildern dominiert das Pferd. Für den Menschen, der vor unserem technologischen Zeitalter lebte, hatte das Pferd die gleiche Bedeutung, die heute dem Auto zukommt. Das Pferd war, wie auch heutzutage das Auto, Symbol der Beweglichkeit und der damit verbundenen Ausdehnung des eigenen Horizontes, der Handlungsfähigkeit. Auch die Ritter sind Träger der magischen Werkzeuge, aber sie tragen sie nicht wie die Königinnen, um sie zu bewahren, sondern um sie dorthin zu transportieren, wo sie gebraucht werden. Beachte, daß die Bewegung der Pferde ganz verschieden und jeweils signifikant für den Symbolwert des betreffenden Werkzeuges ist. Für nähere Einzelheiten in dieser Beziehung verweise ich auf die detailliertere Beschreibung der Bilder in diesem Band.

Für die ersten praktischen Übungen und Erfahrungen im Tarot ist es von Vorteil, wenn du bei den Hofkarten den einzelnen magischen Werkzeugen vorläufig noch keine große Beachtung schenkst. Für den Anfang genügt es, wenn du die jeweilige Hofkarte in bezug auf die Ebene, die sie repräsentiert, interpretierst. Wenn du dann mehr Sicherheit gewonnen hast, kannst du dann nach und nach darangehen, auch die einzelnen magischen Werkzeuge in deine Betrachtungen mit einzubeziehen, um von daher neue Feinheiten der Aussage zu erschließen.

Im Rahmen eines sich dynamisch entwickelnden und in zeitlicher Reihenfolge ablaufenden Vorganges sind die vier kabbalistischen Welten (König, Königin, Ritter, Page) noch am leichtesten zu verstehen. Ich nehme an, daß du bereits die Entdeckung gemacht hast, wie wenig du ihrer Ordnung in deinem Leben bisher vielleicht entsprochen hast, und daß eine bewußtere Lebensführung unter Beachtung der vier Ebenen sich in einer sehr positiven und manches verändernden Weise bemerkbar macht.

Aber nicht nur zeitlich ablaufende Entwicklungsvorgänge enthalten die vier kabbalistischen Ebenen, sondern auch jeder Seins-Zustand an sich, und das ist nun schon bedeutend schwieriger zu verstehen und nachzuvollziehen, weil unsere bisherige Art der Weltbetrachtung diesen Umstand überhaupt nicht in Betracht gezogen hat. Beginnen wir auch hier mit einem möglichst anschaulichen Beispiel, das uns erlaubt, die zugrunde liegende Problematik für unsere Möglichkeiten besser verständlich zu machen.

Stelle dir einmal vor, daß du eine Wohnung betrittst, die aus vier separaten Räumen besteht, beispielsweise Schlafzimmer, Badezimmer, Küche, Wohnzimmer. Wenn du dich in der Wohnung bewegst, dann kannst du logischerweise mit deinem Körper nur jeweils in einem der vier Räume sein. Das ist auch genau die Aussage, die einer positivistischen Weltbetrachtung entspricht, welche die Begrenzung durch den physischen Körper zugleich auch als Begrenzung für die Wahrnehmung und die Erkenntnis erklärt.

Die esoterische Weltbetrachtung sieht dies etwas anders. Für sie gibt es das Nebeneinander der verschiedenen Räume, aber gleichzeitig auch ein Miteinander, das sehr wohl zu einem Präsentsein in allen Räumen gleichzeitig führen kann. Diese zuerst sicher recht skurril und absurd anmutende Anschauung kann aber durch unser Beispiel verdeutlicht werden. Stelle dir vor, daß du die Wohnung zum ersten Mal betrittst. Du hast keine Vorstellung davon, wie sie aussieht, wie der Grundriß ist, wie sie eingerichtet und möbliert ist, und nun betrittst du als erstes das Schlafzimmer, das wir mit Atziluth bezeichnen können. Wenn du nun die Schwelle zum nächsten Raum, beispielsweise zum Badezimmer, überschreitest, dann verläßt wohl dein physischer Körper die Region von Atziluth und ist nun in Briah präsent, aber gleichzeitig hat sich in deinem Gehirn die Erinnerung an das Schlafzimmer bewahrt. Du kannst dir vor deinem inneren Auge, auch wenn du nicht darin weilst, eine Vorstellung machen, wie es aussieht und eingerichtet ist, und das bedeutet: Du hast das Schlafzimmer, in diesem Falle Atziluth, in Form einer bestimmten Energieschwingung mit auf die Ebene von Briah genommen.

Der gleiche Vorgang wiederholt sich nun auch bei den anderen Räumen. Jedesmal weilt nur dein physischer Körper auf dieser speziellen Ebene, aber die anderen Ebenen schwingen als Energieströme in Form von Erinnerung und Vorstellung mit, bis du zuletzt im Wohnzimmer stehst und dort in Assiah nun von der Wohnung als Ganzheit eine Vorstellung hast. Du weißt, wie sie gebaut ist, wie sie eingerichtet ist, wie sie funktionsmäßig zusammenhängt, und du kannst dich ziemlich genau darin orientieren. Du kannst nun beliebig in jeden der vier Räume gehen und wirst immer die anderen als Energieschwingung gleichzeitig präsent haben.

Wahrscheinlich erinnert dich dieses Beispiel sehr stark an den Baum des Lebens und an die Emanation seiner zehn Sephiroth, deren jedes die Energieschwingungen der ihm in der Reihenfolge des entzündenden Blitzes vorangehenden Sephiroth enthält, und Malkuth die einzige Sephira ist, die in sich wiederum den ganzen Baum des Lebens enthält und dadurch potentiell wiederum zu Kether des nächst unteren Baumes werden kann.

Auch du selbst als Mensch kannst dich im Lichte der vier kabbalistischen Ebenen betrachten. Zu diesem Zwecke fangen wir am besten unten an in Assiah, welcher Ebene natürlich unser physischer Körper entspricht. Da wird nun ganz offensichtlich, daß die Körperlichkeit an sich noch kein Merkmal der Menschlichkeit ist, denn auch eine Leiche ist physischer Körper, und niemandem würde einfallen, sie als menschliche Persönlichkeit zu bezeichnen. Dem Menschlichen kommen wir schon näher, wenn wir die nächste Ebene betreten, die Welt von Jezirah, die sich durch Handlung und Bewegung auszeichnet. Dementsprechend kann sich auch ein menschlicher Körper bewegen und Handlungen vollziehen und sich dadurch als lebendig erweisen. Aber auch dies genügt noch nicht, um die Bezeichnung »Mensch« zu rechtfertigen, denn ein bewegter Körper kann auch der Körper eines Roboters oder eines künstlich geschaffenen Menschen sein, wie etwa des Golem oder Frankenstein. Solche künstlich geschaffenen Menschen, von denen zahlreiche Mythen und Märchen berichten, unterscheiden sich vom wahren Menschen nur durch eines, nämlich durch das Fehlen der Ebene von Atziluth. Der Mensch als lebendiges Wesen ist dem großen kosmischen Schöpfungsprinzip verpflichtet und verkörpert es auf seiner ihm gemäßen Ebene. Das bedeutet: er trägt einen Funken Göttlichkeit in sich, und das eben ist die Ebene von Atziluth, während die künstlichen Menschen und Roboter allesamt nur ihrem jeweiligen mehr oder weniger genialen Hersteller und Konstrukteur verpflichtet sind. Im Lichte der vier kabbalistischen Ebenen betrachtet, wird nun auch viel besser verstehbar, warum jeder Mensch ein Gleichnis Gottes ist (1. Moses 1; 27). Weil der Mensch eine Schöpfung Gottes ist, trägt er – unserem erwähnten Beispiel mit der Wohnung entsprechend –, wo er sich auch befinden mag, einen Teil dieses Göttlichen als Atziluth in sich.

Ich finde es wichtig, daß du für die Praxis des Tarot dich nach und nach mit den vier kabbalistischen Ebenen, wie sie durch König, Königin, Ritter und Page ausgedrückt werden, mehr und mehr vertraut machst und dich immer wieder übst, sie im Rahmen der irdisch-materiellen Ebene, die uns Menschen als Ort gegeben ist, zu erkennen und entsprechend zu handhaben. Als Hilfe können dir dabei vielleicht die folgenden Schlüsselwörter dienen:

Atziluth: ich nehme wahr,
Briah: ich erkenne, ich definiere, ich interpretiere,
Jetzirah: ich handle,
Assiah: ich bin, ich vollende, ich konkretisiere.

Auch die vier klassischen magischen Maximen sind in den Hofkarten enthalten: Wollen (König), Wissen (Königin), Wagen (Ritter), Schweigen (Page).

Für Leser, die von der Psychologie C. G. Jungs herkommen, können die vier kabbalistischen Welten in etwa – ich betone in etwa – mit den vier psychologischen Typen von Jung verglichen werden. Die Ebene der Intuition würde demnach Atziluth entsprechen, diejenige des Fühlens Briah, Denken würde Jezirah verkörpern und die Empfindung würde den Bereich von Assiah ausdrücken.

Derjenige, der sein Weltbild von der positivistisch ausgerichteten Wissenschaft, wie sie vor allem in der Tradition des 19. Jahrhunderts wurzelt, bestimmen lassen will, muß in Kauf nehmen, daß er sich eigentlich nur auf der Ebene von Assiah bewegen kann und versuchen muß, alle Erscheinungen irgendwie in diese Ebene zu integrieren oder, wenn dies recht häufig nicht gelingt, gezwungen ist, sie einfach zu negieren.

Wir können nun viel besser verstehen, warum im letzten Jahrhundert der berühmte Mediziner Virchow als Vertreter dieses positivistischen Wissenschaftsbildes zu Recht sagen konnte, er habe schon viele menschliche Körper geöffnet und untersucht, aber noch nie so etwas wie eine Seele darin gefunden. Er hat damit analog etwa das gleiche gesagt wie jemand, der erklärt, er habe schon manchen Kupferdraht entzweigeschnitten, aber noch nie so etwas wie elektrischen Strom darin gesehen.

Ich schlage vor, daß wir den praktischen Umgang mit den Hofkarten, und damit die Vertiefung des hier Ausgeführten, wieder anhand der vier bereits bearbeiteten Beispiele ausführen. Wir erweitern zu diesem Zweck die Beispiele durch je eine Hofkarte, so daß sich folgende Dreierkombinationen ergeben:

VII Wagen / Sieben der Schwerter / König der Stäbe
XI Kraft / Drei der Münzen / Königin der Kelche
XVII Stern / Acht der Münzen / Ritter der Schwerter
IX Eremit / Neun der Kelche / Page der Münzen

Auch hier geht es wieder darum, daß du vorerst versuchst, deine eigene Interpretation zu finden und sie am besten schriftlich zu formulieren, bevor du sie mit meinem Kommentar im Anhang vergleichst. Es lohnt sich, eine größere Anzahl solcher Dreierkombinationen (großes Arkanum, Zahlenkarte, Hofkarte) übungshalber durchzuarbeiten und zu verbalisieren. Solche Übungen bilden die notwendige Grundlage und Voraussetzung zu dem, was nun in den folgenden Kapiteln behandelt wird.

Die Kombinationsformen

Jeder praktische Gebrauch des Tarot – soviel wissen wir jetzt anhand des miteinander gemeinsam Durchdachten – beruht auf der Grundvoraussetzung, daß zwei Energiesysteme, die beide sich selbständig bewegen und doch, von einer übergeordneten Warte aus betrachtet, eng miteinander in Beziehung stehen, auf ihre Übereinstimmung oder Abweichung voneinander überprüft werden. Zur besseren und konkreteren Veranschaulichung dessen eignet sich seltsamerweise – oder vielleicht auch nicht seltsamerweise – ein Beispiel aus der modernsten Technologie: das sogenannte Trägheitsnavigationssystem INS (Inertial Navigation System), wie es heute vor allem auch in der modernen Luftfahrt verwendet wird.

Dieses Navigationssystem beruht auf der Tatsache, daß jede Masse, die in eine schnell rotierende Bewegung versetzt wird, die Eigenschaft hat, die Richtung ihrer Drehachse im Raum beizubehalten, unabhängig davon, wie sich die Umgebung, mit der sie verbunden ist, bewegt. Jedes Navigationssystem eines Flugzeugs verfügt über drei solcher rotierender Kreisel, von denen jeder einer der drei Achsen entspricht, um die ein frei im Raume schwebender Körper sich drehen kann.

Vor dem Start des Flugzeuges werden nun diese drei Kreisel in einer ganz bestimmten Position in schnelle Umdrehung versetzt. Nach dem Trägheitsgesetz und bei genügend schneller Rotation werden die drei Kreisel diese anfangs eingenommene Position unter allen Umständen beibehalten, unabhängig davon, welche Bewegung das Flugzeug um seine drei Achsen vollführt. Wenn man nun die Navigationsplattform, auf der sich die drei Kreisel befinden, in einer ganz bestimmten Weise mit dem Flugzeugkörper in Kontakt (Yoga!) bringt, dann ergibt sich die Möglichkeit, jede Änderung des Flugzeugkörpers um seine Achsen im Vergleich zu der Startposition zu registrieren und zu messen. Man kann also jederzeit feststellen, ob die Nase des Flugzeuges nach oben zeigt oder nach unten, ob das Flugzeug im Vergleich zu der Startrichtung nach links oder nach rechts fliegt, oder seine Schräglage in bezug auf den Horizont nach links oder rechts geneigt ist oder mit dem Horizont parallel verläuft. (Es fällt auf, daß der Tarot als Ganzes analog ebenso über drei Achsen verfügt in der Form der großen Arkana, der Zahlenkarten und der Hofkarten.) Fügt man nun zu diesem geschlossenen dreiheitlichen Kreiselsystem noch ein Meßgerät, das imstande ist, die Vorwärtsbewegung des Flugzeuges, seine Beschleunigung oder Verzögerung zu messen, dann liefert ein solches System alle Informationen, die man zu einer exakten Navigation durch den Raum benötigt. Das Trägheitsnavigationssystem liefert laufend Informationen über die Position des Flugzeuges in bezug auf seine drei Achsen und seine Geschwindigkeit, und diese Informationen werden dann entweder im Gehirn des Piloten oder im Computer des automatischen Piloten ausgewertet und anhand dieser Ergebnisse die Steuerungsorgane entsprechend beeinflußt, entweder um den Kurs des Flugzeuges, so wie er ist, beizubehalten oder zu korrigieren.

Das Trägheitsnavigationssystem funktioniert aufgrund der Tatsache, daß zwei geschlossene Systeme, von denen jedes sich in einer Eigenbewegung befindet, die Trägheitsnavigationsplattform mit den drei Kreiseln und dem Beschleunigungsmesser als das eine und das Flugzeug mit seinen Triebwerken und Steuerungsorganen als das andere miteinander in einem speziellen Kontakt stehen, der erlaubt, daß jedes dieser Systeme trotz dieses Kontaktes eine selbständige Eigenbewegung erhält. Aufgrund des fortlaufenden Vergleichs dieser Eigenbewegungen ergeben sich dann die Informationen, die man für die Navigation benötigt, um das Flugzeug sicher an seinen Zielort zu bringen.

In bezug auf unser Thema würde das Trägheitsnavigationssystem dem Tarot entsprechen und das Flugzeug samt Besatzung und Passagieren dem individuellen Menschen mit seiner

Umwelt. Genauso, wie das Trägheitsnavigationssystem die genaue Position der Ausgangssituation speichert und mit auf die Reise nimmt, ist auch im Tarot die Ausgangsposition des Universums, dargestellt durch seine Ordnung und Gesetzmäßigkeit, enthalten und auf der menschlichen Lebensreise jederzeit abrufbar und ablesbar, sofern man geschult und geübt ist, diese Informationen abzulesen und entsprechend auszuwerten, damit der Mensch möglichst sicher an das ihm bestimmte oder von ihm gewählte Ziel gelangt.

Natürlich hinkt auch dieser Vergleich in gewisser Weise, wie alle Beispiele. Doch ist er recht gut dafür geeignet, die eigentliche Art und Weise, in der wir den Tarot praktisch gebrauchen können, darzustellen. Besonders deutlich wird auch, daß das Trägheitsnavigationssystem (in unserem Falle der Tarot) nur dann erfolgreich eingesetzt werden kann, wenn ein Medium da ist, der Pilot, der die vom Navigationssystem gelieferten Informationen in freier Entscheidung umsetzt und entsprechende Ausführungsbefehle an die Steuerung weitergibt. Die genauesten Informationen, die das Navigationssystem liefert, verlieren ihren Sinn, wenn sie vom Piloten falsch oder unzureichend interpretiert werden. In diesem Falle wird das Flugzeug sein Ziel entweder nicht oder am falschen Ort zur falschen Zeit erreichen. Die Verantwortung für diese Fehlleistung trägt dann nicht das Navigationssystem beziehungsweise der Tarot, sondern ausschließlich der Pilot, der nicht imstande war, die richtigen Informationen in der richtigen Weise umzusetzen. Daraus wird ersichtlich, wie wichtig es ist, den richtigen Umgang mit dem Tarot und die Dechiffrierung der von ihm gelieferten Informationen nicht nur zu lernen, sondern in ständiger Übung immer mehr zu verfeinern und zu präzisieren.

Für den Tarot kommt nun noch ein wichtiger Umstand dazu, worin er sich vom technischen INS-System unterscheidet. Das technische Navigationssystem hat keine Möglichkeit, korrigierend einzugreifen, wenn seine Informationen vom Piloten falsch interpretiert und angewendet werden. Der Tarot indessen handelt in einem solchen Falle wie ein lebendiges Wesen. Er kann dann einem unfähigen oder nachlässigen Piloten das Steuer aus der Hand nehmen und schaltet einfach den Autopiloten (das Unbewußte) ein, der nun die gelieferten Informationen statt des menschlichen Piloten selbständig in der richtigen Weise interpretiert und an die Steuerorgane weiterleitet. Damit entsteht für den menschlichen Piloten eine sehr fatale und im höchsten Maße beängstigende Situation. Er bemerkt plötzlich, daß er jeglichen Einfluß auf die Steuerung seines Flugzeuges verloren hat, das Flugzeug aber nicht etwa abstürzt, sondern buchstäblich wie von Geisterhand betrieben selbständig einen Kurs steuert, der nach seinem Ermessen nur falsch und damit äußerst gefahrvoll sein kann. Das Flugzeug steuert also nun auf ein Ziel zu mittels eines Kurses, der vom Piloten nicht gewollt ist und deshalb als Abweichung von seinem bewußten Willen erlebt wird. Mit anderen Worten, der Pilot erlebt plötzlich eine Situation, die wir, wenn wir ihn und das Flugzeug als eine Einheit betrachten, mit Schizophrenie bezeichnen können. Etwas von seinem Wesen hat sich abgespaltet und steuert nun einen selbständigen Kurs, der von einer höheren Ebene aus gesehen richtig ist, weil er mit einem großen kosmischen Gesetz übereinstimmt, aber vom Piloten, der noch von einem anderen, möglicherweise entgegengesetzten Kurs bestimmt ist, höchst nachteilig und vor allem seinem bewußten Willen entgegengesetzt empfunden wird. Wenn nun der Pilot auf seinem ursprünglichen Kurs, das heißt Bewußtseinszustand, beharrt, ist der Ausbruch von Panik unvermeidlich, und alles weitere, was jetzt geschieht, muß für den Piloten zwangsläufig die Form einer Katastrophe annehmen.

In diesem Vorgang spiegeln sich die Gefahren, die auf die Dauer mit einem nachlässigen, allzu unbewußten und intuitiven Gebrauch des Tarot verbunden sind und auf die ich schon mehrmals hingewiesen habe. Diese Fähigkeit des Tarot, in ein menschliches Leben einzugreifen, als ob er ein lebendiges Wesen wäre, beinhaltet auch das, was ich mit der magischen Wirkung des Tarot bezeichne. Wenn ein Pilot allerdings erkennt und auch vor sich selbst eingesteht, daß es Situationen gibt, in denen er ganz einfach überfordert ist, dann kann er aus freiem Entschluß den Autopiloten einschalten und aus einem solchen bewußten Entschluß heraus für eine gewisse Weile auf die Einflußnahme verzichten, bis sich die Situation wieder entsprechend verändert hat.

Ich habe dieses Beispiel mit Bedacht gewählt, denn als ich daran ging, mich mit den praktischen Auswirkungen des Tarot auf das menschliche Leben zu befassen, klangen mir immer wieder die Worte meines ehemaligen Fluglehrers im Ohr, der mir sagte: »Ein Flugzeug ist dazu konstruiert und gebaut, um zu fliegen. Es will fliegen, hindere es also mit deinen Steuermanipulationen nicht daran. Wenn du in eine sogenannte unkontrollierte Flugsituation gerätst, dann ist es das beste, vorerst einmal Füße und Hände vom Steuer wegzunehmen. Das Flugzeug wird sich in den meisten Fällen nach einer Weile selbst in eine Lage bringen, in der du das Steuer wieder übernehmen kannst. Wenn du aber in Panik verfällst und ziellos am Steuer herummanipulierst, dann ist die Gefahr groß, daß du die richtigen Bewegungen blockierst und abstürzt.« Die Befolgung dieses Ratschlages hat mir vielleicht mehr als einmal das Leben gerettet und hat mich auch in der richtigen Weise geöffnet, um mit der magischen Wirkung des Tarot umzugehen.

Unser Beispiel kann uns aber noch mehr über das Wesen des Tarot, seinen Einfluß und seine Auswirkungen auf die menschliche Persönlichkeit aussagen. Aus dem Vorangegangenen dürfte klargeworden sein, daß kein vernünftiger Pilot sich vor dem Start des Flugzeuges ins Cockpit setzt und sein Trägheitsnavigationssystem fragt: »Wohin geht der Flug?« Auf diese Frage kann ihm das Navigationssystem schlechterdings keine Auskunft geben, da es in seinen rotierenden Kreiseln die Ausgangsposition gespeichert hat und daher nur zu der Frage Stellung nehmen kann, inwiefern der vom Piloten gesteuerte Kurs mit dem ebenfalls vom Piloten bestimmten oder ihm in Auftrag gegebenen Kurs übereinstimmt oder gegebenenfalls davon abweicht. Gerade aus diesem Beispiel geht wiederum klar hervor, warum der Tarot keine Ereignisse voraussagen kann und daß, wer ihn dementsprechend zu Rate zieht, dem Piloten gleicht, der seine dumme Frage stellt.

Aber der Tarot kann genau das, was auch das Navigationssystem für das Flugzeug leisten kann: er kann Auskunft darüber geben, ob der vom Menschen bestimmte oder ihm in Auftrag gegebene Kurs, den er auf seiner Lebensbahn steuert, mit der ursprünglichen großen kosmischen Ordnung übereinstimmt oder davon abweicht. Ja, er kann sogar noch mehr: Er kann dem Menschen mit Hilfe seiner Bildsprache vermitteln, in welcher Art und auf welcher Ebene die entsprechenden Korrekturen oder Steuerbewegungen auszuführen sind, damit das menschliche Leben wieder mit der ursprünglichen Ordnung übereinstimmt oder auf dem richtigen Kurs weiter vorankommt. Das bedeutet, je genauer sich der Pilot bewußt ist, was er will oder soll, um so präzisere und detailliertere Angaben kann ihm das Navigationssystem vermitteln. Bewußtheit (»IX Der Eremit«) ist auch in diesem Falle alles. Wiederum muß ich an meinen Fluglehrer denken (er war offenbar, ohne daß er oder ich es wußte, mein erster esoterischer Lehrer), der mir immer wieder einschärfte, nicht ziellos in der Luft herumzukurven, sondern stets nach einem ganz bestimmten Auftrag, den man entweder sich selber gibt oder vom Lehrer erhält, zu steuern und darauf zu achten, daß möglichst alle Faktoren, die beim Flug eine Bedeutung spielen, wie Schnelligkeit, Höhe, Treibstoff, Kurs usw., so zusammenspielen, daß der Flugauftrag ausgeführt werden kann und das Flugzeug auch an seinem vorher bestimmten Zielort landen kann.

Die vorangegangenen Beispiele haben uns deutlich gemacht, worauf es ankommt, wenn man den Tarot zu Rate zieht, und daß, bevor die eigentliche Lesearbeit unternommen wird, eine sehr intensive und möglichst bis in alle Einzelheiten gehende Bewußtseinsarbeit nötig ist. Das Problem, worüber man den Tarot befragen will, muß von allen Seiten her gründlich beleuchtet und durchleuchtet werden, und aus diesen so gewonnenen Einsichten und Informationen können dann die konkreten Fragen auf eine Weise formuliert werden, die den Möglichkeiten und Grenzen des Tarot in jeder Beziehung entsprechen. Das heißt beispielsweise auch, *daß man auf jede Frage verzichten muß, die mit einem einfachen Ja oder Nein beantwortet werden soll.* Daß es auch bedeutet, jede Frage nach dem Eintreffen eines bestimmten Ereignisses zu unterlassen, auch darüber brauchen wir jetzt keine weiteren Worte mehr zu verlieren.

Der Tarot als Orakel ist eine Entscheidungshilfe, und das bedeutet, daß die Entscheidungsfreiheit des Fragenden nicht nur bestehen bleibt, sondern eine grundsätzliche Bedingung ist, ohne die der Tarot divinatorisch keine Hilfe geben kann. Diese Tatsache gilt es beim divinatorischen Gebrauch des Tarot immer wieder vor Augen zu halten. Auf unser Beispiel übertragen bedeutet dies: der Tarot liefert zur Navigation nützliche und bisweilen sogar nötige Informationen, aber die Handhabung des Steuers selbst ist deine, des Piloten Angelegenheit.

Somit wird auch verständlich, daß die Art und Weise, in der die Karten zur Betrachtung und Auseinandersetzung ausgelegt werden, das sogenannte Kombinationsbild, eine ganz besondere Bedeutung hat. Das Kombinationsbild muß der Art der Fragestellung und der Problematik, mit der man sich beschäftigt, entsprechen. Jedes Kombinationsbild kann im Grunde auf drei verschiedene Grundformen zurückgeführt werden. Entweder ist es *linear* oder *komplex* oder eine Mischung aus beidem.

Das lineare Kombinationsbild hat seinen Namen davon, daß die Karten in einer bestimmten Reihenfolge miteinander verbunden und gelesen werden. Eine Grundform des linearen Kombinationsbildes ist die Anordnung der drei Karten, wie sie im *Rad des Lebens* auf Seite 314 erläutert wird. Diese Kombination besteht aus drei Bildern, die in einer Linie ausgelegt werden, und zwar von links nach rechts, so daß das erste Bild die Vergangenheit repräsentiert, das zweite die Gegenwart und das dritte die Zukunft. Daraus wird deutlich, daß die linearen Kombinationsbilder (die Kombination von drei Bildern kann natürlich erweitert werden) vor allem dort zur Anwendung kommt, wo es gilt, eine *zeitliche Abfolge* zu analysieren, und zwar in der uns bereits bekannten Weise, daß sich aus der Vergangenheit die Gegenwart entwickelt hat und aus der Situation der Gegenwart heraus die Zukunft geboren werden wird. Das bedeutet für das praktische Lesen, daß sich die Bedeutung eines jeden Bildes aus dem vorhergehenden erschließt. Die Gegenwart erhält ihre Bedeutung, indem wir sie mit dem Bild der Vergangenheit in Beziehung setzen und aus diesen beiden Bildern eine Polaritätsachse bilden. Analog dazu können wir über die uns aus der Zukunft her wachsenden Aufgaben einige Aussagen machen, indem wir die Zukunftskarte in Beziehung zum Gegenwartsbild setzen. Bei den linearen Kombinationen erhält jedes Bild seine spezielle Bedeutung aus dem vorhergehenden, wie dies hier dargestellt wird:

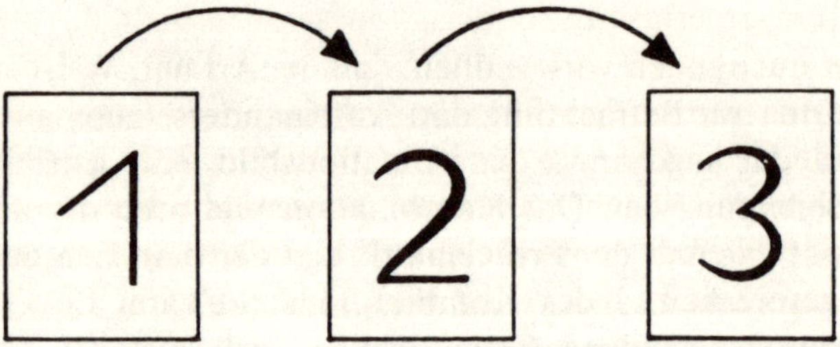

Die linearen Kombinationsbilder legen also den Akzent auf die *Zeitachse*. Was mit dem Begriff Zeitachse gemeint ist, das wollen wir nun anhand einiger Übungsbeispiele gemeinsam durchspielen.

Lege je einmal folgende zwei Karten linear nebeneinander und versuche diese Kombination zu lesen und, immer wieder besonders wichtig, zu verbalisieren, indem du davon ausgehst, daß sich Bild 2 zeitlich nach Bild 1 befindet und welche Situationen und Umstände sich aus der zeitlichen Aufeinanderfolge dieser zwei Bilder ergeben:

II Hohepriesterin / III Herrscherin
II Hohepriesterin / XI Kraft
VIII Gerechtigkeit / XIII Tod

Betrachte nun eine Weile diese je zwei linearen Kombinationsbilder. Laß sie erst intuitiv auf dich einwirken und versuche dann zu erfassen, was mit der zeitlichen Abfolge dieser zwei Bilder gemeint sein könnte und formuliere deine Erkenntnisse.

Für das Lesen jeder Kartenkombination ist es sehr hilfreich, wenn du dich an das hältst, was ich über die vier kabbalistischen Welten gesagt habe, so wie sie in den je vier Hofkarten (König, Königin, Ritter und Page) dargestellt sind (Seite 107). Der erste Kontakt mit dem Kartenbild entspricht der Ebene von Atziluth (König) und besteht in der intuitiven Wahrnehmung des Bildes. Auf dieser Ebene geht es überhaupt noch nicht darum, irgendeinen Symbolgehalt oder eine spezielle Bedeutung zu erfassen, sondern wir lassen einfach das Bild als solches auf uns einwirken, nach Farbe, Zeichnung usw. Wir halten uns ganz offen für alle Empfindungen, Gefühle und spontane Gedanken, die uns beim Betrachten der Bilder kommen, ohne daß wir in irgendeiner Weise das Filter einer Kontrolle oder Wertung einschieben. Es lohnt sich, auf dieser Ebene längere Zeit zu verweilen und nicht vorschnell zu versuchen, das Empfundene und Gefühlte zu bestimmen und zu interpretieren. Das könnte zur Folge haben, daß wir uns zu früh schließen und für weitere Informationen, die aus dem Tarot-Bild in nichtverbaler Form direkt zu unserem Unbewußten gelangen, nicht mehr zugänglich sind. Das will aber nicht heißen, daß es auf dieser Ebene nicht möglich ist, Gedankenfetzen, Stichworte, Eindrücke usw. kurz zu notieren oder auf Tonband zu sprechen. Wichtig ist in diesem Falle nur, daß du darauf verzichtest, bereits Zusammenhänge zu erkennen oder das auszusondern, was dir scheinbar unlogisch und nicht miteinander vereinbar erscheint. Auch hier rate ich dir, jedes Kombinationsbild zuerst allein in der geschilderten Weise zu lesen, erst dann zum Vergleich den Kommentar herbeizuziehen, den ich auf Seite 228 dazu gebe. Und noch einmal: daß du dich überhaupt damit aktiv beschäftigst, ist vorerst viel wichtiger als das Resultat, das dabei herauskommt.

Die hier vorgeschlagenen Kombinationen sind auch dazu

geeignet, auf ein Problem einzugehen, das dem Tarot-Leser in der Praxis immer wieder begegnet, sowie auf eine Methode hinzuweisen, mit der es möglich wird, den tieferen esoterischen Gehalt einer Karte zu entschlüsseln. Es geschieht immer wieder, daß wir mit Karten konfrontiert werden, die stark betont entweder der männlichen oder der weiblichen Polarität zugeordnet sind. Beispiele für die männliche Polarität sind: »I Der Magier«, »IV Der Herrscher«, »XII Der hängende Mann«, »IXX Die Sonne«. Beispiele für Karten weiblicher Polarität sind: »II Die Hohepriesterin«, »III Die Herrscherin«, »XI Kraft«, »XVIII Mond«. Wie sind solche Karten zu betrachten, wenn beispielsweise ein Mann mit Bildern konfrontiert wird, welche die weibliche Polarität vertreten und umgekehrt eine Frau mit solchen der männlichen Polarität?

Um diese Frage zu beantworten, müssen wir noch einmal näher auf die Begriffe männlich beziehungsweise weiblich eingehen. Wie wir beim Studium des Baums des Lebens gesehen haben, decken sich unsere gängigen psychologischen und sozialen Begriffsinhalte der Worte männlich und weiblich nicht unbedingt damit, was in den esoterischen Lehren als männliche beziehungsweise weibliche Energie verstanden wird. In der exoterischen menschlichen Gesellschaft wird ein Mensch entsprechend seiner anatomischen Beschaffenheit der Gattung Mann oder der Gattung Frau zugeordnet. Dies hat in unserer sozialen Umwelt weitreichende Folgen, indem sowohl für die Klasse Mann wie für die Klasse Frau ein ganz bestimmtes entsprechendes Rollenverhalten vorgeschrieben und erwartet wird. Je mehr ein Mensch dieses Rollenverhalten akzeptiert und sein eigenes Leben nach der ihm vorgegebenen Rolle führt, um so besser ist er in der Regel in unserer Gesellschaft akzeptiert und unangefochten. Keine in einer menschlichen Gesellschaft lebende Person kann einfach so aus ihrem Rollenverhalten hinausgehen, ohne daß ein entsprechender Preis dafür bezahlt werden muß, der in manchen Fällen auch die Form einer Strafe annehmen kann, welche die Gesellschaft über Außenseiter verhängt, sobald sie sich von ihnen in ihrer Existenz bedroht fühlt. Dieses gesellschaftliche Rollenspiel

»Mann oder Frau« wird jedem Menschen, genau wie beim Theater, in Form eines charakteristischen Grundverhaltens, verbunden mit der entsprechenden Kostümierung, von der Gesellschaft vermittelt. Wir sehen: das, was in der Gesellschaft mit männlich oder weiblich bezeichnet wird, hängt sehr stark damit zusammen, was ich als den Weg der Gebote und Verbote bezeichne. Wer sich aber in seinem Verständnis dessen, was männlich und weiblich ist, nach dem Baum des Lebens richtet, für den werden die Dinge zugleich einfacher (in der Theorie) und schwieriger (in der Praxis).

Der Baum des Lebens, das ganze komplizierte Erscheinungsbild dessen, was männlich oder weiblich ist, kann auf zwei Definitionen reduziert werden. Männlich ist, was emaniert, das heißt von einem Punkt aus sich fortbewegt. (Das ist das Grundprinzip von Chockmah, der männlichen Sephira an sich am Baum des Lebens.) Weiblich ist, was empfängt, birgt und Form gibt. (Das ist das Grundprinzip von Binah am Baum des Lebens.) Aus diesen zwei Begriffen kann alles weitere, was männlich oder weiblich ist, abgeleitet werden.

Daraus folgt als nächster Schritt, daß jede Art von Bewegung und Dynamik männlich bestimmt ist, und die Statik, die Ruhe, weiblich (vgl. »Magier«, »Hohepriesterin«). Als dritter Schritt folgt die Tatsache, daß von der kosmischen Schöpfungsordnung her jede Bewegung mit der Aufgabe betraut ist, zu beleben, und jede Ruhe oder Statik im Dienste der Formgebung steht.

Aus dieser Überlegung heraus erfolgt ganz klar, daß jeder Mensch sowohl männlich wie weiblich ist. Die Schwierigkeit besteht nun darin, daß jeder Mensch von Natur aus über männliche oder weibliche Teile verfügt, die ihm von außen gegeben sind und die er ohne schwerwiegende und in jedem Falle destruktive Eingriffe nicht verändern kann. Ein Mann beispielsweise, der anatomisch mit seinem physischen Leib in dieses Geschlecht hineingeboren worden ist, kann diese seine physische Männlichkeit noch so sehr ablehnen, es ist ihm nicht möglich, die Funktion seiner Keimdrüsen und Geschlechtsorgane willentlich zu verändern. Ein Mann wird, so weiblich er sich in seiner Psyche auch fühlen mag, nie ein Kind gebären können, sondern stets nur ein Kind erzeugen können. Und das Umgekehrte gilt natürlich auch für die Frau. Sie mag sich noch so sehr in ihrem Alltag eine männliche Verhaltensweise zulegen und nur noch Männerkleider tragen – die Eigenschaften der Empfängnis, Schwangerschaft und Geburt bleiben ihr trotzdem erhalten, sofern sie nicht, wie bereits erwähnt, schwerwiegende destruktive Eingriffe von außen her vornimmt.

Nun gibt es aber auch viel größere Gebiete, in denen der Mensch durchaus die Fähigkeit hat, zu entscheiden, ob er männliche oder weibliche Polarität leben will. Alles, was mit Emanation, Aktivität und dynamischem Handeln verbunden ist, ist männlich, während alles Passive, Ruhende und Aufnehmende in den Bereich der Weiblichkeit gehört. Eine Frau beispielsweise, die spricht, erlebt in diesem Moment ihre männliche Seite, und der Mann, der ihr zuhört, seine weibliche, denn es gehen Worte vom Mund der Frau aus, emanieren, und werden von den Ohren des Mannes empfangen.

Während der hellen Phase des Tages, die von der Sonne bestimmt wird und die wir deshalb die solare nennen können, handeln alle Menschen in einem übergeordneten Sinn, seien sie nun Mann oder Frau, mehr oder weniger männlich. In der Nacht hingegen, dem Bereich des Mondes, der lunaren Phase des gesamten Tages, leben die meisten Menschen, auch wieder mehr oder weniger, seien sie Mann oder Frau, ihre weibliche Seite, indem sie ruhen und schlafen, um sich zu regenerieren.

Auf diese Tatsache, daß jeder Mensch über beide Polaritäten verfügt, weist ja auch bereits der Umstand hin, daß die weibliche Sephira Binah am Baum des Lebens über zwei Aspekte verfügt, über einen rein empfangenden und bewahrenden, der AMA genannt wird, und über einen männlichen emanierenden, der AIMA genannt wird. (Das männliche Element wird durch die Einfügung des Buchstabens I gekennzeichnet, der in der hebräischen Sprache als Jod ein Phallussymbol darstellt.) Demnach wird sofort klar, daß die Empfängnis (AMA) weiblich definiert ist und die Geburt durch den Prozeß der Emanation eine durchaus männliche Angelegenheit ist (AIMA), auch wenn sie biologisch der Frau zugeordnet ist.

Für den praktischen Gebrauch des Tarot ist es absolut notwendig, daß du über deine männlichen und weiblichen Seiten möglichst genau Bescheid weißt, namentlich auch darüber, welche davon du willentlich beeinflussen und verändern kannst und welche nicht, denn der Tarot wird dich immer gerade auf diesem Gebiet mit Aufgaben und Fragen konfrontieren, weil es für das Leben eines jeden Menschen von größter Wichtigkeit ist, daß diese beiden Seiten, männlich wie weiblich, dem Gesetz der Lemniskate entsprechend möglichst in der Balance gehalten werden. Wenn ein Mann also beispielsweise mit der »Hohepriesterin« konfrontiert wird, dann wendet sich dieses Bild an seine empfangende, passive AMA-Seite. Der »Magier«, wiederum als Beispiel genommen, will die Aufmerksamkeit der Frau in irgendeiner Weise auf ihre männliche, emanierende und handelnde Seite hinweisen. Um mit diesen beiden Begriffen männlich und weiblich so zurechtzukommen, wie sie esoterisch gemeint sind, dazu bedarf es schon einiger genauer Beobachtungen und praktischer Übung im eigenen Lebensbereich.

Auch auf einen weiteren Umstand möchte ich dich aufmerksam machen, der dir bei der Analyse von Kartenkombinationen aus der Reihe der großen Arkana sehr nützlich sein kann. Lege zu diesem Zweck einmal die Karten in der auf Seite 132 oben abgebildeten Reihenfolge vor dich hin. (Beachte dabei, daß die Karten VIII und XI nicht entsprechend ihrer Numerierung im Waite-Tarot, sondern der Tradition folgend ausgelegt sind.)

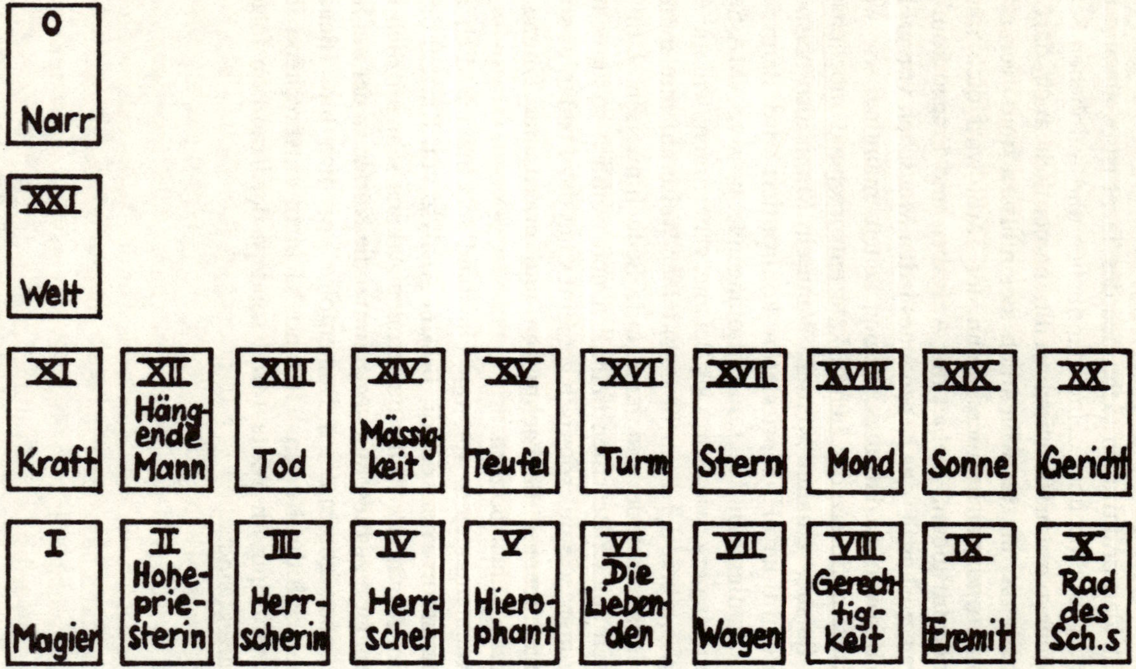
0
Narr
XXI
Welt
XI
Kraft
XII
Häng-
ende
Mann
XIII
Tod
XIV
Mässig-
keit
XV
Teufel
XVI
Turm
XVII
Stern
XVIII
Mond
XIX
Sonne
XX
Gericht
I
Magier
II
Hohe-
prie-
sterin
III
Herr-
scherin
IV
Herr-
scher
V
Hiero-
phant
VI
Die
Lieben-
den
VII
Wagen
VIII
Gerech-
tig-
keit
IX
Eremit
X
Rad
des
Sch.s

Du erblickst nun vor dir die vier Ebenen der großen Arkana des Tarot, von denen von unten nach oben die beiden ersten je zehn Karten umfassen und die obersten zwei Ebenen aus je einer Karte bestehen.

Wenn wir die beiden ersten Reihen betrachten, also die Bilder I bis X, und darüber die Bilder XI (Kraft) und XX, dann fällt uns bei näherer Betrachtung auf, daß die Bilder der oberen Reihe höhere Oktaven wiedergeben. Besonders deutlich ist dies bei I und XI (Kraft) zu sehen, bei II und XII, bei VII und XVII sowie bei IX und XIX. Magier und Kraft zeigen beide verschiedene Aspekte der männlichen Polarität; das gleiche gilt für die weibliche Polarität bei den Bildern II und XII. Die Bilder VII und XVII haben sofort erkennbar mit Balancierung und Synthese zu tun, und die Bilder IX und XIX zeigen wiederum zwei verschiedene Aspekte der Bewußtheit.

Wir können nun die These aufstellen, daß, wenn einzelne Bilder so offensichtlich in der erwähnten Weise miteinander in Beziehung stehen, dies auch für alle anderen der Fall sein muß, daß also jedes Bild der unteren Reihe in dem darüberliegenden seine höhere Entsprechung und Ergänzung findet. Dies gilt natürlich auch für die dritte und vierte Reihe. Selbst für auf den ersten Blick so gegensätzliche und scheinbar durch nichts miteinander verbundene Bilder wie III und XIII gilt dies, wenn wir uns daran erinnern, daß Bild XIII uns sehr deutlich gemacht hat, daß Tod und Geburt – und zwar Geburt im Sinne der Neuwerdung, der Kreativität – unlösbar miteinander verbunden sind. Geburt ist ja, wie wir ebenfalls wissen, das Thema von Bild III. Bei den Bildern IV und XIV wiederum geht es um das Schaffen von Ordnung, im Bild IV um die Gestaltung der sozialen Ordnung auf der physisch-materiellen Ebene und in Bild XIV um die Neumischung und Neuzusammensetzung dessen, was die durch das Tor des Todes gegangene Persönlichkeit aus dem früheren Leben mitgebracht hat.

Ich schlage dir nun vor, daß du versuchst, weitere Entsprechungen selbst herauszufinden, um auf diese Weise dein esoterisches Wissen erheblich zu erweitern. Bei dem nun folgenden Übungsvorschlag, bestehend aus den Karten »VIII Gerechtigkeit« / »XIII Tod«, soll diese Mehrschichtigkeit der großen Arkana bewußt zur Analyse herbeigezogen werden. Auch hier schlage ich vor, daß du die Übung zuerst selbst bearbeitest und erst dann dein Ergebnis mit meinem Kommentar im Anhang (Seite 232) vergleichst.

Ich bin mir durchaus darüber im klaren, daß meine Ausführungen auf Seiten 223 ff. für viele, ja vielleicht die meisten, nicht in allen Einzelheiten nachvollziehbar sind und mancher jetzt vielleicht mit dem Gefühl zurückbleibt: Das ist mir zu hoch, zu kompliziert! Ich nehme dies zum Anlaß, wieder einmal daran zu erinnern, daß der Umgang mit dem Tarot nichts ist, das sich von heute auf morgen lernen läßt, sondern – wie übrigens fast alles – Übung, Übung und nochmals Übung über eine längere Zeitdauer verlangt, die es erlaubt, daß die dabei gemachten Erfahrungen in unser Unbewußtes integriert werden. Ich nehme an, daß diejenigen, die jetzt vielleicht etwas verwirrt oder entmutigt sind, zu einem späteren Zeitpunkt hierher zurückkehren werden und dann durch ihre konsequenten Bemühungen in der Lage sind, das, was jetzt im Moment vielleicht noch als zu schwer erscheint, zu erfassen und nachzuvollziehen. Aber gleichzeitig soll dies auch ein Ausblick auf die gewaltigen Dimensionen sein, in die uns der Tarot führen kann, und ein Anreiz, auf dem einmal gewählten Wege geduldig weiterzuschreiten, um Schritt für Schritt die angestrebte Bewußtseinserweiterung zu erlangen. Alles, was in diesem Buche geschrieben steht, ist ja nicht abschließend gemeint, sondern will die Lust am eigenen Experimentieren fördern, denn so erhält der Tarot erst die Gelegenheit, seine Möglichkeiten und Tiefen zu enthüllen.

Wir wenden uns nun der Betrachtung der komplexen Kombinationsformen zu und gelangen damit wieder auf eine leichter zu begreifende Ebene, die allerdings auch ihre Anforderungen an den Leser stellt. Bei den linearen Kombinationsformen haben wir gesehen, daß sie dazu geeignet sind, eine gegebene Situation in bezug auf ihren zeitlichen Ablauf zu analysieren. Die Eigenart der komplexen Kombinationsform besteht darin, daß sie eine gegebene Situation von verschiedenen Standpunkten aus betrachtet und die Ergebnisse dieser Betrachtung dann vom Leser entsprechend miteinander verknüpft werden müssen, um zu einer gültigen Interpretation zu gelangen. Das Prinzip der komplexen Kombinationsformen ist aus der untenstehenden Abbildung zu erkennen.

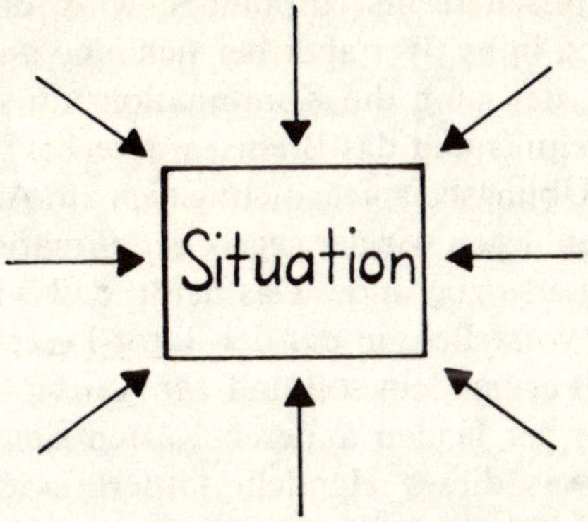

Jeder der abgebildeten Pfeile entspricht einem Tarot-Bild, das zusammen mit der gegebenen Situation je eine Polaritätsachse bildet. Auch hier wollen wir zur besseren Veranschaulichung einige Übungsbeispiele miteinander durcharbeiten und dabei gleichzeitig die Grundform der komplexen Kombinationen kennenlernen.

Diese Grundform besteht wiederum aus drei Bildern, die in Form eines mit der Spitze nach oben weisenden Dreiecks ausgelegt werden. Das Bild an der Spitze dieses Dreiecks repräsentiert die gegebene Situation, auf die sich die Frage des Lesers bezieht. Das Bild unten rechts repräsentiert das, was in bezug auf die gegebene Situation *fördert,* und das Bild unten links steht für das, was in bezug auf die gegebene Situation *hindert.* Hier kann nun die berechtigte Frage gestellt werden, warum das, was fördert, seine Position auf der rechten Seite hat und die Hinderung auf der linken und nicht umgekehrt. Eine solche Umkehrung ist in der Tat durchaus möglich, falls gewichtige Gründe dafür sprechen.

Ich selbst bevorzuge die beschriebene Position, weil für mich alles, was fördert, irgendwie mit einer voranschreitenden Entwicklung verbunden ist, während das, was hindert, bestrebt ist, diese Entwicklung zu hindern und zu bremsen. Ich verbinde nun diese Überlegung mit der Tatsache, daß in der westlichen Kultur jede dynamische Entwicklung meist in der Richtung von links nach rechts empfunden wird und somit das, was vorantreibt, optisch rechts empfunden wird, das Bremsende dagegen optisch links. Wer aber bei sich eine andere Empfindung feststellt, der kann die Kombination umkehren, so daß das Fördernde links und das Bremsende rechts ist.

Um unsere Übungsbeispiele nicht gleich am Anfang unnötig zu komplizieren, legen wir der gegebenen Situation immer das Bild des »Magiers« zugrunde. Das heißt, daß wir uns irgendeine Situation vorstellen, in der der Tarot-Leser in der Erfahrung steht, daß er handeln soll und zur Aktivität aufgefordert ist und mittels der beiden anderen Karten sich darüber klar werden will, was dieses Handeln fördert, oder umgekehrt, wodurch es behindert wird.

Bevor wir uns nun an die Analyse der einzelnen Übungsbeispiele begeben, müssen wir uns noch mit einer Tatsache vertraut machen, die für ein gutes Tarot-Lesen besonders wichtig ist und die, wenn man nicht mit ihr vertraut ist, die Quelle vieler Schwierigkeiten und Fehlinterpretationen sein kann. Diese Tatsache läßt sich in dem einfachen Satz zusammenfassen: *Jedes Tarot-Bild ist in sich polar.* Anhand von Bild »XIII Tod« beispielsweise wird diese Tatsache besonders anschaulich erkennbar. Wir wissen ja bereits, daß dieses Bild zwei Grundaspekte enthält, dargestellt durch den Vorder- und Hintergrund, und die man mit den Worten Niederreißung und Neuwerdung beziehungsweise Tod und Geburt bezeichnen kann. Welche dieser Polaritäten von Bedeutung ist, ergibt sich aus der jeweils gegebenen Situation, zu der die Karte eine Beziehungsachse bildet. Steht XIII in Verbindung mit einem Bild, das mehr das Statische zum Inhalt hat (vgl. unser Beispiel von Seite 126 Gerechtigkeit/Tod), so liegt der Akzent mehr auf der destruktiven, niederreißenden Seite, wie er durch die fünfblättrige Rose – Geburah zugeordnet – erkennbar wird. Haben wir indessen ein Beziehungsbild, das mehr eine dynamische Entwicklung zum Thema hat, wie etwa »VII Der Wagen« oder »XIX Die Sonne«, so dürfen wir den Akzent der Neugeburt, der Neuwerdung für unsere Betrachtungen in den Vordergrund stellen.

Die andere Polarität von »I Der Magier« ist beispielsweise der Gaukler. Der Magier setzt seine magischen Werkzeuge bewußt ein, um seine Umwelt, in der er lebt, der kosmischen Ordnung gemäß zu gestalten. Sein Handeln ist ganz von der Erkenntnis dieser höheren Ordnung her bestimmt. Der Gaukler hingegen jongliert mit seinen magischen Werkzeugen, anstatt mit ihnen produktiv zu handeln. Ein weiteres Beispiel ist auch »XV Der Teufel«, der den vierten Buchstaben vom göttlichen Tetragrammaton in seiner abgespaltenen Form darstellt, während die andere, die integrierende Form als Erzengel Auriel vom Tarot-Leser mehr oder weniger gewußt werden muß.

Die meisten Tarot-Decks bringen nur die eine Polarität der Bilder zum Ausdruck, entweder die konstruktive oder die destruktive Seite. Aber es gibt auch Tarot-Decks, die versuchen, beide Polaritäten in ein und demselben Bild zur Darstellung zu bringen, wie zum Beispiel das Tarot-Deck von Marty Yeager, wo die jeweils andere Polarität als Vexierbild erkennbar wird, wenn man das Bild um 180 Grad dreht. Diese Bipolarität der einzelnen Tarot-Bilder wird von den meisten Tarot-Lesern nicht gewußt beziehungsweise nicht entdeckt, und doch ist sie eine unabdingbare Voraussetzung, ohne die keine Kombination befriedigend und in ihrem tieferen Sinn gelesen werden kann. Es lohnt sich deshalb schon, wenn du dir die nötige Zeit und Mühe nimmst, die einzelnen Tarot-Bilder, besonders aus der Gruppe der großen Arkana, unter diesem Aspekt näher zu betrachten und für dich selbst herauszufinden, worin bei jedem Bild jeweils die andere Polarität besteht. Die Analyse der folgenden Übungsbeispiele werden dir zeigen, was in etwa damit gemeint ist.

Betrachten wir einmal gemeinsam folgende Dreierkombination:

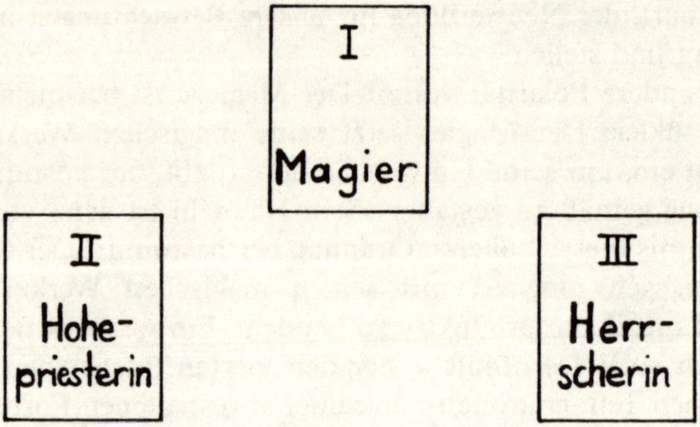

Diese Kombination zeigt den Magier als Repräsentanten der Situation, die näher untersucht werden soll. »III Die Herrscherin« steht für das, was fördert, und »II Die Hohepriesterin« für das, was hindert. Der Sinn dieser Kombination ist noch verhältnismäßig einfach zu entschlüsseln. Wir gehen davon aus, daß der Magier für eine Situation steht, in der der Leser als der Fragende vor die Aufgabe gestellt wird, zu handeln, aktiv in seine Umwelt einzugreifen, entsprechend der großen kosmischen Ordnung. Dieser Aspekt wird nun gefördert durch »III Die Herrscherin«, was, wie wir wissen, ganz allgemein die Kreativität im weitesten Sinne zum Ausdruck bringt. Wenn man Bild I und Bild III miteinander in Beziehung bringt, dann kann daraus geschlossen werden, daß das Handeln, die Aktivität des Magiers, kreativ sein soll, also ein Resultat herbeigeführt werden muß, der Magier sich nicht einfach mit Aktivität an sich (das wäre der Gaukler) begnügen darf. Oder, um hier eine bekannte Redensart zu zitieren: der Magier wird aufgefordert, durch sein Handeln »Nägel mit Köpfen« zu machen. Demgegenüber wird uns nun auch sofort klar, warum Bild II Passivität, Abwarten verkörpert, eine Haltung, dic lieber verharrt und von außen her an sich herankommen läßt, also genau das Gegenteil von dem, was in unserem Falle offenbar als Aufgabe gestellt ist. Es ist die Haltung, die den Fragenden als Magier darin behindert, das zu tun, was er tun soll.

Als nächstes Beispiel betrachten wir folgende Dreierkombination:

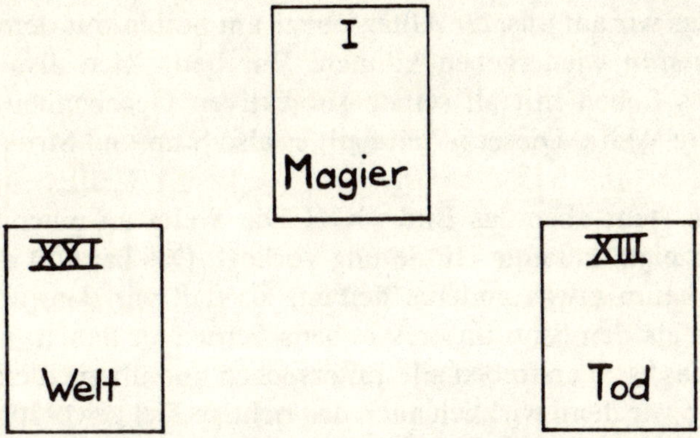

Erschien uns die vorhergehende Kombination, bestehend aus Magier, Hohepriesterin und Herrscherin, in der gezeigten Anordnung als durchaus logisch und verhältnismäßig leicht nachvollziehbar, so muß uns nun diese Kombination als eine absolute Paradoxie erscheinen. Wie kann denn der Tod etwas fördern, obgleich dieser Umstand für jemanden, der bereits mit den Grundlagen der Esoterik vertraut ist, noch einigermaßen verständlich ist? Aber »XXI Die Welt«, das Bild, das die oberste kosmische Ordnung, das Ziel all unseres Strebens repräsentiert, als Hinderung zu bezeichnen – stellt dies denn nicht alles in Frage, was wir bisher erarbeitet und erkannt haben?

Betrachten wir einmal gerade dieses Bild, ohne vorerst seine Wertung innerhalb der vorliegenden Kombination in Betracht zu ziehen. »XXI Die Welt« verkörpert Ordnung, und zwar in einem höheren Sinne. Es ist die große kosmische Ordnung und, wie erwähnt, wirklich das Ziel, das unserem Streben gesetzt ist. Dem Gesetz der Analogie entsprechend, wie oben so unten, dürfen wir ohne weiteres die Thematik und den Inhalt eines der oberen Ebenen zugehörenden Bildes auf unsere unterste Ebene hinabtransformieren. In diesem Falle würde dann »XXI Die Welt« für das stehen, was wir in unserem Alltagsleben, in unserer täglichen banalen Umwelt, erstreben. Da wir es mit der »Welt« zu tun haben, ist damit ein Streben gemeint, das über unsere alltäglichen Bedürfnisse hinausgeht und das wir auf unserer Alltagsebene am besten mit dem Wort *Lebenssinn* wiedergeben können. Wir betrachten also unser jetziges Leben mit all seinen subjektiven Gegebenheiten als »unsere Welt«. Dieser »Welt« gilt es also Sinn und Struktur zu geben.

Nun steht aber das Bild »XXI Die Welt« an einer Stelle, die anzeigt, daß eine Hinderung vorliegt. Das kann in diesem Falle kaum etwas anderes heißen, als daß wir das, was wir bisher als den Sinn unseres Lebens betrachtet haben, als das Ziel, das es zu erstreben gilt, untersuchen und überprüfen müssen, ob wir denn wirklich auch das richtige Ziel gewählt haben, ob nicht gerade das, was bisher den Sinn und Inhalt, die Ordnung und Struktur unseres Lebens gebildet hat, im Grunde unser Weiterkommen behindert und uns nicht am Ort tanzen, sondern eher treten läßt (die andere Polarität von Bild XXI). Sollte dies tatsächlich der Fall sein, so ist Transformation unbedingt notwendig, und zwar in dem Sinne, daß die Strukturen unserer persönlichen, scheinbar heilen Welt beseitigt werden (fünfblättrige Rose von Geburah), damit Platz entsteht, so daß eine Neuausrichtung, eine Neuordnung und eine Neustrukturierung unseres Lebens erfolgen kann. In diesem Sinne ist es leicht verständlich, daß »Tod« fördernd sein kann, auch wenn das im einzelnen Falle von persönlichem Leiden begleitet sein mag.

Im Rad des Lebens muß sich die »Welt« zum »Narren« hin wandeln. Wird diese Entwicklung versäumt, so wandelt sich der Androgyn in den sterilen Hermaphroditen, der nun wirklich das, was im Rhythmus der kosmischen Bewegung fließen will, abbremst und blockiert. Eine solche Situation ist etwa dann gegeben, wenn ein Weltbild vorschnell geschlossen wird, man zu früh »Heureka« ruft und dann um des einmal geschlossenen Systems willen für jede weitere Änderung und Entwicklung verschlossen bleibt, ja verschlossen bleiben muß.

Dies ergibt eine Haltung, die man am besten mit dem Begriff Dogmatismus bezeichnen kann. Sie besteht darin, daß das, was man einmal als Wahrheit definiert hat, für alle Zeit und Ewigkeit als Wahrheit zu gelten hat. Aber nur das ist Wahrheit, was sich jeden Tag neu als Wahrheit erweist, und nicht das, was dafür erklärt wird. Das heißt, daß etwas morgen gültig sein kann, nicht aus dem Grunde, weil es heute auch gültig ist, sondern weil es sich aus der Situation und den Gegebenheiten von morgen als gültig erweisen wird.

Ein praktisches Beispiel für die hindernde Polarität der »Welt« ist die Mühe, welche die Kirche seinerzeit mit Galilei und Kopernikus hatte. Entsteht irgendwo auch in unserem persönlichen Leben ein solcher Überanspruch, dann muß er in der Tat durch den Tod korrigiert werden, damit die Harmonie der Welt neu entstehen kann.

Ein weiteres Beispiel einer scheinbaren Paradoxie erblicken wir im folgenden Beispiel:

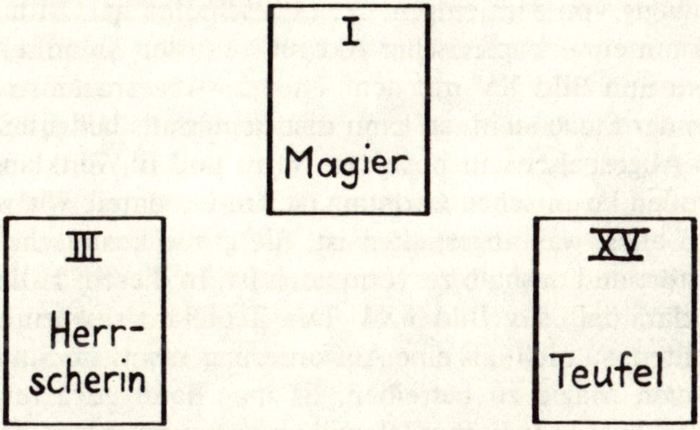

Mit dem Teufel an fördernder Stelle scheinen wir nun den absoluten Höhepunkt der Paradoxie erreicht zu haben. Dieser Eindruck wird noch verstärkt dadurch, daß eine so lebensfreudige und lebensfordernde Karte wie »Die Herrscherin« den hindernden Faktor darstellt. In solchen und ähnlichen Fällen von scheinbarer Paradoxie und Absurdität der Kartenkombination empfiehlt es sich, methodisch so vorzugehen, daß in den Karten nach Analogien gesucht wird. Das heißt, wir suchen in den beiden Bildern nach Inhalten, die auf verschiedene Weise etwas Gleiches ausdrücken. Beim »Teufel« können wir die Schlüsselworte Abspaltung, Blockade in Betracht ziehen. Bei der »Herrscherin« ist es der Begriff Kreativität, und zwar im weitesten Sinne, der die Thematik dieses Bildes am meisten zum Ausdruck bringt. Gehen wir nun bei der Kreativität der »Herrscherin« etwas mehr ins Spezielle, so stoßen wir auf die Geburt, denn die Herrscherin verkörpert ja die zur Mutter gewordene Hohepriesterin, und der Wasserfall am rechten Bildrand symbolisiert direkt den Vorgang der Geburt. Was ist aber Geburt anderes als Trennung, eine Loslösung von etwas, womit das Geborene bisher verbunden war? Da haben wir auch die Analogie zum Wort Abspaltung, das die Situation von Bild XV kennzeichnet. Übertragen auf die gegebene Situation könnte dies bedeuten, daß der »Magier«, durch den ja diese Situation repräsentiert wird, mit Hilfe seiner magischen Werkzeuge etwas entstehen läßt, das dann seine Existenz unabhängig von demjenigen, der es geschaffen hat, aufnimmt. Dies kann ein schöpferischer Akt im weitesten Sinne sein.

Wenn nun Bild XV mit dem Thema »Abgespaltensein« an fördernder Stelle steht, so kann dies keinesfalls bedeuten, daß dieses Abgespaltensein positiver Natur und im Einklang mit der großen kosmischen Ordnung ist. Im Gegenteil, wir wissen ja, daß alles, was abgespalten ist, die große kosmische Ordnung stört und deshalb zu vermeiden ist. In diesem Falle wird ganz klar, daß das Bild »XV Der Teufel« als Warnung zu betrachten ist, nicht als eine Aufforderung, etwas im Sinne der schwarzen Magie zu betreiben. Es mag dann etwa folgende Situation zugrunde liegen: Ich will als »Magier« mit Hilfe meiner magischen Werkzeuge etwas vollbringen, etwas produzieren. Ich erlebe in diesem kreativen Vorgang auch alle schöpferische Freude und Lust, wie sie optisch in Bild III zum Ausdruck kommen. Aber Bild XV mahnt mich zur Vorsicht und Aufmerksamkeit, und wenn ich dieser Warnung folge, erkenne ich, daß das, was ich im Begriffe bin zu tun und zu schaffen – so groß das Lustgefühl und die Freude dabei auch sein mögen – nicht im Einklang mit der großen kosmischen Ordnung steht. Durch diesen kreativen Vorgang wird mein eigener Weg, meine eigene Entwicklung im durchaus negativen und destruktiven Sinne gehindert, wie es auch dem Bild des »Teufels« entspricht. Dies zu erkennen ist für mich förderlich.

Eine Warnung enthält auch die folgende Kombination, aber diesmal mehr in der Form einer Aufforderung zum richtigen und rechtzeitigen Handeln.

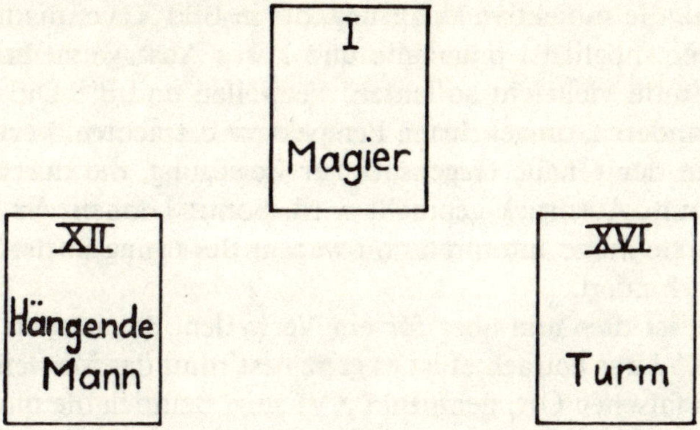

Diesmal hilft uns das Suchen nach Analogien nicht weiter. Schon auf der Ebene der Wahrnehmung (König) entdecken wir den Gegensatz zwischen Ruhe (XII) und Bewegung (XVI). Solche Gegensätze machen aber eine Interpretation des Bildes sowie die Übertragung in unsere Lebenssituation leichter. Bild XII stellt Ruhe dar. Bild XVI eine Bewegung, die durch Einwirkung von außen her verursacht wird. Auch hier stehen wir vor der Tatsache, daß die rein intuitive Betrachtung der beiden Bilder verschiedenartige Gefühle und Empfindungen in uns hervorruft. So sind wir geneigt, Bild XII als positiv zu empfinden, während die Szene von Bild XVI eher negative Assoziationen erweckt.

Auch hier versuchen wir zunächst, die Thematik von Bild XVI auf eine grundlegende Aussage zu verdichten und zu konzentrieren. Bild XVI verkörpert nicht nur Bewegung, die durch äußere Einwirkungen verursacht wird, sondern bringt gleichzeitig auch zum Ausdruck, daß diese Bewegung nötig wurde, weil das Gleichgewicht gestört worden ist, und das bedeutet, auf das Bild bezogen, daß sich die stürzenden Menschen an einem falschen Ort befunden haben und sich nun der korrigierenden Energie von Geburah ausgesetzt sehen. Grundsätzlich sagt uns die Kombination, daß eine solche Korrektur für uns förderlich ist.

Warum aber brauchen wir eine solche Korrektur? Darüber gibt Bild XII Auskunft. Auch hier versuchen wir zunächst einmal, die subjektive Erfahrung, die in Bild XII enthalten ist, auf eine möglichst prägnante und kurze Aussage zu bringen. Sie könnte vielleicht so lauten: Verweilen und die Dinge aus einer anderen, umgekehrten Perspektive betrachten. Verweilen ist nun der genaue Gegensatz zur Bewegung, die durch Bild XVI zum Ausdruck gebracht wird. Somit können wir schon eine erste kurze Interpretation wagen: Bewegung fördert, Verweilen hindert.

Was ist dies nun aber für ein Verweilen, das hindert? Von Bild XVI aus betrachtet ist es ganz bestimmt das Verweilen an einem falschen Ort, denn Bild XVI zeigt deutlich die Notwendigkeit einer Korrektur, die durch Bewegung erfolgen muß. Bild XVI gehört zu den Bildern, die dem rein intuitiven Leser immer wieder Angst und Furcht einjagen, verursacht durch die extreme Situation, die auf dem Bild dargestellt ist. Aber gerade bei Bild XVI (und das gleiche gilt übrigens auch für Bild XV) ist zu beachten, daß auf ihnen nur jeweils eine Polarität dargestellt ist, die allerdings in diesem Falle besonders extrem gezeichnet ist. Bild XVI zeigt, was geschehen kann, wenn der Magier des oberen Bildes stur auf seiner Position des Verweilens beharrt und hier für einmal seine magischen Werkzeuge zur falschen Zeit und am falschen Ort aus der Hand gelegt hat. Falls er nicht von selbst die nötige Korrektur einleitet, muß diese Korrektur der großen kosmischen Ordnung entsprechend zu irgendeinem Zeitpunkt von außen her erfolgen, was dann allerdings mit der Darstellung von Bild XVI übereinstimmen könnte. Wird diese falsche Position des Verweilens aber freiwillig und rechtzeitig geräumt, dann ist die kosmische Harmonie und Balance wiederhergestellt, ohne daß die auf Bild XVI dargestellte Szene eintreffen muß.

Die Aura um den Kopf des hängenden Mannes zeigt, wie wir wissen, Erleuchtung an, Erkenntnis, die aus einer anderen Perspektive heraus gewonnen werden kann. Wenn, wie in diesem Falle, die Position des Verweilens und der anderen Perspektive für den Magier hinderlich ist, dann wird aus der Erleuchtung analog auch eine Illusion, eine Täuschung, Blendung, die ebenfalls das ihre dazu beiträgt, den richtigen Weg des Magiers zu hindern und zu beeinträchtigen.

Noch einmal kurz zusammengefaßt: diese Kombination kann den Magier dazu auffordern, zu überprüfen, ob er nicht zuwenig und dazu noch am falschen Ort und aus der falschen Perspektive heraus handelt, was zur Folge haben kann, daß das kosmische Gleichgewicht von außen her wieder mehr oder weniger leidvoll hergestellt wird, wenn er seine Position nicht freiwillig verändert. Vergessen wir nie: der Turm hat im Innern eine Treppe, und wer diese Treppe rechtzeitig aus der Erkenntnis heraus benützt, dem bleibt der Sturz über die Zinne erspart.

Nach diesen Beispielen, in denen wir ausschließlich Bilder aus der Reihe der großen Arkana betrachtet haben, wollen wir uns jetzt noch Kombinationen zuwenden, die auch Bilder der kleinen Arkana mit einbeziehen. Betrachte einmal folgende Kombination: »Magier« als Repräsentant des Fragenden in seiner Situation, »Acht der Münzen« als das, was fördert, und »Fünf der Kelche« für das, was hindert.

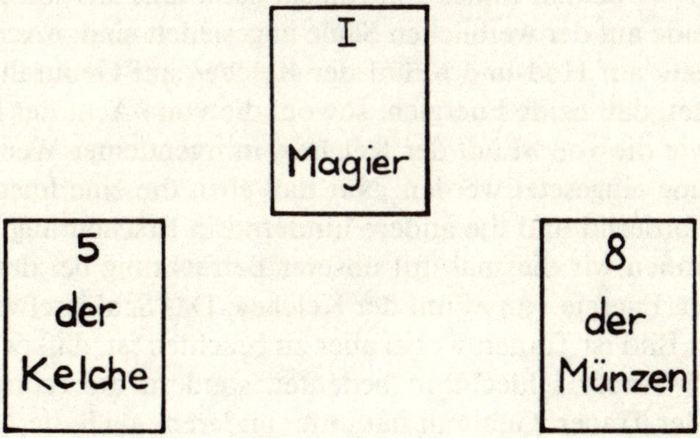

Bei den Bildern »Fünf der Kelche« und »Acht der Münzen« haben wir es nun nicht, wie bei den großen Arkana, mit subjektiven Erfahrungen zu tun, sondern mit objektiven Kräften, die in die Situation des Fragenden hineinwirken. Der Magier steht noch immer als eine Aufforderung an den Fragenden zum Handeln, zum Aktivsein durch Einsatz und Gebrauch der vier magischen Werkzeuge. Aber in diese Situation hinein wirken nun zwei Kräfte, wovon die eine fördernd und die andere hindernd ist. Die fördernde Energie zeigt sich in »Acht der Münzen« und die hindernde in »Fünf der Kelche«.

Schon eine erste rein intuitive Betrachtung gibt uns Aufschluß darüber, was damit gemeint sein könnte. Wiederum begegnen wir dem Gegensatz von Aktivsein, Handeln (»Acht der Münzen«) und einer ruhenden Person, die äußerlich kein Zeichen von Handlung zeigt. Hier ist es angebracht, daß wir uns noch einmal kurz vergegenwärtigen, daß Aktivität und Passivität nicht einfach mit Tätigkeit beziehungsweise Untätigkeit verbunden werden darf. Auch die sonst in einem solchen Falle häufig gebrauchten Ausdrücke aktiv und passiv haben wir in einem anderen Zusammenhang und in einem anderen Licht kennengelernt. Wenn wir die intuitive Ebene dieser beiden Bilder auf zwei Schlüsselwörter reduzieren wollen, dann eignen sich dafür am besten die Worte dynamisch für »Acht der Münzen« und statisch für »Fünf der Kelche«.

Wenn wir nun eine Schicht tiefer in die esoterische Bedeutung dieser beiden Bilder eindringen, dann fällt uns sofort auf, daß beide auf der weiblichen Säule angesiedelt sind. »Acht der Münzen« auf Hod und »Fünf der Kelche« auf Geburah. Das bedeutet, daß beide Energien, sowohl die von »Acht der Münzen« wie die von »Fünf der Kelche«, in irgendeiner Weise zur Formung eingesetzt werden. Nur daß eben die eine formende Kraft fördernd und die andere hindernd in Erscheinung tritt.

Beginnen wir diesmal mit unserer Betrachtung bei der hindernden Energie von »Fünf der Kelche«. Das Schlüsselwort zu diesem Bild ist Trauer, wobei aber zu beachten ist, daß es nicht einfach Trauer schlechthin bedeutet, sondern die reinigende Kraft der Trauer. Geburah hat unter anderem auch die Aufgabe, das zu beseitigen, was störend und überflüssig ist. Dieses Beseitigen kann sehr wohl mit dem Ausdruck Reinigung wiedergegeben werden. Bevor etwas neu entstehen und werden kann, muß die Grundlage dazu von allem Alten und Störenden entsprechend gereinigt sein. Diese Situation ist sehr deutlich wiedergegeben in »Fünf der Kelche«. Da aber Reinigung vor der Neuwerdung notwendig ist, wie kommt es dann, daß sie in dieser Kombination als hindernde Energieeinwirkung dargestellt wird?

Um darauf eine Antwort zu finden, müssen wir in Betracht ziehen, daß jede Energieeinwirkung von der kosmischen Ordnung her, die ja zyklisch-rhythmisch verläuft, nur für eine bestimmte Zeitdauer entfaltet werden kann, um dann einer anderen Platz zu machen. Das würde bedeuten, daß nicht die Energie an sich hindernd ist, sondern die Dauer ihrer Einwirkung nicht der Ausgewogenheit der kosmischen Ordnung entspricht und sich damit als hindernd erweist. Wir alle kennen ja Situationen, in denen wir vor lauter Tränen und Trauer keine Möglichkeit mehr zur Neuentwicklung und Neuwerdung erkennen können. Etwa dies ist mit der hindernden Einwirkung von »Fünf der Kelche« gemeint. Jeder Versuch, etwas Neues zu errichten, auf der bereits gereinigten Basis neu aufzubauen, wird ständig von der übermäßigen Energie des Wassers von Geburah buchstäblich weggeschwemmt. Damit dringt Geburah weit über die als Grenze gesetzte mittlere Säule hinaus und verwandelt sich, wie wir wissen, in Grausamkeit, die sich in diesem Falle durchaus als tiefste Verzweiflung und Hoffnungslosigkeit manifestieren könnte.

Demgegenüber zeigt nun »Acht der Münzen«, daß es darum gehen sollte, etwas neu zu ordnen und zu strukturieren und, Hod entsprechend, dieses Neue einer immerwährenden gedeihlichen Pflege und Sorgfalt zu unterwerfen. Dies kann aber nur geschehen, wenn man den Status »Fünf der Kelche« endgültig hinter sich läßt und, anstatt alles neu Keimende sofort wieder mit Verzweiflung und Trauer wegzuschwemmen, das Neue wachsen läßt und dafür sorgt, daß es sich erdhaft entwikkeln kann. Münzen verkörpern Erdkraft, und wenn Erdkraft und Hod miteinander eine Verbindung eingehen, dann entsteht in sehr hohem Maße Fertigung und Struktur, also das genaue Gegenteil dessen, was die Wasserkraft aus Geburah bewirken will.

Kurz zusammengefaßt können wir folgende Interpretation versuchen: Der durch den Magier repräsentierte Frager wird durch den Tarot aufgefordert, sich nicht mehr weiter dem Zustand der Trauer und Verzweiflung hinzugeben, in dem er sich höchstwahrscheinlich befindet, sondern das Vergangene und Gestorbene ruhen zu lassen, um mit all seiner Energie bestrebt zu sein, auf dem nunmehr gereinigten Grund etwas Neues zu errichten und zu pflegen.

Bei dieser Gelegenheit möchte ich noch auf einen Umstand hinweisen, der besonders wichtig ist, wenn es darum geht, Tarot-Bilder in eine menschlich-persönliche Situation umzusetzen. Kein Tarot-Bild und keine Bildkombination kann in einer für alle Menschen verbindlichen Aussage ausgedrückt werden. Denn jedes Tarot-Bild trifft auf einen Menschen, der in seiner Persönlichkeit einmalig und unwiederholbar ist.

Jeder Mensch wird von drei Ebenen oder drei Komponenten her bestimmt. Da ist zunächst einmal die genetische Ebene, das heißt all das, was er von seinen Vorfahren in einer langen Kette genetisch ererbt hat und was als Information in seinem genetischen Code gespeichert ist, den er seinerseits wieder an seine Nachkommen weitergeben wird.

Die zweite Ebene ist das Milieu, in das ein Mensch hineingeboren wird, in dem er aufwächst und lebt. Von diesem jeweiligen Milieu wird der Mensch geformt und geprägt, dessen Einflüsse bestimmen sein weiteres Leben. Sogar bei Menschen, wie etwa eineiigen Zwillingen, die fast die gleiche genetische Struktur aufweisen, wird die persönliche Entwicklung je nachdem anders und verschieden verlaufen, abhängig davon, in welchem Milieu dieser Mensch aufwächst und lebt.

Die dritte Ebene ist die unvergängliche Individualität, die, esoterischer Lehre entsprechend, immer wieder in eine andere Persönlichkeit inkarniert. Die Synthese dieser drei Ebenen bildet den jeweiligen Menschen als Ganzes. Und erst als letzte, vierte Ebene kommt nun der kosmische Einfluß hinzu, so wie er sich in den verschiedenen Bildkombinationen des Tarot äußert. Daher erscheint es absolut verständlich, daß ein und dieselbe Bildkombination für jeden Menschen wiederum verschieden interpretiert werden muß, denn diese Interpretation hängt ab von den drei ersten Ebenen, der genetischen, der milieubedingten und der Individualität.

Dies ist übrigens ein weiterer wichtiger Grund, warum ich so dringend davon abrate, für andere Menschen Bildkombinationen des Tarot auszulegen, denn wer kann schon von sich behaupten, daß er über die drei Ebenen der anderen Menschen wirklich Bescheid weiß? Fehlinterpretationen mit all den damit verbundenen fatalen und verhängnisvollen Folgen sind somit höchst wahrscheinlich.

Betrachten wir nun noch in unserer komplexen Grundform eine Kombination, welche die Hofkarten einbezieht:

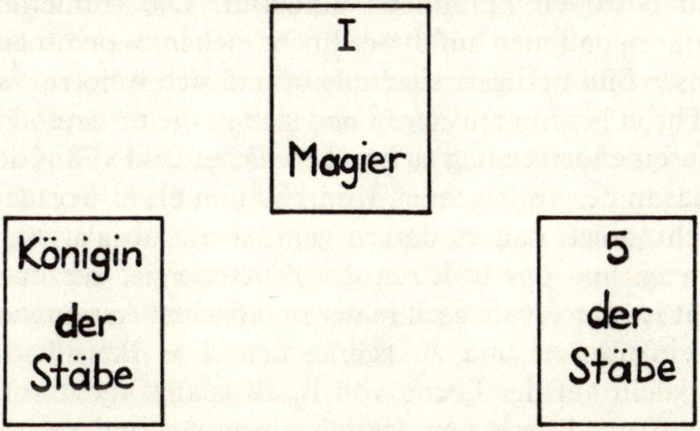

Auch hier wiederum steht der »Magier« repräsentativ für den Fragenden, »Königin der Stäbe« ist hindernd und »Fünf der Stäbe« fördernd. Für den, der mit dem Prinzip der Hofkarten, wie sie in diesem Buch erläutert worden sind, vertraut ist und bereits einige Übung in der praktischen Anwendung dieser vier Ebenen im persönlichen Leben erworben hat, ist diese Kombination sehr leicht und beinahe auf Anhieb zu lesen. Auch hier gibt uns der erste intuitive Blick sofort wieder den Gegensatz zwischen Ruhe und Dynamik. Was als Interpretation formuliert heißen mag: Das Statische ist hindernd und das Dynamische fördernd.

Was ist nun aber mit diesem Statischen beziehungsweise Dynamischen gemeint? Der Stab ist das magische Werkzeug des Feuers, und Feuer wiederum kann in diesem Fall für die alles durchdringende Lebenskraft genommen werden. Der Magier wird also ganz konkret dazu aufgefordert, in der zu befragenden Situation als magisches Werkzeug den Stab zur Hand zu nehmen. In der Reihe der Hofkarten drückt die Königin ganz allgemein die Ebene der Erkenntnis und Definition aus. In diesem speziellen Falle kann dies vielleicht ausgedrückt werden mit dem Gefühl oder dem Bewußtsein: Ich habe Kraft, ich fühle Kraft in mir, ich empfinde, daß mir genügend Kraft zur Verfügung steht, um die Situation zu bewältigen.

Was ist nun aber an dieser positiven Erkenntnis und an diesem positiven Empfinden hindernd? Die Hinderung besteht darin, daß man auf dieser Ebene stehen beziehungsweise, auf unser Bild bezogen, sitzenbleibt und sich weigert, von seinem Thron herunterzusteigen und sich in die niederen Ebenen der Auseinandersetzung zu begeben. Denn Bild »Fünf der Stäbe«, das in der vorliegenden Kombination als fördernde Energie steht, zeigt, daß es darum geht, den Stab als magisches Werkzeug, und das bedeutet die Feuerenergie, der man sich bewußt ist, ganz realistisch in der praktischen Auseinandersetzung einzusetzen und zu gebrauchen. Das Bewußtsein der Kraft allein auf der Ebene von Briah genügt nicht. Sie muß auch auf der Ebene von Jezirah eingesetzt und gehandhabt werden. Das bedeutet, daß der Fragende sich nicht damit begnügen darf, sich im Bewußtsein seiner Kraft vornehm zurückzuhalten oder gar zurückzuziehen, sondern daß es für seine Situation förderlich ist, sich der Auseinandersetzung zu stellen und Geburah entsprechend seine Feuerkraft dafür zu verwenden, daß die kosmische Ordnung wieder hergestellt wird oder gegen destruktive Einflüsse erhalten bleibt.

Ich nehme an, daß diese Beispiele genügen, um das Prinzip zu erhellen, das der Interpretation der komplexen Kombinationsformen zugrunde liegt. Auch hier schlage ich vor, daß du dir noch einige weitere Beispiele selbst zusammenstellst oder zusammenstellen läßt, um sie zu interpretieren und die gewonnenen Aussagen zu verbalisieren. Zu diesem Zweck kannst du auch das Bild des Magiers durch andere Bilder aus der Reihe der großen und kleinen Arkana ersetzen.

Eine weitere Übungsvariante, aus der du deine Kenntnisse über die Polarität der einzelnen Bilder erweitern kannst, besteht darin, daß du jeweils in der gleichen Dreierkombination die beiden unteren Bilder vertauschst, so daß die hindernde Karte zur fördernden wird und die fördernde zur hindernden, und dann versuchst, aus diesem neuen Kombinationsbild eine Aussage zu formulieren.

Die vier Elemente in den Kombinationsformen

Von der Betrachtung des Baums des Lebens wissen wir, daß wir die Welt, in der wir leben, nämlich Malkuth, die physisch-materielle Ebene, mittels der vier Elemente erfahren und erleben beziehungsweise aktiv auf sie einwirken können. Dies kommt ja auch deutlich im Bild des Magiers zum Ausdruck, dem die vier magischen Werkzeuge, von denen jedes ein Element verkörpert, anvertraut sind, um auf diese Ebene einwirken zu können. Auch der Tarot ist ganz auf diese vier Elemente aufgebaut; in jedem Tarot-Bild werden wir mit ihnen konfrontiert. Der Gedanke liegt daher nahe, daß wir auch die vier Elemente für unsere jeweiligen Analysen und Interpretationen zu Hilfe nehmen können, in gewissen Fällen sogar müssen. Dazu ist es notwendig, daß wir uns jederzeit darüber im klaren sind, mit welchen elementaren Energien wir konfrontiert sind, welche Elemente aus den Tarot-Bildern auf uns einwirken.

Diese Frage ist leicht zu beantworten, was die kleinen Arkana betrifft, weil jedes Bild der kleinen Arkana entsprechend dem magischen Werkzeug, das darauf abgebildet ist, einem der vier Elemente zugeordnet ist und es zum Ausdruck bringt.

Schwieriger wird die Sache bei den großen Arkana, denn als Darstellung subjektiver Erfahrungen stehen dort die vier Elemente nicht so eindeutig und klar im Vordergrund wie bei den objektiven Energien der kleinen Arkana. Indessen gibt es auch bei den großen Arkana Bilder, die deutlich eines der vier Elemente zum Ausdruck bringen, zum Beispiel die Bilder I bis IV, welche die Elemente Feuer, Wasser, Erde und Luft verkörpern. Andere wiederum, wie beispielsweise »V Der Hierophant« oder »XIII Tod« oder gar »XXI Die Welt« und »0 Der Narr« lassen sich nicht so eindeutig zuordnen. Da mir keine traditionelle Zuordnung der einzelnen Bilder aus der

Reihe der großen Arkana zu den vier Elementen bekannt ist, habe ich versucht, für meinen persönlichen Gebrauch eine solche Zuteilung zu erstellen, die ich hiermit wiedergebe. Obgleich diese Zuordnung sich in meiner persönlichen Praxis bewährt hat, kann und darf sie nicht den Anspruch auf absolute Gültigkeit erheben. Wenn also ein Leser aufgrund persönlicher Erfahrung oder Erkenntnis zu einer anderen, davon abweichenden Zuteilung kommt, finde ich dies durchaus legitim. Ich möchte deshalb jeden Leser auffordern, meine Zuordnung genau zu reflektieren und zu überprüfen und gegebenenfalls die für ihn persönlich notwendig werdenden Änderungen vorzunehmen.

Die Zuteilung der vier Elemente zu den einzelnen Bildern der großen Arkana ergibt sich für mich folgendermaßen:

I	Der Magier	Feuer
II	Die Hohepriesterin	Wasser
III	Die Herrscherin	Erde
IV	Der Herrscher	Luft
V	Der Hierophant	Erde
VI	Die Liebenden	Luft
VII	Der Wagen	Feuer
VIII	Gerechtigkeit	Luft
IX	Der Eremit	Erde
X	Rad des Schicksals	Luft
XI	Kraft	Feuer
XII	Der hängende Mann	Wasser
XIII	Tod	Luft
XIV	Mischung	Wasser
XV	Der Teufel	Erde
XVI	Der Turm	Feuer
XVII	Der Stern	Wasser
XVIII	Der Mond	Wasser
XIX	Die Sonne	Feuer
XX	Gericht	Erde
XXI	Die Welt	alle vier Elemente
0	Der Narr	alle vier Elemente

Auf diese Weise ergibt sich, daß die vier Elemente einzeln je fünfmal vertreten sind und zweimal (XXI, 0) als Synthese. Einzelne dieser Zuteilungen bedürfen sicher noch der näheren Erläuterung. Bei »V Der Hierophant« beispielsweise scheinen mir noch zwei weitere Zuteilungen möglich zu sein: Äther und Luft. Am einleuchtendsten erscheint hier der Äther, das sogenannte fünfte Element, das ja der Hierophant an sich auch verkörpert (die Spitze des Pentagramms, die nach oben weist). Auch Luft ist denkbar als Ausdruck des göttlichen Hauches, der göttlichen Lehre, die den Neophyten vermittelt wird. Die Zuteilung zum Äther hätte die Symmetrie gestört, da dieses fünfte Element nur in diesem einen Bild so deutlich im Zentrum steht. Die Luft wiederum schien mir für den Inhalt des Bildes zu beweglich und damit zu abstrakt. Für Erde entschied ich mich von der Symbolik des Brotes her, da der Hierophant, als einer, der heilige Dinge erklärt, die Aufgabe hat, die ewigen Wahrheiten in eine Form zu bringen, die seinen Schülern als Nahrung für das tägliche Leben dienen kann. Brot also ist die erdhaft verfestigte Form der Lehre.

Bei »XIII Tod« entschied ich mich nicht für das Element Erde, das manchen vielleicht naheliegender erscheint (Erde zu Erde), sondern für das Element Luft. Der Tod ist im esoterischen Sinne ein Übergang, Transformation, und deshalb auf keinen Fall der verfestigenden, konkretisierenden Erdkraft unterworfen. Jede Transformation, jeder Übergang ist Bewegung und wird daher am besten durch das bewegliche Element Luft zum Ausdruck gebracht. Gleichzeitig symbolisiert die Luft, daß alle Wesen auf der irdisch-materiellen Ebene dem Gesetz des Vergehens und Neuwerdens unterworfen sind.

Für Bild »XVII Der Stern« wäre statt Wasser auch durchaus Erde denkbar.

Bild XVII beinhaltet unter anderem die Zeugung und damit die Verdinglichung einer Seele auf unserer irdisch-materiellen Ebene, was durchaus unter dem Zeichen der Erdkraft zu verstehen ist. Hier war es allerdings das Fließen als eine Grundaussage des Bildes überhaupt, das mich dazu bewog, darin einen Ausdruck des Elementes Wasser zu erblicken.

In Bild XXI und 0 sind für mich alle vier Elemente gleichmäßig enthalten, einmal in XXI in der höchsten und vollendeten Form der kosmischen Ordnung und in 0 in der ungeordneten Form des Chaos, aus dem sich die Ordnung neu manifestiert.

Wenn wir nun jedes der 78 Bilder des Tarot als einem der vier Elemente zugeordnet annehmen, dann läßt sich für jede Kombination eine Art statistische Aufstellung errichten, mit welcher Häufigkeit die einzelnen Elemente darin vertreten sind und welche Position sie einnehmen. Wie das gemeint ist, läßt sich am besten wiederum an einem Beispiel darlegen.

Wir erweitern dazu die Anzahl der Karten auf fünf und legen sie dazu in einer Kreuzform aus, der wir später als Bestandteil des sogenannten keltischen Kreuzes wieder begegnen werden:

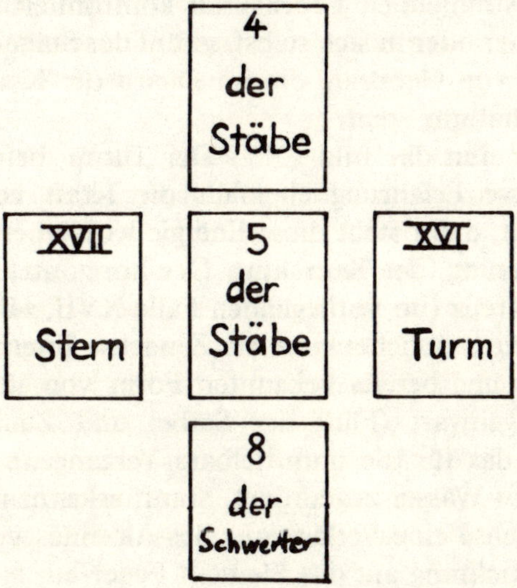

Die Analyse nach Elementen empfiehlt sich vor allem dann, wenn wir es mit einer größeren Anzahl von Bildern zu tun haben, namentlich in einer komplexen Kombination. Die Analyse nach Elementen ersetzt nicht die Methodik, die wir bisher angewandt haben, sondern ergänzt sie nur und kann von Fall zu Fall nützliche Hinweise liefern, in welche Richtung und auf welche praktische Situation hin die Analyse zu formulieren ist.

In der abgebildeten Kombination sehen wir dreimal Feuer (»Fünf der Stäbe«, »Vier der Stäbe«, »XVI Der Turm«), einmal Wasser (»XVII »Der Stern«) und einmal Luft (Acht der Stäbe). Es besteht also ein deutliches Überwiegen des Feuerelementes. »Fünf der Stäbe« in der Mitte des keltischen Kreuzes steht repräsentativ für die Situation des Fragenden. Schon die intuitive Betrachtung dieses Bildes zeigt ganz deutlich, daß er sich offenbar in einer lebhaften Auseinandersetzung befindet, die wohl auch der Grund sein mag, daß er den Tarot zu Rate zieht. »Fünf der Stäbe« ist ein Bild, welches das Element Feuer beinhaltet, so daß wir annehmen können, daß der Fragende in irgendeiner Weise mit dem Element Feuer als der aktiven ausstrahlenden Lebenskraft konfrontiert wird, sei es von außen her oder in sich selbst. »Fünf der Stäbe« verkörpert die Energie von Geburah, die im Dienst der Korrektur oder der Formerhaltung steht.

Wenn wir nun das Bild »XVI Der Turm« betrachten, das als subjektive Erfahrung ebenfalls die Kraft von Geburah widerspiegelt, dann steht diese Energie wohl eher im Dienste der Veränderung, der Korrektur. Der horizontale Balken im keltischen Kreuz (im vorliegenden Falle XVII, »Fünf der Stäbe«, XVI) wird üblicherweise als Zeitachse interpretiert, und zwar in der uns bereits bekannten Form von Vergangenheit (XVII), Gegenwart (Fünf der Stäbe) und Zukunft (XVI). Bild XVII, das für die unmittelbare Vergangenheit steht, ist dem Element Wasser zugeordnet. Somit erkennen wir, daß in dieser Zeitachse eine Verlagerung des Akzentes vom Element Wasser in Richtung auf das Element Feuer hin erfolgt, wobei diese Veränderung und Verlagerung in der Gegenwart zu stark spürbaren Auseinandersetzungen und Konflikten führt.

Wenn wir nun die geschlechtsspezifische Zuordnung der Elemente in Betracht ziehen, können wir sagen, daß der Fragende von einer mehr passiv empfangenden, weiblichen Haltung, die auch durch Bewegung und Fließen ausgezeichnet ist, aber indessen nicht aktiv-männlich ausstrahlt, zu einer männlich-feurigen emanierenden Haltung geführt wird. Diese Veränderung geht allerdings nicht konfliktfrei vor sich, weil irgendwo, wie wir noch sehen werden, starke Hindernisse vorhanden sind, die sich diesem Übergang widersetzen. Daß diese Entwicklung aber dringend notwendig ist, darauf macht uns »XVI Der Turm« aufmerksam, und zwar insofern, als, wenn diese Veränderung nicht aus freien Stücken im Einklang mit dem kosmischen Rhythmus vollzogen wird, sie von außen her in einer schmerzlichen Erfahrung durchgesetzt werden wird.

Die senkrechte Achse des Kreuzes ist als eine komplexe Kombination zu betrachten. Traditionsgemäß repräsentiert das obere Bild (hier »Vier der Stäbe«) das, was im Bewußtsein des Fragenden vorhanden ist, und die untere Karte (hier »Acht der Schwerter«), was das Unbewußte des Fragenden zu dieser Situation sagt. »Vier der Stäbe« ist Feuerenergie von Chesed. Dem Fragenden scheint also durchaus bewußt zu sein, daß er diese Feuerenergie in reichlichem Maße zur Verfügung hat und daß er angehalten ist, sie zu mehren und so weit als möglich zur Vollendung zu führen, das heißt bis zur mittleren Säule. Das Unbewußte allerdings, ausgedrückt durch »Acht der Schwerter«, stellt sich dem Bewußtsein direkt entgegen. Rein intuitive Betrachtung dieses Bildes zeigt ganz deutlich, worum es geht: um Vorurteile, Einengung, Gebundenheit, Begrenzung oder, kurz gesagt: ein Brett vor dem Kopf. »Acht der Schwerter« ist Hod, durch Luftkraft ausgedrückt. Wir haben es hier also vom Unbewußten her mit Strukturierung oder – im vorliegenden Falle vielleicht besser ausgedrückt – mit Konditionierung oder Programmierung zu tun. Das mag bedeuten, daß der Fragende, obgleich ihm seine Feuerkraft durchaus bewußt ist, in seinem Unbewußten sehr starke Zweifel und Ängste empfindet, die gegenteilige Signale senden. Den Erkenntnissen der Psychologie entsprechend können solche Vorurteile oder Minderwertigkeitsgefühle durchaus das Resultat von früheren Einwirkungen sein, etwa in der Form von schlechten Erfahrungen oder von ständig gehörten Informationen, wie etwa »Das kannst du doch nicht!«, »Du bist zu schwach«, »Du hast kein Temperament« und ähnliches. Die Schwerter deuten auf das Element Luft und zeigen damit, daß solche negativen Empfindungen im Unbewußten des Fragenden fest einprogrammiert und formuliert sind. Damit wird uns nun auch die Konfliktsituation von »Fünf der Stäbe« deutlich und verstehbar. Aufgabe des Fragenden ist nun, seine Hinwendung zur Feuerkraft bewußt durchzuführen und besonders darauf zu achten, daß die formulierten Vorurteile, die ständig aus seinem Unbewußten heraufkommen, möglichst wenig beachtet werden. Er darf und soll »Vier der Stäbe« vertrauen und muß darauf bedacht sein, daß der Einfluß von »Acht der Schwerter« möglichst wenig zur Geltung gebracht und nach und nach eliminiert wird. Wenn dies erfolgreich durchgeführt werden kann, dann bleibt ihm die leidvolle Erfahrung des Turmes erspart.

Der Dialog mit dem Tarot

In der englischen Sprache wird für den divinatorischen Gebrauch des Tarot der Ausdruck Tarot-Reading gebraucht. Ich finde diesen Begriff durchaus angebracht und möchte ihn auch in den nun folgenden Ausführungen im gleichen Sinne als *Tarot-Lesen* verwenden. Der divinatorische Gebrauch des Tarot hat sehr viel mit dem Lesen gemeinsam. Jedes Lesen, und hier meine ich das richtige Lesen, nicht nur das unkritische Konsumieren geschriebener Worte, ist ja im Grunde ein Zwiegespräch, ein Dialog zwischen Autor und Leser. Der Autor, auch wenn er nicht persönlich anwesend ist, äußert seine Meinung, zu der sich der Leser seine eigenen Gedanken machen kann. Beim richtigen Lesen als Dialog findet, ganz gleich, ob man die Ausführungen des Autors akzeptiert oder ablehnt, eine Bewußtseinserweiterung statt. Entweder eröffnet einem der Autor neue Fakten oder neue Perspektiven, die man bisher noch nicht gekannt hat; oder, indem man seine Meinung kritisch untersucht und vielleicht ablehnt, ist man gezwungen, eine eigene Position zu beziehen und sie dem Autor gegenüber zu vertreten. Auch dies bringt letzten Endes Einsicht und Bewußtseinserweiterung.

Der Tarot als das »Buch des Thoth« bildet hier keine Ausnahme. Im Gegenteil: Jeder, der sich über längere Zeit hinweg mit dem Tarot beschäftigt, wird die Erfahrung machen, daß sich der Tarot zu ihm mehr und mehr wie ein lebendiger Partner verhält. Ich habe noch niemanden getroffen, der sich mit dem Tarot intensiver befaßt hat, der nicht zu der Meinung gekommen wäre, daß hinter dem Tarot, das heißt in einer anderen Dimension, in der Transzendenz, Energien oder sogar lebendige Existenzen vorhanden sein müssen, die durch das Medium der Tarot-Bilder auf unsere menschliche Ebene einwirken können, und das in einer durchaus persönlichen und individuellen Weise. Ich weiß, daß dies in den Ohren mancher phantastisch, ja absurd klingen mag, und ich kann niemandem seine kritischen Zweifel verdenken, um so mehr als ich selbst einmal zu den Skeptikern gehörte und dann in der Konfrontation mit klaren Fakten dazu gebracht wurde, meine Position allmählich zu ändern. Je mehr nun der Leser dazu fähig ist, seinen Dialog mit dem Tarot aktiv zu führen, um so mehr und tiefgreifender wird ihm der Tarot auch auf seine Fragen antworten. Auf welche Weise ein aktives, kreatives Tarot-Lesen möglich sein kann, will ich in den nun folgenden Beispielen zeigen.

Aktives Tarot-Lesen soll immer auch kreativ sein. Das bedeutet in der Praxis, daß man nicht blind und ohne nachzudenken irgendeine Kombinationsform wählt, sondern sich genau überlegt, welche Kombinationsform für die Frage, die man mit Hilfe des Tarots bearbeiten will, am geeignetsten erscheint. Viele Tarot-Bücher bringen eine Menge mehr oder weniger guter Vorschläge, die man im Anfang nach Gutdünken übernehmen kann, um sie später sogar vielleicht kreativ weiterzuentwickeln und der individuellen Fragestellung anzupassen. Überhaupt erscheint mir das Erschaffen von eigenen, ganz persönlichen Kombinationsformen die beste Möglichkeit, um mit dem Tarot in einen intensiven Dialog zu kommen. So sind denn die nun folgenden Beispiele nicht so sehr als Vorlage gedacht, die einfach kopiert werden können, sondern auch als Anregungen zu eigener schöpferischer Gestaltung. Zudem ist es mir wichtig, gleichzeitig auch die Prinzipien darzulegen, nach denen individuelle Kombinationsformen entwickelt werden können.

Die erste Frage, über die man sich klarwerden soll, ist immer, ob man das Problem mittels einer linearen oder komplexen Kombination bearbeiten will. Die linearen Kombinationsformen sind für alle Probleme und Fragen geeignet, die in irgendeiner Weise einen Zeitfaktor enthalten, wie beispielsweise die Zeitachse Vergangenheit, Gegenwart, Zukunft. Andere Probleme wiederum zeigen sich eher als ein Zusammen- oder Widerspiel von Kräften, die mehr oder weniger konzentrisch von verschiedenen Seiten her auf eine Gegenwartssituation einwirken. In diesem Falle ist eine komplexe Kombinationsform am geeignetsten.

Als nächstes folgt darauf die Überlegung, mit welcher Anzahl von Karten gearbeitet werden soll, und da möchte ich dich mit einer goldenen Regel bekannt machen: *Verwende für die Bearbeitung einer Frage stets so wenig Karten wie möglich.* Die Erfahrung zeigt, daß sich die Schwierigkeiten der Interpretation einer Kartenkombination ungefähr im Quadrat der dabei verwendeten Karten vermehren.

Als erstes möchte ich ein Beispiel darlegen, das aus der Übung der »Karte des Tages« sowie aus der Kombinationsform »was fördert, was hindert« von Seite 135 entwickelt wurde.

Ich gehe von der Voraussetzung aus, daß du regelmäßig für dich die »Karte des Tages« gezogen hast. Sie hat dir Hinweise gegeben, welche Handlungsebene (Hofkarte) oder welches Energie- (Zahlenkarte) oder Erfahrungsfeld (Großes Arkanum) an den betreffenden Tagen in deinem Leben seinen Einfluß ausübt. Vielleicht bist du auch schon auf den Gedanken gekommen, daß eine Karte allein eigentlich nicht das ganze Kräftespiel ausdrücken könnte, sondern unter Berücksichtigung des Gesetzes der Polarität dazu vielleicht eine zweite Karte notwendig wäre. Diese zwei Karten könnten dann zum Ausdruck bringen, was in deinem Alltagsleben im Sinne des kosmischen Rhythmus förderlich ist oder diesen behindert.

Wenn du mit diesen zwei Karten, der Förderungs- und der Hinderungskarte, konfrontiert bist, ergibt sich natürlich die Frage, was nun aus diesen beiden einander widerstrebenden Kräften resultiert, welches Parallelogramm der Kräfte sich daraus in deinem Alltag bilden läßt. Mit diesen divergierenden Kräften zurechtzukommen und sie zu einer konstruktiven Synthese zu vereinigen, das ist die Aufgabe, die dir durch den Tarot gestellt wird (»VII Der Wagen«). Von da aus gesehen wäre es weder logisch noch gut, wenn du nun aus bloßer Bequemlichkeit eine weitere Karte blind ziehen würdest, welche die resultierende Synthese zum Ausdruck bringen soll. Die

Aufgabe ist an dein Bewußtsein gestellt und sollte auch mittels des Bewußtseins gelöst werden.

Einmal mehr möchte ich dich auf die von den meisten allzuwenig geübte Methode des offenen Auswählens der Karten hinweisen, die in diesem Falle am Platz ist. Das bedeutet, daß du für dich bewußt die beiden Gegenkräfte genau gegeneinander abwägst, reflektierst und dann ebenfalls bewußt eine Entscheidung fällst, in welcher Weise die daraus resultierende Energie in dein Alltagsleben zu integrieren ist. Du suchst also aus den übrigen Tarot-Karten diejenige offen, das heißt sichtbar heraus, die diese resultierende Energie entweder als Handlungsebene oder objektive Energie oder Erfahrung repräsentiert, und diese dritte Karte wird dann für dich die eigentliche gültige Karte des Tages. Das beste ist, wenn wir es anhand eines praktischen Beispieles miteinander nachvollziehen.

Nehmen wir einmal an, jemand habe als Förderungskarte »Zehn der Schwerter« gezogen und als Hinderungskarte »Page der Kelche«. Der erste Anblick dieser beiden Karten in der definierten Position mag ziemlich verwirrend sein. Wie soll denn ein so düsteres Bild wie »Zehn der Schwerter« förderlich und ein mit soviel kreativem Inhalt gefülltes Bild wie »Page der Kelche« hinderlich sein? In solchen Fällen macht es sich bezahlt, wenn man sich eingehend mit der esoterischen Bedeutung der Tarot-Bilder auseinandergesetzt hat und nun in der Lage ist, den Inhalt solcher Bilder von Grund aus abzuleiten und diese abstrakte Ableitung mit der persönlichen Situation zu verbinden. Ein hilfreicher Anfang ist stets, wenn man die Bilder auf Gegensätze beziehungsweise auf Entsprechungen hin untersucht.

Im vorliegenden Fall haben wir es offensichtlich mit einer Entsprechung zu tun, denn beide Bilder zeigen auf ihre Weise einen Status, eine feststehende Situation und keine Dynamik. Schon die bildliche Darstellung von »Zehn der Schwerter« gibt uns den Eindruck von Festgenageltsein, bewegungslos usw., und der »Page« repräsentiert den Status der Konkretisierung, also eine Situation, in der die Dinge zum Abschluß gekommen sind und damit einen gewissen Status erreicht haben. »Zehn der Schwerter« drückt aus, daß der Fragende in einer Situation gefangen ist, die offenbar alles andere als angenehm ist, sondern im Gegenteil als recht schmerzhaft empfunden werden kann. Was soll denn nun daran förderlich sein?

Der Antwort auf diese Frage kommen wir näher, wenn wir uns mit dem »Pagen der Kelche« beschäftigen, dessen Bild die Hinderung zum Ausdruck bringt. Wie gesagt ist »Page der Kelche« Abschluß, Vollendung, Konkretisierung. In bezug auf »Zehn der Schwerter« ist es also hinderlich, wenn der Zustand, der durch dieses Bild ausgedrückt wird, als ein Endstadium, als eine Vollendung und Konkretisierung, als ein Ziel angesehen wird. Eine solche Betrachtung könnte sehr wohl diese Situation unerträglich machen. »Page der Kelche« sagt: Das, was dich festhält, festnagelt, was dir wehtut, darf nicht als ein Endstadium, als unveränderlich, als der Ausgang einer Angelegenheit betrachtet werden. Eine solche Ansicht ist hinderlich. Förderlich dagegen ist, diesen an sich sicher schmerzhaften und schwierigen Zustand zu ertragen im Wissen darum, daß er nicht endgültig ist, sondern sich jederzeit – das heißt, wenn die Zeit erfüllt ist – ändern kann und wird. Diese Interpretation berücksichtigt auch, daß »Zehn« auf Malkuth bezogen ist, das ja an sich auch ein Ort der Umwandlung und Verwandlung ist.

Ein anderer Aspekt, der in »Zehn der Schwerter« enthalten ist, kann auch in die Betrachtungen miteinbezogen werden. »Zehn der Schwerter« kann auch Opfer bringen bedeuten. Opfer bedeutet zur Einsicht gelangen, daß etwas, das einem vielleicht lieb und teuer ist, aufgegeben werden muß, damit man etwas anderes erhält, oder daß etwas anderes Raum gewinnen kann, das wichtiger und für den Betreffenden bedeutsamer ist als das, woran in dem Moment gerade sein Herz hängt. Opfer ist deshalb in vielen Fällen ganz bestimmt mit Leiden verbunden, obgleich das Leiden an sich, wie wir wissen, nicht als Verdienst betrachtet werden kann. Auch der Opferaspekt zeigt uns also Malkuth in seiner Funktion als Ort der Wandlung. Diese Wandlung gilt es im Auge zu behalten und für sie offen zu sein. Dieser Offenheit und dieser Wandlung ist natürlich die Konkretisierung, die Stabilisierung, die durch »Page der Kelche« ausgedrückt ist, in starkem Maße hinderlich. Auch hier kommt es letzten Endes auf das Ertragen hinaus, das möglich wird im Hinblick darauf, daß die augenblickliche, mehr oder weniger schmerzhaft wirkende Situation etwas Vorübergehendes ist, das ertragen werden muß.

Jetzt wird auch klar, in welcher Richtung wir suchen müssen, um die Karte zu finden, die zum Ausdruck bringen soll, wie wir diese Situation praktisch bewältigen wollen. Da »Page der Kelche« ausdrücklich darauf hinweist, daß jede Stabilisierung und Zementierung eines bestehenden Status hinderlich ist, kommen sicher zunächst einmal alle Bilder außer Betracht, die in irgendeiner Weise mit der formgebenden (weiblichen) Säule des Baums des Lebens in Verbindung stehen; das heißt, alle Dreier, Fünfer und Achter. Bei den Hofkarten fallen ebenfalls alle Bilder außer Betracht, die einen Status zum Ausdruck bringen, wie Könige, Königinnen und Pagen. Im Hinblick auf das magische Werkzeug Schwert, das in »Zehn der Schwerter« enthalten ist, wären vielleicht in erster Linie »Zwei der Schwerter« denkbar; aber auch »Zwei der Stäbe« (Feuer als ebenfalls männliches Element) könnte ich mir je nach Situation hier vorstellen. Weniger in Betracht zu kommen scheinen mir die Kelche als Ausdruck des Elementes Wasser, obgleich dieses Element sehr viel mit dem in unserem Zusammenhang wichtigen Fließen zu tun hat. Noch weniger in Betracht kommen die Münzen, da diese die verfestigende und in unserem Falle stabilisierende Kraft zum Ausdruck bringen.

Wenn wir nun die Schwerter der belebenden (männlichen) Säule in bezug auf unsere Situation näher betrachten, sehen wir, daß die »Vier der Schwerter« und die »Vier der Stäbe«, die auf ihrer Ebene zu stark dem begrenzenden und stabilisierenden Einfluß von Geburah ausgesetzt sind, auch weniger in Frage kommen. Auf der Ebene von Nezach ist »Sieben der Stäbe« zu ziellos, und die durch dieses Bild verkörperte Energie wäre kaum die richtige Art und Weise, den Zustand von »Zehn der Schwerter« zu bewältigen. Möglich ist immerhin »Sieben der Schwerter«, da in diesem Bild auch sehr stark das

Vorläufige betont ist, ein momentanes Leben von der Hand in den Mund als Ausdruck des Fließens (in unserem Falle heißt fließen offen sein für die Verwandlung des Zustands).

In der Reihe der großen Arkana sind ebenfalls Bilder denkbar, die eine Erfahrung des Fließens oder eine Situation des Übergangs zum Ausdruck bringen, wie etwa »VII Der Wagen«, »XIII Tod« und »XVII Der Stern«. Welche dieser Karten nun bewußt als Synthese und Realisation des in den beiden Karten besprochenen Kräftespiels ausgewählt werden, hängt einesteils von der konkreten Situation ab, in der sich der Fragende befindet, aber auch von seiner bewußt wahrgenommenen Entscheidungsfreiheit. Mehrere Möglichkeiten und Lösungen sind denkbar, und das heißt, man muß sich für eine entscheiden.

Mit geringfügigen Änderungen und Erweiterungen können wir aus dieser einfachen Kombination eine weitere Kombination ableiten, die sich zur Bearbeitung ganz bestimmter Probleme sehr gut bewährt hat. Gleichzeitig möchte ich damit ein Beispiel geben, wie man aus einfachen Grundformen neue, auf die individuelle Problematik hin ausgerichtete Kombinationsformen entwickeln kann.

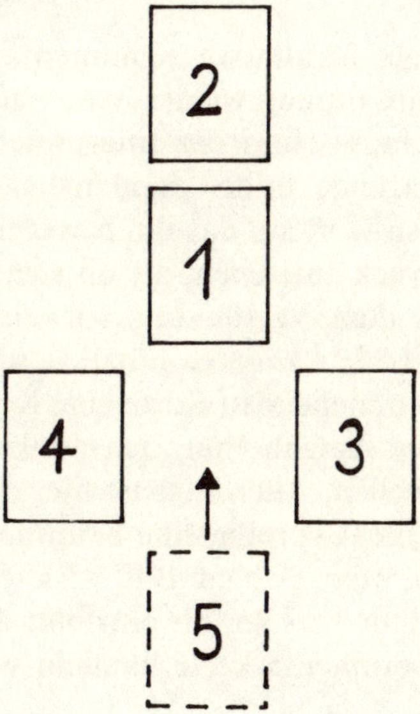

Aus der vorhergehenden Kombination begegnen wir den Bildern 1, 3 und 4, die wiederum in gleicher Weise verwendet werden. 1 symbolisiert den Fragenden nicht einfach an sich, sondern, das ist besonders wichtig, in direkter Beziehung zum Problem, das bearbeitet werden soll. Es ist vielleicht notwendig, hier noch einmal zu betonen, daß jedesmal, *bevor* eine Karte gewählt wird, möglichst genaue Klarheit darüber vorhanden sein soll, was diese zu wählende Karte verkörpert. Der Tarot muß gewissermaßen wissen, worum es sich handelt, als ob man ihm einen dementsprechenden Auftrag erteilen würde. Deshalb geben wir hier der Karte 1 die Bezeichnung: »Ich in bezug auf das Problem«. Karte 3 symbolisiert wiederum das, was fördert, und 4 dasjenige, was hindert.

Neu dazu kommen nun zwei Karten, nämlich 2 und die mit punktierter Umrandung angedeutete 5. Probleme entstehen nicht einfach so. Jedes Problem hat im Leben des Menschen eine ganz bestimmte Ursache, einen Ausgangspunkt, wo die Voraussetzungen gegeben oder geschaffen wurden, damit sich das Problem jetzt in der Gegenwart als eine Aufgabe bemerkbar macht, die gelöst werden soll. Karte 2 soll diesen Ausgangspunkt des Problems im Leben des Fragenden zum Ausdruck bringen.

Karte 5 kann als fakultative Kommentarkarte bezeichnet werden. Es kommt immer wieder vor, daß sich bestimmte Bilder dem Verständnis und der Interpretation zu entziehen scheinen. Der Fragende findet dann meist nur schwer oder überhaupt keine Antwort auf das ihn bewegende Problem, und es kann der Eindruck entstehen, als ob sich irgendeine Karte der Kombination dem Verständnis teilweise oder ganz entzieht. In solchen Fällen *kann* es nützlich sein, zu dieser sich dem Verständnis entziehenden Karte eine Kommentarkarte zu wählen, welche die Aufgabe hat, den dunklen Sinn etwas zu klären und aufzuhellen. Allerdings ist hier einige Vorsicht am Platz. Man sollte nicht voreilig eine Kommentarkarte wählen, sondern erst dann, wenn sich ein Bild wirklich nach hartnäckigem Bemühen jedem Verständnis entzieht, denn mit der Hinzufügung einer Kommentarkarte handeln wir uns neben der möglichen Erleichterung ganz bestimmt auch eine Schwierigkeit ein. Ich erinnere noch einmal an die Erfahrungsregel, daß die Schwierigkeit der Interpretation eines Kombinationsbildes im Quadrat zur Anzahl der verwendeten Karten wächst. Ich weiß von Tarot-Lesern, die in solchen Fällen noch und noch eine Kommentarkarte zu Rate gezogen haben und schließlich in eine Lage gerieten, in der sie den Tarot vor lauter Karten nicht mehr sahen. Als weitere Erfahrungsregel hat sich hier bewährt, die Anzahl der Karten, die für irgendeine Kombination gewählt werden, nicht über die Zahl 10 hinaus zu vermehren, wenigstens so lange nicht, als bis man eine ziemliche Sicherheit im Tarot-Lesen erworben hat.

Nehmen wir einmal an, daß die hier dargestellte Problemkombination mit folgenden Bildern besetzt sei. Bild 1: »IX Der Eremit«, Bild 2: »XVI Der Turm«, Bild 3: »Ritter der Schwerter«, Bild 4: »König der Stäbe« und Bild 5: »VI Die Liebenden«.

Beginnen wir auch hier wieder bei Bild 1, das zugleich auch das Zentrum der Kombinationsform bildet, das »Ich in bezug auf das Problem«. Das Bild des Eremiten ist in dieser Beziehung sicher nicht schwer zu interpretieren. Das Problem des Fragenden mag darin bestehen, daß er sich einsam, isoliert fühlt und vielleicht sogar die Empfindung einer gewissen Desorientierung hat. Näheres darüber läßt sich vielleicht aussagen, wenn wir Bild 2 als Ausgangspunkt und Quelle des Problems zu Rate ziehen. »XVI Der Turm« hat in jeder Kombination zunächst einmal grundsätzlich die Bedeutung, daß eine Position aufgegeben wird oder werden muß, sei es freiwillig oder unfreiwillig, weil sie mit der großen kosmischen Ordnung nicht in Übereinstimmung steht oder nach einem falschen Bezugspunkt hin ausgerichtet ist. Dies scheint auch im Leben des Fragestellers der Fall gewesen zu sein. Somit können wir die Aussage machen, daß das Tarot-Bild IX eine Darstellung der subjektiven Empfindung ist, die der Fragesteller nach einer solchen notwendig gewordenen Korrektur hat. Er fühlt sich allein, einsam, unverstanden, isoliert und vielleicht sogar in einem gewissen Maße eben desorientiert. Aber »Der Eremit«

heißt immer auch Bewußtheit, und mit der Lampe des sechsstrahligen Sternes ist dem Fragesteller zugleich auch das Mittel gezeigt, womit er sich aus dieser ihn bedrückenden Lage befreien kann. Es ist eine Aufforderung, seine momentane Lage mit Bewußtheit zu betrachten und ebenfalls die Kraft und die Energie zu sehen, die ihm in der Form des magischen Werkzeuges, des Stabes, dazu verhelfen wird, die für ihn notwendig gewordenen Korrekturen zu vollziehen und eine Neuorientierung vorzunehmen.

Was nun bei dieser bewußten Umorientierung förderlich oder hinderlich sein kann, darüber geben die Bilder 3 und 4 Auskunft. Wer mit den Hofkarten schon etwas auf vertrautem Fuß steht, für den ist hier keine weitere Schwierigkeit zur Interpretation vorhanden. Der Fragesteller wurde nämlich durch den Ritter eindeutig auf die Handlungsebene verwiesen (Jezirah). Das bedeutet eben, das zu tun, was wir soeben gesagt haben: das magische Werkzeug des Stabes einsetzen und handeln. Als Eremit nicht stehenbleiben, sondern die Bewegung nach dem neuen, kosmisch orientierten Bezugspunkt hin aufnehmen. Hinderlich ist, wenn der Fragesteller buchstäblich am Ort bleibt und sich mit der bloßen Wahrnehmung der Situation begnügt, wie etwa »Ich fühle mich so unglücklich«, »Es geht mir ja so schlecht«, »Ich bin so allein, so einsam, so isoliert!«, ohne die Möglichkeiten zu sehen oder gar zu nutzen, aus diesem tatenlosen Zustand der Wahrnehmung herauszukommen.

Da der Fragesteller zur Zeit, als diese Kombination für ihn aktuell war, in der Interpretation der Hofkarten sich noch ziemlich unsicher fühlte, wählte er zum Thema »Förderung/Hinderung« noch eine Kommentarkarte, (Karte 5), »VI Die Liebenden«. Die Entsprechung zwischen Karten 2 und 5 »XVI Der Turm« und »VI Die Liebenden« fällt uns sofort auf (vgl. Seite 132 f.). Diese Entsprechung kann ein Hinweis darauf sein, daß sich der Fragesteller offenbar wirklich zu hoch hinaufbegeben hat, in Gefilde und spirituelle Höhen, für die er noch nicht bereit war und die ihn in jeder Weise überforderten. Bild VI weist ihn nun auf den Boden zurück, und zwar auf den

Boden der ganz gewöhnlichen Lebensbewältigung. Die Polarität ist zwar nach wie vor eine Aufgabe, an der er zu arbeiten hat, aber er soll diese Aufgabe nicht im spirituellen Bereich lösen, sondern ganz irdisch-materiell, nicht im Sinne der göttlichen, sondern der ganz normalen menschlichen Liebe, die im Bild ja auch zum Ausdruck kommt (»... und Adam erkannte Eva«). Damit hat der Fragesteller auch ganz konkret eine Antwort erhalten, wohin denn sein Weg aus dem einsamen Zustand des Eremiten hinführt: zu anderen Menschen, denen er als der Liebende begegnen soll.

Bei dieser Gelegenheit möchte ich dich noch mit einer weiteren Möglichkeit der Problembearbeitung bekannt machen, die sich allerdings von der soeben beschriebenen vollständig unterscheidet. Diese Methode ist vor allem dann zu empfehlen, wenn es sich nicht so sehr um ganz konkrete und in allen Einzelheiten zu definierende Probleme handelt, sondern wenn wir in Umständen sind, die wir ganz allgemein als problematisch empfinden und über die wir näheren Aufschluß oder eine neue Sicht erhalten wollen. Zu diesem Zwecke vergegenwärtige dir zunächst einmal die Situation, in der du dich befindest, und halte eine Rückschau in die näher oder weiter zurückliegende Vergangenheit deines Lebens. Versuche herauszufinden, was dich in diese dir problematisch erscheinende Lage gebracht hat. Dann breite alle 78 Karten des Tarot *offen* vor dir aus, betrachte sie eingehend und wähle dann bestimmte Karten, die für dich die verschiedenen Stationen dieser Rückschau am besten zu repräsentieren vermögen. Aber beachte auch hier die Regel, nicht mehr als 10 Karten zu verwenden. Eine gute Zahl sind 5 oder 7. Lassen wir auch hier die Erläuterungen eines praktischen Beispiels folgen:

Nehmen wir einmal an, jemand habe ein sehr tiefes aber auch sehr schmerzliches Gefühlserlebnis hinter sich und gehe nun daran, dieses Erlebnis und die damit verbundenen Erfahrungen mit Hilfe von sieben Bildern des Tarots auszudrücken. Er könnte sich bei der Auswahl der Bilder etwa folgendes sagen: Hinter mir liegt eine Liebe (»Zwei der Kelche«), die mich zutiefst berührt und erfüllt hat. Sie hat mich so tief erfüllt, daß ich alles um mich herum vergessen habe und gar nicht bemerkt habe, in welchem Maße ich davon absorbiert worden bin und allmählich die Verbindung und den Kontakt zu allen andern Mitmenschen, die mir früher viel bedeuteten, verloren habe. Ohne daß ich es merkte, kam ich mehr und mehr in eine Art Isolation und Zurückgezogenheit (»IX Der Eremit«). Dann geschah plötzlich etwas, das mir großen Schmerz zufügte (»Zehn der Schwerter«) und dieser Liebe ein jähes Ende bereitete. Allein so schmerzlich diese Erfahrung auch war, ich ließ mich von ihr nicht auf den Boden des Eremiten, auf Schnee und Eis festnageln, sondern erhob mich, um meinen Weg neu und anders fortzusetzen. Ich wußte: etwas mußte anders werden. Ich bemühte mich um eine Neumischung, um eine Neuorientierung in meiner Gefühlswelt (»XIV Mischung«). Dieser Prozeß, dem ich mich unterzog, führte mich auf den Urquell meiner Gefühle zurück, die ich in ihrer reinen und unversiegbaren Form spürte (»Acht der Kelche«), und ich spürte meine Fähigkeit, sie neu und vor allem anders wieder zu leben. Somit war es mein Bestreben, nicht im Zustand des Eremiten zu verharren und voll Trotz und Schmerz die Welt um mich herum zu betrachten, sondern von neuem hinauszuziehen, um meine Liebe und meine Gefühle dort hinzubringen, wo sie angenommen und auf eine neue und andere Weise gelebt werden können (»Ritter der Kelche«). Ich merkte, daß es nicht gut war, meine ganzen Gefühle allein und einzig auf einen Menschen zu konzentrieren, und dies änderte ich denn auch und ließ sie strömen und fließen, da ich bei »As der Kelche« gelernt hatte, welche Tiefe an Gefühlen mir zur Verfügung steht, und daß ich aus dieser Fülle auch reichlich schöpfen und weitergeben soll (»Drei der Kelche«).

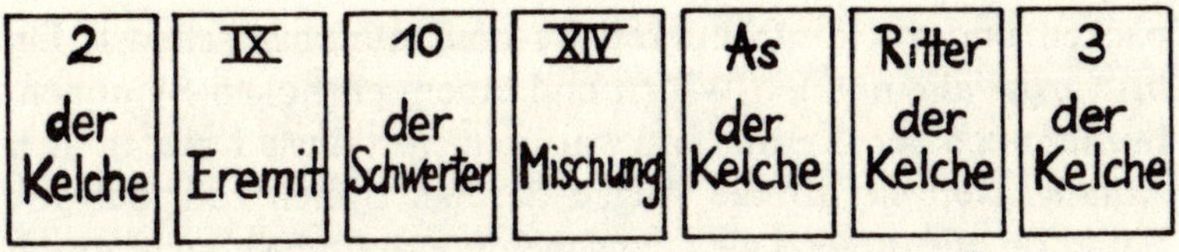

Das obenstehende Bild zeigt die Anordnung der Tarot-Bilder, wie sie vom Frager bewußt in der Reihenfolge ausgelegt wurden, wie er sich selbst und das vorhandene Problem betrachtet. Nun folgt die zweite Phase. Die Karten werden wieder zusammengelegt oder, noch besser, aus einem zweiten Tarot-Deck werden die gleichen Karten herausgesucht und nach irgendeiner Methode gemischt. Dann werden sie neu in eine Reihe, diesmal verdeckt, ausgelegt. Das bedeutet: wir überlassen dem Tarot die Anordnung der Reihenfolge. Der Tarot ordnet die Karten in folgender Weise:

Der Tarot kann nun dazu vielleicht folgenden Kommentar geben: »Du behauptest so kühn, den Zustand des Eremiten verlassen zu wollen, merkst aber nicht, daß deine ganze Tendenz dahin geht, darin zu verharren, und daß du diese noble Zurückhaltung mit lauter wohlklingenden schönen Worten und edlen Motiven tarnst. Du setzest den Eremiten an die zweite Stelle und begründest dies, daß der Eremit dir Bewußtheit gebracht hat. Hat er das wirklich? Die Veranlassung, daß du in die Situation des Eremiten gerietest, suchst du nicht bei dir selbst. Du bist nicht aus eigenem Entschluß an diesen Ort gegangen, sondern weil etwas in deiner Liebe schiefgegangen ist. Du gibst ja auch ausdrücklich diesem Umstand die Schuld. Für dich bedeutet der Eremit noch nicht Bewußtheit, sondern ein Sichverstecken vor Problemen und Aufgaben, die anzupacken und zu konfrontieren du dich offenbar scheust. Du bist, trotz allem guten Willen und einem ehrlichen Bemühen, immer noch der Eremit, und warum gehört diese Karte an den Anfang, weil sie dir die Augen darüber öffnen soll, daß die Situation, die du jetzt als unangenehm empfindest, nicht durch jemand anderes entstanden ist, sondern dadurch, daß du in Wahrheit gar nicht versucht hast, wirklich auf den anderen Menschen zuzugehen und ihm zu begegnen.

Das zeigt sich so recht deutlich daran, daß du dem »Ritter der Kelche« eine Position am Ende der Reihe gibst. Ich gebe dir den »Ritter der Kelche« als zweite Karte, als Aufforderung, jetzt und ohne Vorbehalte, ohne Wenn und Aber, dich von jeder Rückschau abzuwenden, deinen Weg wieder aufzunehmen und von den eisigen Höhen, ganz gleich, was sie bedeuten mögen, hinunterzusteigen ins Tal und zu wagen; zu wagen, deine Gefühle irgendwohin in die Welt zu tragen, und zwar zunächst ohne irgendwelche Vorbedingungen zu stellen. Wage die Begegnung, auch hier zuerst ohne Wenn und Aber, wage einfach, dem anderen Menschen gegenüber zu stehen und zu fragen: Wer bist du? Liebe kann nur entstehen – und »Zwei der Kelche« meint ja Liebe –, wenn vorher Begegnung und auch Konfrontation stattgefunden hat. Dann ist es auch Zeit, den Kelch auszugießen, aber nicht als Selbstzweck und Ziel deiner Bemühungen, wie in deiner bewußt gewählten Kombination, sondern als Mitte deines ganzen Lebens, wie auch dieses Bild genau in der Mitte steht.

Wenn du dies alles, was ich dir in diesen ersten vier Bildern zeige, wagst und auch wirklich unternimmst, dann bedeutet dies für dich die Erfahrung von »XIV Mischung«. Du wirst neu gemischt, du änderst dich, und das bedeutet: Erst jetzt hast du die Möglichkeit, wirklich den Weg aus der Isolation des Eremiten herauszufinden und die Chance, all das zu erfahren und zu erleben, wonach du dich eigentlich sehnst. Sieh die Hände des Engels; er mischt den Inhalt zweier Kelche. Das bedeutet auch für dich, daß du »Drei der Kelche« nicht einfach verstehen darfst als ein großzügiges Strömenlassen deiner Gefühle zum anderen hin, »Sieh wie reich ich bin«, – »Was ich dir alles geben kann«, sondern daß du bereit sein sollst, in der Liebe zu mischen, das vom anderen anzunehmen, was er dir gibt, was dir zu geben er imstande ist, auch wenn dies vielleicht nicht immer ganz deinen Vorstellungen und Idealen entspricht.

An diese Tatsache soll dich »Zehn der Schwerter« erinnern, denn wo zwei Menschen einander begegnen, aufeinander zugehen und gewillt sind, in irgendeiner Form, gerade auch in Liebe, eine Verbindung einzugehen, da entsteht Nähe, und soll es auch. Aber wo Nähe ist, da besteht auch immer die Möglichkeit, verletzt zu werden und selbst den anderen zu verletzen. Das ist unvermeidlich, und du mußt, wie jeder, der das Wagnis der Liebe eingehen will, damit umgehen lernen.

Du hast nun die Wahl: Du kannst den Schwertern von zwei Seiten her begegnen. Entweder sind sie für dich wirklich die Werkzeuge, mit denen du verletzt wirst und von denen du dich mit dem Gesicht nach unten auf den Boden festnageln läßt, oder die Schwerter sind für dich die magischen Werkzeuge, welche die Kraft der Luft symbolisieren, die Kraft des Gedankens, der Überlegung, der Vernunft. Du hast in deiner Kombination sehr viele Kelche ausgewählt; von sieben Karten enthalten fünf das Motiv des Kelches. Überlege dir nun: Wie steht es mit der Ausgewogenheit?

Du hast zwei Möglichkeiten, hier das Gesetz der Balance anzuwenden. Im Eremiten ist dir die Möglichkeit zur Bewußtheit gegeben, und das mag in deinem Falle Ehrlichkeit zu dir selber bedeuten, die Bereitschaft, dich mit dir selbst auseinanderzusetzen, und das Bemühen, die Dinge so zu sehen, wie sie sind, und nicht, wie du sie gerne haben möchtest. Aber du hast auch die magischen Werkzeuge der zehn Schwerter, und die braucht es auch, um gegen die fünf Karten der Kelche die Ausgewogenheit herzustellen. Aber das bedeutet dann, daß du dich von ihnen nicht festnageln läßt, dir nicht als Opfer vorkommst, sondern in ihnen ein Mittel erkennst, das dir hilft, auf dem Boden der Realität zu bleiben, in Malkuth und Assiah. Sieh doch, der Engel weist dich darauf hin: Ein Fuß steht im Wasser, einer auf der Erde. Wasser hast du in den fünf

Karten der Kelche reichlich. Nun mahnt er dich, mit dem anderen Fuß auf der Erde zu stehen und so das Gleichgewicht herzustellen. Wenn du zwischen diesen beiden Ebenen Wasser und Erde das Gleichgewicht hergestellt hast, dann lernst du beide Seiten der Liebe kennen, den Fluß der Gefühle, das Weggetragensein über dich selbst hinaus; aber auch das andere: auf einen Boden gestellt zu sein, der vielleicht nicht in allem deinen Vorstellungen entspricht, trotzdem auf ihm fest zu stehen. Liebe besteht eben aus zweierlei: aus der Intensität der Gefühle und Empfindungen und aus dem Ertragen dessen, was eben untrennbar zu mir hereinfließt, wenn zwei Menschen sich miteinander mischen. Um dies zu ertragen, brauchst du Grund, Erde, Stabilität, aber nicht als leidendes Opfer, das Schmerz empfindet, sondern als ein Wissender, der auf den Grund der Dinge geschaut hat und ihr Wesen erkennt. Wenn du dahin gelangst, dann hast du die andere Seite des Eremiten, die Bewußtheit, erfaßt. Dann erst kann »As der Kelche« geschehen, daß du auf den Urquell deines Gefühls zurückgeführt wirst und erlebst, wie er fließt. So wie es auf dem Bild dargestellt ist, daß sich die Ströme deines Gefühls in das große Wasser ergießen und daß sich diese Ströme nicht erschöpfen werden, weil dein Kelch von oben durch die Taube immer wieder neu gefüllt wird.

Wage zum Schluß nochmals einen Blick auf deine bewußte Kombination. Die ersten fünf Karten zeigen dir nun, wenn du sie mit wachem Auge betrachtest, das Bild deiner Selbstbezogenheit. Du hast dich mit einem Menschen verbunden, aber du bliebst letztlich auf dich selbst bezogen. Solange sich dies nicht ändert, bleiben in der bewußten Kombination »Ritter der Kelche« und »Drei der Kelche« Illusion. Beide Bilder können auf diese Weise nicht verwirklicht werden. Sie dürfen für dich kein Ziel, keine »Belohnung« sein, sondern eine Aufgabe, die du jetzt und hier in Angriff zu nehmen hast. Schiebe deshalb nicht in die Zukunft, was dir jetzt aufgetragen ist.

Das hier angeführte Beispiel zeigt dir die vielleicht intensivste Art und Weise, mit dem Tarot einen Dialog zu führen, aber gleichzeitig auch eine der schwierigsten Formen, mit dem

Tarot umzugehen, weil du bereit sein mußt, schonungslos dir selbst ins Gesicht zu sehen und dich mit Dingen auseinanderzusetzen, denen du vielleicht gerne aus dem Wege gehen würdest. Wer aber dazu bereit ist, der kann gerade aus dieser Methode sehr reichen Gewinn für sein persönliches Leben erhalten.

Zum Abschluß vielleicht noch einen Tip: Wenn du, bevor du die Karten neu mischst und vom Tarot neugeordnet wieder auslegst, dich der Mühe unterziehst, deine Überlegungen und Gedanken, die dich zur Anordnung der offen gewählten Kombination veranlaßt haben, schriftlich zu formulieren, so gewinnt die hier geschilderte Methode an Wirksamkeit und Intensität. Wenn du deine Überlegungen und Gedanken vorher schriftlich fixiert hast, verhinderst du dadurch die Möglichkeit, im Nachhinein – und sei es auch unbewußt – zu mogeln oder zu verdrängen, wenn du mit dem Kommentar des Tarot konfrontiert bist. Je ehrlicher du dir selbst gegenüber bleibst und diese Konfrontation annimmst, um so mehr Gewinn wirst du auch für dein persönliches Leben daraus ziehen können.

Ich möchte hier nun in einer lockeren Folge weitere Beispiele von möglichen Kombinationsformen geben, ohne sie aber in jedem Falle mit meiner Interpretation und meinem Kommentar zu versehen. Wenn du bis hier den Übungen gewissenhaft gefolgt bist, dann solltest du jetzt ohne weiteres imstande sein, die gezeigten Kombinationen selbst zu bearbeiten und zu interpretieren. Die folgenden Beispiele dienen mehr dem Zweck, zu zeigen, in welcher Weise einige grundlegende Formen variiert und erweitert werden können, so daß sie der persönlichen Fragestellung oder Problematik in möglichst übereinstimmender Weise entsprechen. Dies kann in einer rein spielerischen, intuitiven Form geschehen oder aber auch durchaus überlegt und logisch abgeleitet. Welche Methode gewählt wird, das entscheidet letztlich natürlich wieder die persönliche Vorliebe oder die vorhandenen Fähigkeiten und Veranlagungen.

Auf Seite 165 habe ich ein Beispiel vorgestellt, das geeignet ist, persönliche, spezielle Probleme zu bearbeiten. Ich möchte hier nun zeigen, wie diese Problemkombination nicht nur erweitert, sondern auch so verändert werden kann, daß die Fragestellung und die Betrachtung des Problems aus einer ganz anderen Perspektive heraus erfolgt. Benutzt werden sieben Karten, von denen die erste das Problem an sich darstellt, die zweite repräsentiert den Fragesteller in bezug auf das bearbeitete Problem. Karte 3 soll beantworten, wie der Fragesteller das Problem anzieht. Das bedeutet, durch welche Handlungsweise oder Einstellung er zur Ursache dieses Problems geworden ist. Karte 4 soll zum Ausdruck bringen, worauf der Fragesteller gerade mit diesem speziellen Problem hingewiesen werden soll. Karte 5 soll einen Hinweis zum Ausdruck bringen, den der Tarot gibt, um das Problem zu lösen, und Bild 6 zeigt, was mit dieser Auflösung gemeint ist. Karte 7 schließlich bildet eine Zusammenfassung der ganzen behandelten Problematik, den Fokus gewissermaßen, den Hauptgedanken, der im Ganzen enthalten ist.

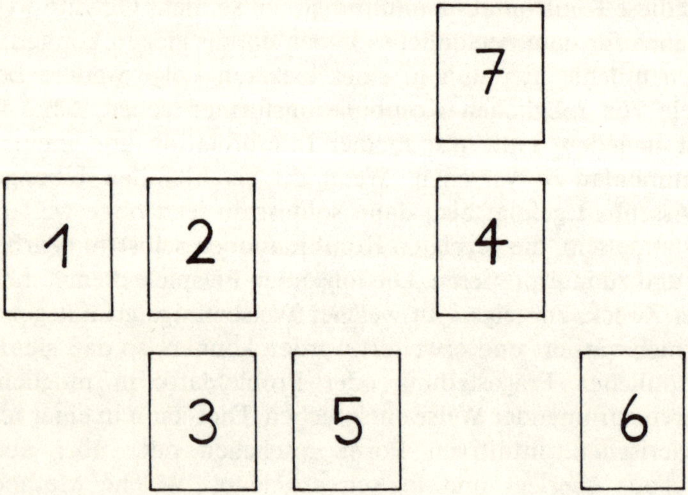

Bild 1: Das Problem.
Bild 2: Ich in bezug auf das Problem.
Bild 3: Wieso ziehe ich das Problem an, das heißt wie verursache ich es?

Bild 4: Worauf soll ich durch das Problem hingewiesen werden?
Bild 5: Welchen Hinweis gibt mir der Tarot, um das Problem zu lösen?
Bild 6: Was ist die Auflösung?
Bild 7: Zusammenfassung, Fokus, Hauptgedanken.

Wenn du diese Kombinationsform mit der auf Seite 165 vergleichst, wirst du sofort bemerken, daß die vorliegende Kombination mit den sieben Karten ein Problem von einer höheren Warte aus betrachten will und dazu geeignet ist, größere Zusammenhänge sichtbar werden zu lassen. Darin zeigt sich deutlich, daß bereits mit der Wahl der Kombination nicht nur in bezug auf die gewählte Arbeitsweise eine wichtige Entscheidung getroffen wird, sondern vor allem auch darüber, welchen Stellenwert und welche Bedeutung der Fragesteller dem behandelten Problem in seinem Leben gibt.

Die Kombinationsform mit fünf Karten ist aus ihrer Art heraus besser dazu geeignet, ein Problem vor allem in Hinblick auf seine praktische Auflösung zu bearbeiten, ohne daß der Fragesteller lange nach größeren Zusammenhängen Ausblick halten will. Er möchte eine möglichst rasche und konkrete Antwort erhalten, die vor allem die Ebene seiner Handlungsfähigkeit ansprechen soll. Dies kommt vor allem in den beiden Karten »was fördert?« und »was hindert?« zum Ausdruck. Diese Kombinationsform ist deshalb mehr für den Bereich der Alltagsprobleme geeignet, während die hier besprochene Kombination mit sieben Karten diesen Bereich zwar nicht vernachlässigt, aber ihn doch in einen größeren Zusammenhang einbettet und das Problem vor allem auch in bezug auf seine Ursache untersuchen will.

Aus der Entscheidung heraus, mit welcher Kombinationsform ein bestimmtes Problem bearbeitet werden soll, zeigt sich schon recht deutlich die Einstellung des Fragestellers zu diesem Problem und welchen Stellenwert er ihm in seinem Leben einräumt. Somit ist die Wahl der geeigneten Kombinationsform zu einem bestimmten Problem an sich bereits ein

Gradmesser der Reife und des Entwicklungsstandes des jeweiligen Fragestellers.

Der Grundgedanke der hier vorliegenden Kombination mit sieben Karten besteht in der These, daß das Vorhandensein eines Problems bereits Anzeichen dafür ist, daß sich irgendwo etwas nicht mehr in der Balance befindet und die Ausgewogenheit der kosmischen Ordnung im Leben des Fragenden durch irgendeine Handlungsweise oder Einstellung gestört ist. Diese These leitet sich aus der Betrachtung von Bild »XXI Die Welt« ab, das ja eine Darstellung dieser übergeordneten kosmischen Ausgewogenheit ist, deren Zustand der Problemlosigkeit oder der gelösten Probleme – dies kommt ganz auf den Standpunkt an – im Bild des tanzenden Androgyns zum Ausdruck kommt. Das Hauptanliegen des Fragenden in der vorliegenden Kombination ist nicht so sehr nur die rein praktische Lösung eines bestimmten Problems, um es dann ad acta zu legen, sondern er will vor allem seinen Ursachen nachgehen, sie erkennen, um eine praktische Lösung herbeizuführen, aber auch, um durch sein künftiges Verhalten ein gleiches oder analoges Problem gar nicht erst zu verursachen.

Sobald man mit einer größeren Anzahl Karten arbeitet – und sieben zählt für mich bereits als größere Anzahl – wird es immer wieder notwendig werden, einzelne Karten aus der Gesamtkombination heraus gesondert oder als Gruppen zusammengefaßt zu betrachten. Es ist deshalb naheliegend, wenn die Thematik einzelner Karten innerhalb einer bestimmten Kombination miteinander einen Zusammenhang bilden, diesen auch optisch in der Anordnung der Karten zum Ausdruck zu bringen. Dies ist ein Leitgedanke, der wesentlich auch für die Form der vorliegenden Kombination bestimmend ist. Wenn du sie als Ganzes betrachtest, wirst du sofort bemerken, daß die Karten in ihrer numerischen Reihenfolge scheinbar höchst willkürlich angeordnet sind. Die Themen der einzelnen Karten, wie sie oben formuliert sind, bilden in ihrer numerischen Folge zwar zugleich auch einen gewissen logischen Gedankengang, der aber dann in der Kombination nicht mehr so ohne weiteres ersichtlich wird.

Zunächst sind die sieben Karten in zwei deutlich voneinander erkennbaren Gruppen angeordnet. Die erste Gruppe wird aus den Karten 1 bis 3 gebildet, die zweite besteht aus den Karten 4 bis 7. Diese Einteilung entspricht ebenfalls einer Abgrenzung, wie sie in der oben ausformulierten Thematik zu den einzelnen Karten zum Ausdruck kommt. Die Karten 1 bis 3 zeigen von ihrer jeweiligen Thematik her gesehen eine Situation, die gleichzeitig mit dem Problem an sich identisch ist. Die Themen der Karten 4 bis 7 befassen sich alle auf irgendeine Weise mit der Frage, was in bezug auf die Lösung und Klärung des Problems unternommen werden kann.

Bei der ersten Gruppe (Bilder 1 bis 3) kann man rein optisch auch wieder einzelne Zusammenhänge erkennen. So wird zum Beispiel sofort klar, daß Karte 1 und Karte 2 miteinander in einem Zusammenhang stehen (ich – ich in bezug auf das Problem) und ebenfalls die Karten 2 und 3 (ich in bezug auf das Problem – wieso ziehe ich das Problem an, wie verursache ich es?). Wer will, kann ebenfalls die Karten 1 und 3 miteinander als eine gesonderte Untergruppe betrachten (das Problem – wieso ziehe ich es an, wie verursache ich es?). Nimmt man die erste Gruppe als Ganzes, so zeigt sich diese Ganzheit in der Form eines Dreiecks. Schon diese konzentrische Betrachtungsweise bietet viele Möglichkeiten zur vertiefteren Einsicht.

Genau gleich verhält es sich mit der zweiten Gruppe, bestehend aus den Karten 4 bis 7. Optisch erscheint diese Gruppe in der Form einer Pyramide. Das gibt die Möglichkeit, sich von einer breiteren Basis aus (Karten 5 und 6) zu einer konzentrierten, das heißt hier fokussierten Spitze (Karte 7) emporzuarbeiten. Gleichzeitig bilden aber auch die Karten 5 und 6 für sich eine Untergruppe, und die Karten 4 und 7 können ebenfalls für sich gesondert betrachtet werden. Auch die Karten 4, 5 und 6 bilden für sich eine Einheit, deren gesonderte Bearbeitung von Vorteil ist für die Erhellung dessen, was in Bild 7 zum Ausdruck kommt.

Weitere Untergruppen können beispielsweise auch aus den horizontalen Achsen gebildet werden (Karten 1, 2, 4 und 3, 5, 6). Wenn du dich näher mit dem hier geschilderten Beispiel beschäftigst, wirst du noch mehr Möglichkeiten entdecken und erkennen, wieviel Material zur Erhellung und Erkenntnis bereits in einer Kombination von relativ wenigen Karten enthalten ist.

Die hier geschilderte Methode, einzelne Karten innerhalb einer Kombination zu Untergruppen zu verbinden, kann natürlich auch in jeder anderen Kombinationsform angewendet werden. Dies zu entdecken ist deiner eigenen Experimentierfreude überlassen.

Eine weitere Methode, die ich »Der ganzheitliche Mensch« nennen möchte, kann immer dann zu einem guten Dialog führen, wenn kein besonderes Problem hinterfragt werden soll, sondern es mehr darum geht, eine, wie schon der Name sagt, ganzheitliche Situationsbestimmung des Fragestellers zu versuchen. Diese Kombination kann ebenfalls dazu gebraucht werden, um über die männliche und weibliche Seite des Fragestellers Auskunft zu geben. (Wo sie sich in der Person bemerkbar macht und in welcher Weise sie sich auswirkt).

Diese Kombination besteht ebenfalls wieder aus sieben Karten und ist in der folgenden Weise auszulegen: Karte 1 symbolisiert das *Herz* des Menschen, Karte 2 den *Kopf* und Karte 3 den *Bauch.* Diese drei Karten werden senkrecht übereinander gelegt. Karte 4 steht für die Frage *»Was tue ich?«* und wird an die Stelle gesetzt, wo der rechte Arm sich am Körper des Menschen befindet. Karte 5, der linke Arm, kommt auf die gegenüberliegende Seite und gibt Aufschluß auf die Frage *»Was empfange ich?«* Die Karten 6 und 7 werden je schräg als Beine an Karte 3 angeschlossen und geben Auskunft über »Wohin gehe ich?« (Karte 6) und *»Wohin werde ich geführt?«* (Bild 7). So sieht die Kombination aus:

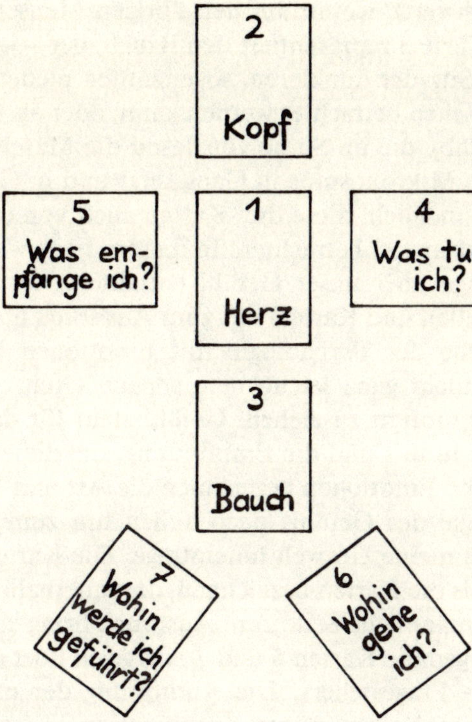

1. Das Herz
2. Der Kopf
3. Der Bauch
4. Was tue ich?
5. Was empfange ich?
6. Wohin gehe ich?
7. Wohin werde ich geführt?

Trotz der unregelmäßigen Reihenfolge der einzelnen Karten ist der Aufbau des Gesamtbildes klar. Wir beginnen mit dem Herzen als dem Zentrum (Tipharet) des Menschen. Karte 2 steht für den Kopf des Fragenden, wobei der Fragende sich darüber im klaren sein muß, was »Kopf« für ihn bedeutet. Ist er Ausdruck seines geistigen, spirituellen, sogenannt höheren Wesens, oder ist der Kopf Träger seiner Denkkraft und seines

Intellekts (Schwert), womit auf den übrigen Menschen eingewirkt wird. Karte 3 repräsentiert den Bauch, der – je nachdem – wieder als Sitz der dunkleren, sogenannten niederen Regionen des Menschen betrachtet werden kann, oder als Quelle der Urenergie (Stab), die im Sinne von Jesod die Maschinerie des Menschen als Mikrokosmos in Gang setzt und in Gang hält.

Aber es ist möglich, diese drei Karten auch von einer anderen Pespektive aus zu betrachten. In diesem Falle würde Karte 1 eine Aussage über unser Gefühl enthalten, Karte 2 unser Denken betreffen und Karte 3 das zum Ausdruck bringen, was in der Sprache der Psychologie mit Emotionen bezeichnet wird. Es ist nicht ganz leicht, eine genaue Grenze zwischen Gefühl und Emotion zu ziehen. Gefühl steht für das Fließen einer Energie in mir und die Empfindung, die dieses Strömen in mir erweckt. Emotionen bezeichnen die Art und Weise, wie ich die Energie des Gefühls nach außen hin zum Ausdruck bringe und in meine Umwelt hineintrage. Die Karten 4 und 6 können wir als die Karten bezeichnen, die innerhalb der Kombination die männliche Seite zum Ausdruck bringen, und analog dazu bringen die Karten 5 und 7 Aussagen über die weibliche Seite des Fragestellers. Die Anordnung der männlichen und weiblichen Karten dieser Kombination ist so gehalten, daß ihre Lage für den Betrachter mit der männlichen und weiblichen Säule im Baum des Lebens übereinstimmt.

Wer will, kann statt der männlichen und weiblichen Seite auch die Bedeutung bewußt und unbewußt anwenden. In diesem Falle würden dann die Karten 4 und 6 Aussagen darüber machen, was bewußt getan und unternommen wird, und die Karten 5 und 7, was sich unbewußt im Fragenden abspielt. In diesem Falle ist es natürlich wieder wichtig, daß man die jeweilige Sinngebung und Bedeutung vor der Auswahl der Karten klar definiert und nicht erst im nachhinein, etwa sogar dann noch, wenn man entdeckt, dadurch einer möglicherweise unangenehmen Konfrontation bequem ausweichen zu können, indem man nachträglich ändert, was die einzelnen Karten zum Ausdruck bringen sollen.

Da die Interpretation des Kombinationsbildes »Der ganzheitliche Mensch« nicht so einfach ist, möchte ich diese Kombination an einem praktischen Beispiel erläutern. Wir nehmen an, die Lage der einzelnen gewählten Karten habe sich in der untenstehenden Weise ergeben:

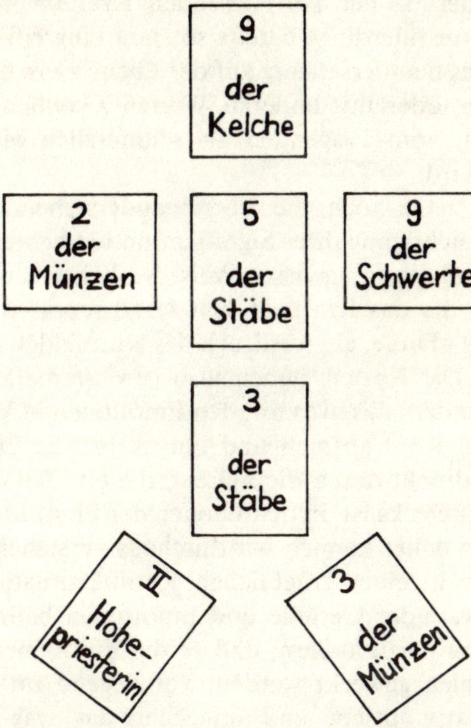

Betrachten wir als erstes die Säule der drei Karten, die für Herz (Gefühl), Kopf (Geist) und Bauch (Emotion) stehen. Karte 1 kann auch hier gewissermaßen als die momentan vorherrschende Situation gedeutet werden, als das, was dem Fragenden überhaupt den Anlaß gibt, den Tarot zu Rate zu ziehen und diese Kombination auszulegen. Wie diese Situation vom Fragenden erlebt wird, ist auf dem Bild (Fünf der Stäbe) leicht zu erkennen. Er sieht und fühlt sich in eine Situation der Auseinandersetzung, des Konfliktes und vor allem der Aggression verstrickt. Da es sich um eine »Fünf« handelt (Geburah), dürfen wir annehmen, daß die erlebte Situation mit einer gestörten Balance zwischen Chesed und Geburah zu tun hat, und zwar in der Weise, daß die über die Mittellinie hinüberschwappende Kraft von Chesed zu einer Schwäche führte, was eine Mobilisierung der korrigierenden Kräfte von Geburah bewirkt hat, die allerdings bereits so stark eingreifen mußten, daß diese Auseinandersetzung auf der Ebene zwischen Chesed und Geburah, oder mit anderen Worten zwischen männlich und weiblich, vom Fragenden als schmerzlich bis grausam empfunden wird.

Wenn wir jetzt noch die übereinanderstehenden Karten unter Berücksichtigung ihrer Signifikation betrachten, fällt uns sofort auf, daß sie in gewisser Weise verkehrt herum liegen. Die »Neun«, die das Kraftfeld von Jesod repräsentiert, steht oben, und die »Drei«, als Ausdruck des Kraftfeldes von Binah, steht unten. Die Karten stehen also gewissermaßen am falschen Platz, indem das, was mit den Emotionen in Verbindung steht, sich im Kopf abspielt und umgekehrt die Energie von Binah, ausgedrückt durch die »Drei«, die ein Teil des oberen mystischen Dreiecks ist, in den Bereich der Emotionen geraten ist. Auch von daher können wir durchaus verstehen, daß sich der Fragende in einer erheblichen Konfliktsituation und in einem Wirrwarr der Gefühle und Emotionen befinden muß. Das kann sich darin äußern, daß er die Emotionen, die von seinen Gefühlen geweckt werden, vorwiegend im Kopf, das heißt imaginativ auslebt, und umgekehrt das, was unten fließen und vor allem herausfließen sollte, durch die konzentrierende Saturn-Energie von Binah zurückgehalten wird.

Was tut nun der Fragende in dieser Situation? Das zeigt sich sehr deutlich und gar nicht überraschend in Karte 4, die Antwort auf die Frage »Was tue ich?« gibt. Er befindet sich in einem durch und durch schmerzlichen Konflikt zwischen Gefühl und Vernunft, was uns nach der vorhergehenden Analyse nicht weiter überrascht. Die Position von »Neun der Schwerter« zeigt uns aber auch, daß der größte Teil der dem Fragenden zur Verfügung stehenden Energie zur Verarbeitung und Bearbeitung dieses Konfliktes verbraucht wird. Seine Vernunft sagt ihm: genieße, lebe, laß fließen! Gleichzeitig hindert ihn die zurückhaltende Kraft von Binah daran, dieser an sich richtigen Erkenntnis des Kopfes Folge zu leisten. Wir können uns lebhaft vorstellen, daß die Frucht einer solchen Auseinandersetzung sich sehr wohl in der Art und Weise von »Fünf der Stäbe« äußern kann.

Wohin geht nun der Fragesteller mit seinem Konflikt? Die klare Antwort von Bild 6 »Drei der Münzen« lautet: Er flüchtet sich in die Arbeit. Was allerdings auch nicht gerade im Sinne von »Neun der Kelche« ist, weil die Kraft der Münzen zur Verfestigung drängt und damit die zurückhaltende, einengende Energie von Binah verstärkt wird. Auch wenn diese Arbeit Resultate hervorbringt und auch etwas durchaus Positives entstehen kann, so ist doch der zugrunde liegende Konflikt damit nicht gelöst, sondern nur übertüncht um den Preis der Resignation.

Betrachten wir die Bilder 4 und 6 (Neun der Schwerter, Drei der Münzen) unter dem Aspekt, wie es mit der männlichen Seite des Fragestellers steht, so kommt deutlich zum Ausdruck, daß sie nicht in der richtigen Weise emanierend fließen kann, weil viel Energie in das Erleben des geschilderten Konflikts investiert und kein anderer Ausweg gefunden wird, als sich in den Schutz des sicheren Gewölbes zu verziehen, um Formen hervorzubringen, was nun von zwei Seiten her dem männlichen Fließen genau entgegengesetzt ist (Die Energie der Münze ist Verfestigung, und »Drei« bedeutet Binah, die in Verbindung mit den Münzen sehr stark den AMA-Aspekt betont). Auch die nur intuitive Betrachtung der Bilder 4 und 6 kann uns durch die Dominanz der Farbe Schwarz zu ähnlichen Empfindungen bringen.

Wenden wir uns nun der anderen, weiblichen Seite zu und beginnen wir mit der Betrachtung von Karte 5, die auf die Frage antworten soll »Was empfange ich?«. Die Antwort heißt zunächst einmal: Schwingung, Vibration, und das bedeutet ganz allgemein Kraft und Energie. Der Fragende hat also genügend Energie zur Verfügung, die er auch in der richtigen Weise anwenden und zum Ausdruck bringen könnte, sofern es ihm gelingt, seine Einstellung zu ändern. »Zwei der Münzen« ist eine Karte, die eigentlich ihren Platz auf der männlichen Seite hat, da »Zwei« ja Chockmah zum Ausdruck bringt. Andererseits ist darin auch die verfestigende Kraft der Erde durch das magische Werkzeug der Münze dargestellt, und somit wird das Gesetz der Polarität sehr stark betont.

Was empfängt nun der Fragesteller ganz konkret? Zu allererst die männliche Energie von Chockmah, die es ihm ermöglichen sollte, das Starre, Feste von Binah, das offenbar zu seiner Veranlagung gehört, aufzulockern und zum Fließen zu bringen, und als zweites das Gesetz der Lemniskate, das ihm ermöglichen soll, den dringend nötigen Ausgleich herbeizuführen, statt sich in fruchtlosen Selbstquälereien (Neun der Schwerter) zu verzehren. Wenn wir die Kombination auf ihre elementare Zusammensetzung untersuchen, sehen wir, daß das Element Feuer zweimal vertreten ist (Fünf der Stäbe, Drei der Stäbe), das Element Luft einmal (Neun der Schwerter), das Element Wasser zweimal (Neun der Kelche, »II Die Hohepriesterin«) und Erde ebenfalls zweimal (Zwei der Münzen, Drei der Münzen). Es stehen also drei männliche Elemente gegen vier weibliche, und das deutet darauf hin, daß in der momentanen – und ich betone ausdrücklich: in der momentanen – Situation des Fragenden der weibliche Anteil überwiegt und deshalb nicht einfach außer acht gelassen oder übersprungen werden kann.

Das wird ja auch ganz deutlich in Karte 7 (»II Die Hohepriesterin«), der einzigen Karte aus der Reihe der großen Arkana in dieser Kombination, die gleichzeitig den Schlußstein bildet und damit das Ziel angibt, auf das der Fragende zugeführt wird. Ziel dieser Führung ist ganz offensichtlich eine subjektive Erfahrung. Vielleicht in der Weise, daß sich der Fragende seiner Polarität zwischen männlich und weiblich bewußt werden soll und gleichzeitig auch damit vertraut wird, daß seine weibliche Seite momentan überwiegt und deshalb auf keinerlei Weise krampfhaft übersprungen oder aus der Welt geschafft werden kann. Dieses Überwiegen der weiblichen Seite, das ja im ganzen gesehen nicht so stark ist, mag mancherlei Ursache haben, vielleicht gerade auch in einer verstärkten Mobilisierung der Geburah-Energien zum Zwecke des Ausgleichs und der Zurückdämmung der in der Vergangenheit zu reichlich geflossenen Chesed-Energien. Das bedeutet konkret, der Konflikt muß offenbar ausgetragen und ertragen werden, aber nicht in der Art und Weise, wie es sich in Karte 4 zeigt (Neun der Schwerter), sondern in einer ruhigen, überlegenen Weise, die sich vor allem durch Offenheit auszeichnet; Offenheit all dem gegenüber, was auf den Fragenden zukommen mag.

Wenn wir die Kombination als Ganzes betrachten und vor allem in ihrer elementaren Zusammensetzung, dann hat der Fragende ja eigentlich alles, was er braucht, um ein ausgewogenes Leben zu führen. Das Problem liegt darin, daß die einzelnen Energien momentan nicht richtig verteilt sind und dadurch eine unbalancierte Situation entstanden ist. Sagt der Fragesteller aber einmal ja zu der Tatsache, daß seine Situation momentan unbalanciert ist und nicht mit der großen kosmischen Ordnung übereinstimmt, dann fällt es ihm auch leichter, offen zu werden und offen zu bleiben für alle möglichen Veränderungen. Die Erfahrung, für die er sich bereithalten soll, wird höchstwahrscheinlich darin bestehen, daß zu gegebener Zeit sein Potential an fließender, männlicher Energie aufgefüllt werden wird und aus dieser Synthese das entstehen kann, was in Bild »III Die Herrscherin« zum Ausdruck kommt, nämlich Kreativität und neues Leben.

Ich habe immer wieder darauf hingewiesen, daß der Mensch die irdisch-materielle Ebene, die Welt von Assiah, nur durch die vier Elemente Feuer, Wasser, Luft und Erde erfassen und entsprechend auch nur mittels dieser vier Elemente auf sie einwirken und Einfluß nehmen kann. Es liegt deshalb nahe, die vier Elemente als Grundlage von Kombinationsformen zu verwenden, die sich namentlich mit der Frage des Energiepotentials des Menschen in bezug auf seine Umwelt, eben Assiah, befassen. Von den zahlreichen Korrespondenzen, die Ausdruck der vier elementaren Urkräfte sind, bieten sich dazu die vier magischen Werkzeuge vom Tisch des Magiers besonders an. Sie repräsentieren die vier Elemente unter dem Aspekt des Handelns, und da der Tarot den Fragenden zum richtigen Tun anleiten will, sind sie daher am besten für eine Antwort auf diesbezügliche Fragen geeignet.

Für die Verwendung der vier magischen Werkzeuge als Kombinationsformen ist es von großer Bedeutung, daß wir über das Wesen der vier Elemente genau Bescheid wissen, damit uns ermöglicht wird, die entsprechenden Fragen mit den richtigen Elementen zu kombinieren. Auch hier werden die Beispiele am ehesten und einleuchtendsten zeigen, was gemeint ist. Beginnen wir mit dem Element Feuer, dargestellt durch das magische Werkzeug des Stabes. »Der Stab« ist als Kartenkombination relativ einfach darzustellen. Der Stab ist ja eine gegenständliche Darstellung einer alles durchdringenden, ursprünglichen Lebenskraft (Feuer), wie sie sich an einem aus der Erde sprießenden Zweig mit Knospen und Blättern zum Ausdruck bringt. So läßt sich der Stab am besten darstellen, indem man fünf Karten übereinander auslegt in der auf Seite 189 oben links abgebildeten Weise.

Karte 1 bedeutet demnach ein Abbild des Samenkorns, aus dem der Stab keimt, und gibt Antwort auf die Frage »Was ist der Quell meiner Kraft?«. Sie gibt Auskunft darüber, worin die Wurzelkraft meiner alles durchdringenden Energie besteht, und auf welche Weise ich sie erfahre. Zugleich bildet diese Karte den Pluspol der ganzen Kombination, deren Vorbild der Stab des Magier ist, den er auf Bild 1 in seiner rechten Hand hält.

Karte 2 gibt Auskunft über den Keim dieser Kraft. Sie gibt Auskunft darüber, wie sich diese Urkraft bereits gezeigt hat, und das bedeutet, daß sie wahrscheinlich auf die unmittelbare Vergangenheit Bezug nimmt.

Karte 3 entspricht der Stelle, an der der Magier den Stab hält. Entsprechend symbolisiert die Karte den momentanen Zustand oder Standpunkt des Fragenden (»Hier halte ich den Stab«) und wird zum Ansatzpunkt der ganzen Frage.

Karte 4 ist analog der Karte 2 zu betrachten, und so wie diese über die unmittelbare Vergangenheit Auskunft gibt, so

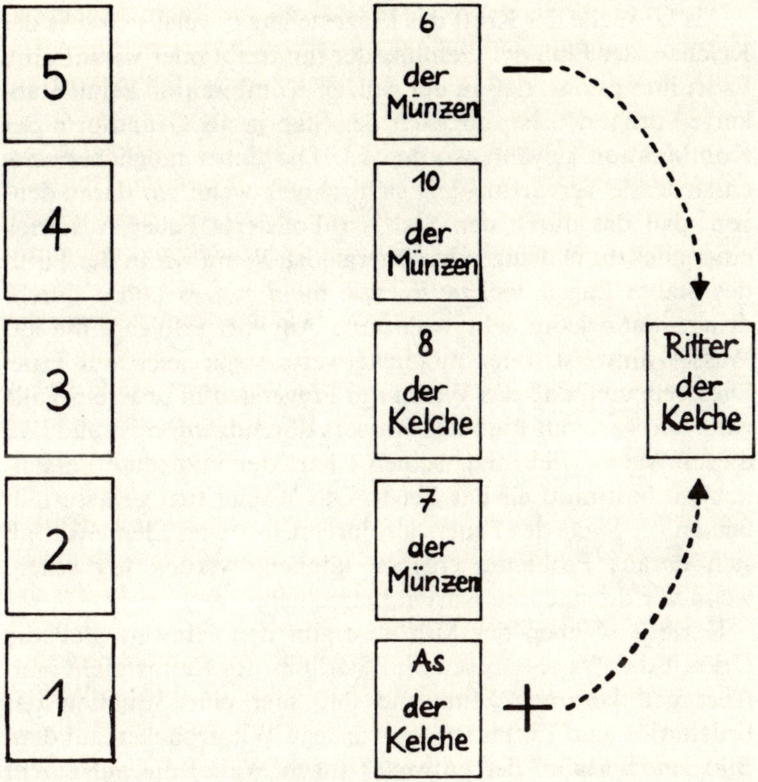

gibt uns Karte 4 Aufschluß darüber, was das Nächstliegende ist, also das, was dem Fragenden unmittelbar aus seiner ihm zuteil werdenden Erkenntnis zu tun aufgetragen wird.

Karte 5 entspricht der obersten Spitze des Stabes und bildet den Minuspol. Hierhin fließt die Kraft; sie ist der Fokus, die Zusammenfassung, die Schlußfolgerung der ganzen Frage.

1. Was ist der Quell meiner Kraft?
2. Wie zeigt sich der Keim meiner Kraft?
3. Hier halte ich den Stab.
4. Was ist das Nächstliegende?
5. Fokus, Schlußfolgerung.

Nehmen wir an, die Karten seien in der Kombinationsform des Stabes ausgelegt worden (siehe Zeichnung oben rechts):

Als Urquelle der Kraft des Fragestellers erweist sich »As der Kelche«, der Fluß der Gefühle, der ihn treibt oder vorantreibt. Es ist interessant, daß in der ganzen Kombination keine Stabkarte vorhanden ist, obgleich der Stab ja als Grundform der Kombination gewählt worden ist. Die dabei möglicherweise entstehende Verwirrung legt sich schnell, wenn wir daran denken, daß das durch den Stab symbolisierte Feuer Ausdruck einer alles durchdringenden Energie ist. Wenn wir in der Form des Stabes fragen, welche Energie mein ganzes Leben durchdringt, dann kann sehr wohl eine Antwort erfolgen, die auf Wasser hinweist, oder möglicherweise sogar auch auf Erde. Dies bedeutet, daß das Wesen des Fragenden in unserem Falle ganz und gar vom Fluß des Wassers durchdrungen ist und daß dieses Wasser viel mehr seinen Charakter und seine Persönlichkeit bestimmt als das Feuer. Das Wasser tritt gewissermaßen an die Stelle des Feuers als durchdringendes Element. Daß sich daraus Probleme ergeben können, werden wir sehen, wenn wir die anderen Karten betrachten.

Karte 2 »Sieben der Münzen« gibt den Hinweis, daß die Urkraft des Wassers bereits im Stadium des Keims nicht zum Ausdruck kommen kann und daß hier eine Situation der Frustration und Enttäuschung vorliegt. Wir erblicken auf dem Bild einen Mann, der entweder (nach Waite) die auf einem Haufen Laub liegenden Münzen betrachtet oder, was mir viel plausibler erscheint, erkennen muß, daß die in die Arbeit investierte Energie nicht die erwarteten Früchte bringt. Wenn eine Pflanze sich nicht in der erwarteten Weise entwickelt, dann kann es entweder an der Bewässerung oder an der Bodenbeschaffenheit liegen. Im vorliegenden Falle kann die Ursache nicht beim Wasser sein, da Wasser ja laut Karte 1 die Urkraft des Fragestellers ist, also muß er sich der Frage zuwenden, ob etwas mit seinem »Grund und Boden« nicht in Ordnung ist.

Dann steht er vor der Situation, die in Karte 3 (Ansatzpunkt) enthalten ist, nämlich daß er sich in die Lage versetzt sieht, seinen Schwerpunkt zu verlegen, symbolisch gewissermaßen das Wasser zu verlassen und seine Aufmerksamkeit dem Boden zuzuwenden.

Dieses Bodenschaffen ist nun das nächstliegende, das in Karte 4 zum Ausdruck kommt (Zehn der Münzen). Hier wird die Aufgabe gestellt, den Boden, die Konkretisierung, die irdisch-materielle Ebene so gut als möglich zu bestellen.

Wenn das getan ist, dann können auch die Früchte zu fließen beginnen, wie dies in Karte 6 (Sechs der Münzen) dargestellt wird. 6 steht für Tipharet, für Mitte, Ausgleich. Wenn wir uns nun vorstellen, daß von Karte 1 als dem Pluspol zu Karte 5 als dem Minuspol ein Kraftfluß vorhanden ist, so können wir uns überlegen, welches Tarot-Bild diesen Kraftfluß am besten darstellt. Sehr wahrscheinlich ist es »Ritter der Kelche«, der beide Pole am deutlichsten in sich vereinigt. Das Wasser, das er in seinem Kelch trägt, um es in die Welt, das heißt in die irdisch-materielle Ebene hineinzutragen. Wir können deshalb in manchen Fällen als sechste Karte – gewissermaßen als Synthese – auf diese Weise ein Bild aus dem Tarot offen auswählen, das diesen Kraftfluß zwischen Plus- und Minuspol am deutlichsten zum Ausdruck bringt. Diese Karte wird uns in vielen Fällen auch grundsätzlich zeigen, was zu tun ist und wo unser Ziel liegt.

Wenn eine Angelegenheit besonders aus der Sicht der Gefühlsebene hinterfragt werden soll, kann man dies mit der Kombinationsform des Kelches tun. Auch sie besteht in der Form des entsprechenden magischen Werkzeuges. »Der Kelch« wird in der folgenden Form angeordnet:

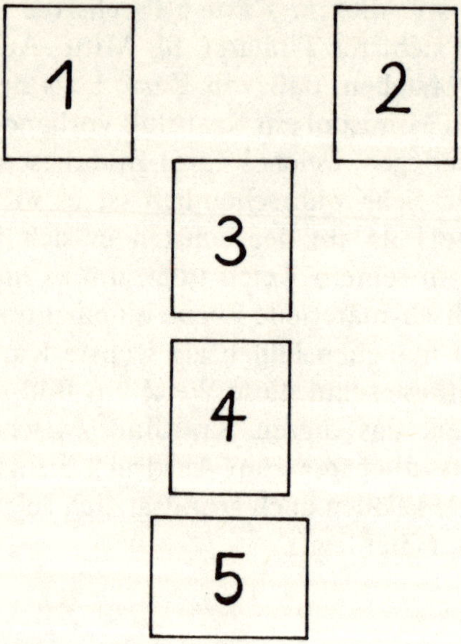

1.–2. Was enthält mein Kelch?
3. Was ist sein Grund? Was kommt zum Vorschein, wenn ich ihn austrinke?
4. Wie trage ich den Kelch?
5. Worauf steht der Kelch?

In dieser Kombination stehen die Karten 1 und 2 miteinander in einer direkten Beziehung, sie bilden eine Polaritätsachse, die auf eine Auseinandersetzung hinweist, der man sich unterziehen muß, bevor das wirksam werden kann, was in Bild 3 als der Grund des Kelches bezeichnet ist.

Auch hier wollen wir ein praktisches Beispiel gemeinsam betrachten, um zu sehen, wie die Interpretation des Kelches in etwa angegangen werden könnte. Nehmen wir an, folgende fünf Karten seien ausgewählt worden: 1. Zwei der Schwerter, 2. »XVIII Der Mond«, 3. »XVII Der Stern«, 4. »Drei der Stäbe« und 5. »Neun der Kelche«.

Anlaß der Befragung des Tarot war die Durchleuchtung der Beziehung eines Mannes zu einer Frau. Dieser Mann empfand sehr starke Gefühle für eine Frau und war sich indessen nicht sicher, ob er ihnen nachgeben dürfe, da er intuitiv ahnte, daß die Beziehung nicht in jeder Art reibungslos verlaufen würde, sondern daß er mit Schwierigkeiten konfrontiert werden könnte, deren Vorhandensein er wohl spürte, aber keine rechte Vorstellung davon hatte, welcher Art sie sein mochten.

Bereits die ersten beiden Karten zeigen sehr deutlich, worin dieser Konflikt bestehen mag. In Karte 2 wird der Mann mit dem Urweiblichen schlechthin in seiner fördernden wie zerstörenden Potenz konfrontiert. Die Konfrontation mit der dreiköpfigen Hekate konnte bei seiner Persönlichkeitsveranlagung sehr wohl bewirken, sein Gleichgewicht auseinanderbrechen zu lassen, wenn ihm nicht auf der anderen Seite auch sehr starke Vernunftkräfte zur Verfügung stehen würden, die dazu geeignet sind, immer wieder die Balance zu wahren oder sie von neuem herzustellen, wenn sie bedroht ist (Zwei der Schwerter).

Der Mann weiß auch, was ihn erwartet, wenn er sich auf diese Beziehung einläßt, und Bild 8, »XVII Der Stern« zeigt ihm, was auf ihn zukommt, wenn er den Kelch geleert hat und diese Probleme mit Mut und Entschlossenheit durchgestanden hat. Bild »XVII Der Stern« folgt nun überraschend logisch als höhere subjektive Erfahrung, Frucht der Auseinandersetzung von »Zwei der Schwerter«, aus der dem Manne zur Verfügung stehenden objektiven Energie, mit »XVIII Der Mond«, als der subjektiven Erfahrung der Frau, wie sie bisher in seinem Leben zur Geltung kam, sei es als Mutter oder Gattin. »XVII Der Stern« zeigt ihm das Gleichgewicht des Fließens, Wasser zu Wasser und Wasser zur Erde. Es ist also durchaus möglich, mit dieser Frau eine Beziehung herzustellen und zu leben, die in sich ausgewogen Wasser zu Wasser und

Wasser zur Erde enthält. Allerdings erst, wenn er sich der Auseinandersetzung, repräsentiert durch die Bilder 1 und 2, mutig gestellt hat.

Bild 4 (Drei der Stäbe) zeigt nun deutlich, daß es durchaus möglich ist, daß aus dieser Beziehung eine dauerhafte Bindung herauswachsen kann, die in sich selbst und nach außen hin Kraft entfaltet. »Drei der Stäbe« ist Feuer von Binah. An dieser Stelle hält der Mann den Kelch, und das bedeutet, daß der Tarot ihm durch dieses Bild zeigt, wie er selbst im wahrsten Sinne des Wortes »dran bleiben« soll. Bild 2 »XVIII Der Mond« zeigt klar, daß der Mann in bezug auf das Weibliche eine labile Tendenz hat, die ihn immer wieder Gefahr laufen läßt, ähnlich dem Krebs, der sich bemüht, festen Grund unter seine Beine zu bekommen, in den Sog der verschlingenden Hekate (AMA-Aspekt von Binah) zu geraten.

Daß dies aber nicht so sein muß, zeigen deutlich die Stäbe des Feuers auf Karte 4. In der Darstellung von Waite kann der Mann dieses Bild und seine Zeichnung direkt als Hinweis für sein weiteres Verhalten zur Kenntnis nehmen. Er darf fest begründet auf sicherem Boden stehen (Binah), wenn er sich dabei seines männlichen Feuers als Halt und Stütze bedient, so wie der Stab aus der Erde von Binah an das Licht herauswächst. Bedingung zum Glück ist allerdings, und das wiederum zeigt uns Karte 5 (Neun der Kelche), daß Wasser reichlich fließen soll. Wie alle Neuner berührt auch »Neun der Kelche« irgendwie die sexuelle Sphäre. Unter dieser Voraussetzung scheint es geraten, daß der Mann darauf achtet, hier den Fluß der entsprechenden Energien in Gang zu halten.

Daß hier ein potentieller Schwachpunkt sein könnte, erwies sich deutlich darin, daß dem Mann beim Auslegen von Karte 5 gleichzeitig eine weitere Karte aus dem Kartendeck herausfiel. Es war »Neun der Schwerter«. Die Botschaft ist deutlich. Auch »Neun der Schwerter« gehört derselben Sphäre an wie »Neun der Kelche« und signalisiert einen scharfen Konflikt zwischen Verstand und Gefühl. Der Tarot wollte also dem Mann einen Hinweis geben; es sei besser, die Energie des Schwertes dort zu brauchen, wo sie hingehört, nämlich in

Bild 2, sie im besten Sinne des Wortes als Instrument zu benutzen und nicht als Standpunkt, um die Beziehung zu leben. Das würde bedeuten: wenn ein Entscheid einmal gefällt ist, sich nicht immer wieder von neuem Zweifeln und Skrupeln hinzugeben, die den natürlichen Fluß der Gefühle in dieser Sphäre stören und damit zu nichts anderem führen können als zu Leid und Kummer.

Die nächste Kombination, »Das Schwert«, betrachtet Situationen aus der Perspektive der Luftenergie. Die Auslegung der einzelnen Karten in der Form eines Schwertes geschieht in der folgenden Weise:

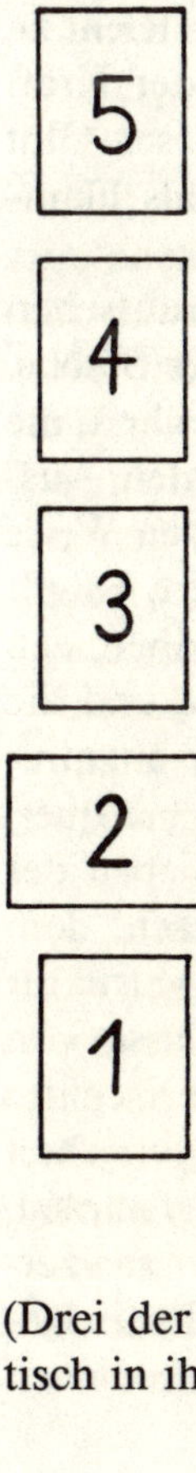

5. Was ist mein Ziel (Schwertspitze)?
4. Einflüsse von außen.
3. Welche Kraft von mir führt den Stoß?
2. Was stellt sich quer?
1. Was habe ich in der Hand?

Auch hierzu ein praktisches Beispiel. Das Schwertbild ist mit folgenden Karten versehen: 1. »XXI Die Welt«, 2. »Page der Stäbe«, 3. »Zwei der Stäbe«, 4. »Sieben der Stäbe«, 5. »Königin der Schwerter«.

In dieser Kombination ist die Kontaktstelle des Fragestellers mit dem Problem der Schwertknauf, der hier durch »XXI Die Welt« besetzt ist. Diese Karte bezeichnet im divinatorischen Gebrauch zunächst einmal eine festgefügte Ordnung, die nicht unbedingt vom Fragenden selbst errichtet worden ist, sondern in die er sich einfügt und in der er lebt, zum Beispiel Familie, Staat, Institution usw. Es zeigt sich durch dieses Bild, daß diese Ordnung, was den Fragenden betrifft, harmonisch, ausgewogen und in sich ausbalanciert ist. Dies sagt auch Karte 3 (Drei der Stäbe), die diesen Zustand, diese Ordnung, praktisch in ihren Auswirkungen als Herrschaft, als Autorität ausweist. (Karte 1 und Karte 3 stehen in der Kombination des Schwertes miteinander in Beziehung. Karte 3 drückt die Energie von 1 aus, nachdem die Durchstoßung des Widerstandes von 2 gelungen ist, oder, mit anderen Worten: 1 verwandelt sich durch 2 hindurch zu 3.)

Karte 2 symbolisiert das, was sich von außen her querstellt, hier als der »Page der Stäbe«. »Page der Stäbe« ist sehr stark der Erdkraft des Feuers verbunden, also ein Zustand, der mit »Glut unter der Asche« bezeichnet werden kann. Damit wird auch allmählich klar, was zum Problem des Fragestellers geführt haben mag. Die balancierte Ordnung ist offenbar an einem Punkt angelangt, wo eine weitere Evolution, eine weitere Drehung der Spirale nötig wäre, ohne die es sehr leicht zu Erstarrung und in unserem Falle zur Erlöschung der Kraft kommen könnte. Es geht also darum, daß aus dieser Glut unter der Asche wieder Energie, Kraft – vielleicht als Flammen – nach außen dringen können.

Wie diese Hinwendung zur Außenwelt vielleicht aussehen könnte, zeigt sich sehr schön in Bild 3 bei »Zwei der Stäbe«. Dieses Bild drückt natürliche Autorität aus, Überlegenheit, die nicht Anmaßung ist, sondern von einem bestimmten Ausgangspunkt, der eben in unserem Falle in der richtigen Weise mit der kosmischen Ordnung verbunden ist, herrührt. Es gilt also, ähnlich dem Mann auf dem Bild »Zwei der Stäbe«, den Blick nach außen zu wenden, Kontakt aufzunehmen und die Herrschaft über das ihm anvertraute Gebiet wieder anzutreten. Dem stellen sich nun aber Einflüsse von außen her quer, die sich im Bild »Sieben der Schwerter« zeigen. »Sieben der Schwerter« bringt eine Energie ins Spiel (von Nezach, dem Fließenden her), die jedem Aufbau von Ordnung und Struktur nicht unbedingt günstig gesinnt ist. Widrige Einflüsse von außen dürften auch dazu führen, daß zwar die »Herrschaft« durchaus angetreten werden beziehungsweise neu errichtet werden kann, daß es aber nicht einfach ist, sie zu behaupten, weil sie stets wieder von außen her angefochten oder gar zersetzt wird. Da bleibt nichts anderes übrig, als sich des zielgerichteten Willens der »Königin der Schwerter« zu bedienen und dem Blick von »Zwei der Stäbe« auch entsprechende Taten folgen zu lassen. Diese Taten bilden dann gleichsam die Schwertspitze, die das ausführt und verrichtet, was ihr von der Hand her, vom Knauf des Schwertes, vermittelt wird.

Das Kombinationsbild »Die Münze« eignet sich besonders gut für die Analyse von Problemen, die mit der irdisch-materiellen Ebene, mit der Welt von Assiah, verbunden sind. Münze ist das Symbol für Erdkraft, deren Prinzip die Verfestigung ist. Auf die Tarot-Kombination der Münze übertragen bedeutet es, daß diese Kombination vorwiegend dort am Platz ist, wo etwas auf seine Realisierbarkeit auf der irdisch-materiellen Ebene, eben in Assiah, überprüft werden soll. Für die äußere Form der Münze gibt es mehrere Möglichkeiten der Auslegung und der Kombinationsform.

Wir können von der ganz einfachen Form der Münze ausgehen, die ja in den meisten Fällen kreisförmig ist, und dementsprechend auch die fünf Karten in Kreisform auslegen. Wir bestimmen irgendeine als erste und legen dann die andern entsprechend im Kreisumfang dazu, bis der Kreis wieder geschlossen ist.

Denkbar wäre auch folgende Möglichkeit: da sich die Münze vor allem mit der irdisch-materiellen Ebene befaßt, kann diese Ebene als Quadrat dargestellt werden, dessen Mittelpunkt die Karte 5 bildet. Das äußere Erscheinungsbild dieser Kombination wäre demnach identisch mit der Art und Weise, wie sich die Zahl 5 auf einem Spielwürfel findet.

Für mich persönlich hat sich die Kombinationsform des Pentagramms am ergiebigsten erwiesen. Das Pentagramm erscheint ja im Tarot von Waite als Symbol auf jeder Münze und beleuchtet auch den Menschen als durchgeistigtes Wesen, wie er integrierter Bestandteil eben dieser irdisch-materiellen Ebene ist, die es zu hinterfragen gilt. Ein weiterer Vorteil dieser Kombinationsform besteht darin, daß sie die analytische Betrachtung von Untergruppen, wie sie auf Seite 178 ff. beschrieben wird, besonders begünstigt. Diese Kombinationsform wird in der folgenden Weise ausgelegt:

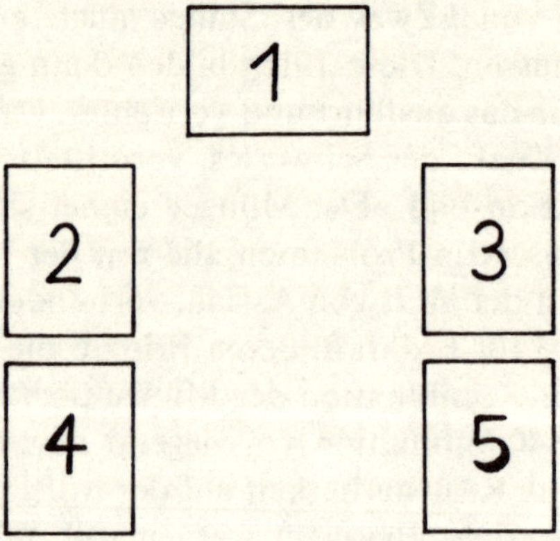

1. Ziel
2. Sehnsucht, Erwartung, Hoffnung
3. Möglichkeit
4. Wo steht mein Fuß? Was ist als Ansatz bereits vorhanden?
5. Was brauche ich zur Balance?

Auffallend an dieser Kombinationsform ist sicher, daß das Ziel im Gegensatz zu den anderen Kombinationsformen hier bereits durch die erste Karte repräsentiert wird. Diese Anordnung ist logisch, wenn man daran denkt, ein Ziel, das man sich gesetzt hat, auf seine Realisierbarkeit hin zu überprüfen. Das Ziel ist also in irgendeiner Form der Ausgangspunkt, aus dem heraus sich alles weitere entwickelt.

Die Karten 2–3 und 4–5 bilden je eine Ebene und eine Polaritätsachse. Die aus den Karten 2 und 3 gebildete Ebene entspricht in etwa der Welt von Briah (Erkenntnis, Definition), die Karten 4 und 5 können in etwa der Ebene von Jezirah (Ebene des Handelns, der Aktivität) zugeordnet werden. Gleichzeitig bilden aber diese beiden Ebenen auch jede für sich noch eine Polaritätsachse. Auf der Ebene der Karten 2–3 wird der eine Pol (Karte 2) durch das vertreten, was man sich erhofft oder erwartet, und der andere Pol (Karte 3) gibt einen Kommentar darüber, wie es mit der Möglichkeit steht, diese Erwartungen zu konkretisieren. Die Polaritätsachse der

Bilder 4 und 5 besteht darin, daß Bild 4 darüber Auskunft gibt, was möglicherweise bereits vorhanden oder getan ist (Bild 4) und was zur Erfüllung des Gesetzes der Balance noch zu tun übrig bleibt (Bild 5).

Als Gesamtes gibt die Kombination Auskunft darüber, ob ein bestehendes Ziel, das vorläufig noch in einer Idee besteht, realisiert werden kann, und wenn ja, was zu dieser Realisierung noch zu tun ist. Auch hier das praktische Beispiel dazu.

Daß wir mittels dieser Kombinationsform sehr eng mit der Ebene von Assiah verbunden sind, möchte ich mit einem Beispiel belegen, das meinem persönlichen Erfahrungsbereich entstammt. Als ich daran ging, dieses Buch zu schreiben, hatte ich den Wunsch, meine Arbeitsmethode möglichst zu rationalisieren und effektiver zu gestalten, da die schriftstellerische Arbeit nur einen Teil meiner Gesamttätigkeit umfaßt. Ich wußte, daß manche professionellen Schriftsteller bereits angefangen hatten, die im Zuge der modernen Computertechnologie entstandenen Textverarbeitungssysteme für ihre Arbeit zu nutzen, weil diese Systeme ermöglichen, mehrere sonst getrennt und nacheinander ablaufende Arbeitsvorgänge zusammenzufassen. Meine Frage war daher, ob ein solch modernes Textverarbeitungssystem auch für meine Zwecke nutzvoll und rationell eingesetzt werden könnte, und so beschloß ich, diese Frage mit Hilfe der Kombination »Münze« zu analysieren. Ich erhielt folgende Karten:

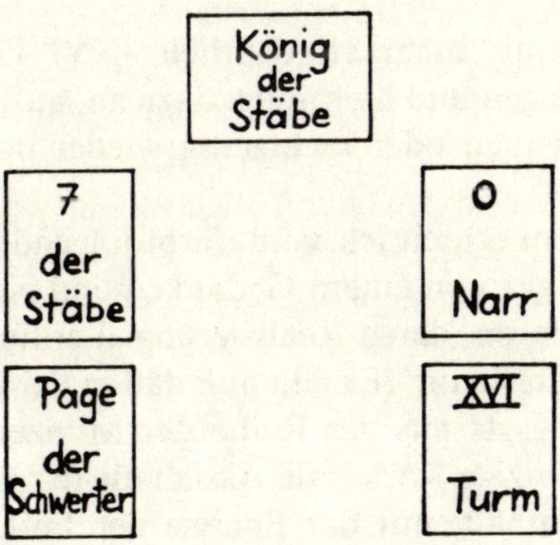

Bild 1 »König der Stäbe« zeigte mir ganz deutlich, wie es um mich stand. Ich war ganz und gar von einer Idee durchdrungen, die mich faszinierte und einen beträchtlichen Teil meiner Energie in Anspruch nahm. Gleichzeitig wurde mir durch dieses Bild bewußt, daß meine Zielvorstellungen im Grunde noch sehr ungenau waren.

In die gleiche Richtung wies auch Bild 2 »Sieben der Stäbe«. Diese Karte als Repräsentant der Feuerkraft von Nezach traf genau den Umstand, daß meine Gedanken unaufhörlich von diesem Thema in Fluß gehalten wurden, daß ich große Hoffnungen und Erwartungen hegte, allerdings ohne irgendeine konkrete Struktur oder Grundlage zur Verfügung zu haben. Ich studierte zu diesem Zeitpunkt bereits emsig die zur Verfügung stehenden Prospekte und hörte mir den Rat von Experten an, aber die Erfahrung, die ich dabei machte, entsprach genau Karte 3 »0 Der Narr«, nämlich, daß der Stand der Entwicklung zwar nicht gerade als chaotisch bezeichnet werden konnte, aber immerhin so im Fluß war, daß es in jedem Falle zu früh wäre, jetzt als Magier zu handeln und zu entscheiden, weil die nötigen Voraussetzungen dazu einfach noch nicht gegeben waren.

Der »Page der Schwerter« von Karte 4 zeigte mir allerdings, daß meine Überlegungen, Gedanken und Wünsche nicht unrealistisch oder gar absurd waren. Das Thema an sich war also durchaus bedenkens- und überlegenswert, aber noch nicht mehr.

Das führte mir mehr als deutlich »XVI Der Turm« von Karte 5 vor Augen und hielt mich dazu an, auf dem Boden der Realität zu bleiben oder rechtzeitig wieder dorthin zu kommen.

Alles in allem erhielt ich vom Tarot folgende Botschaft: Du bist ganz und gar von einem Gedanken und einer Zielvorstellung durchdrungen, deren Realisierung allerdings im Moment nicht geraten erscheint. (Es fällt auf, daß in der ganzen Kombination keine Karte aus der Reihe der Münzen enthalten ist, und daß die einzige Karte, die Assiah als die Ebene der Konkretisierung enthält, mit der Energie der Luft, das heißt des

Gedankens, der Überlegung, besetzt ist.) Das Ziel, das du vor Augen hast, ist nicht falsch, aber bleibe vorerst mit der Realisierung innerhalb des Bereiches der Überlegung und der Prüfung. Wenn du diese Ebene verläßt, dann kann dir die Erfahrung des Turms zuteil werden.

Wie recht der Tarot mit seinem Kommentar hatte, zeigte sich wenig später, als ich mit einem unerwarteten Umstand konfrontiert wurde, der außerhalb meines Einflußbereiches lag und mich dazu zwang, das für die Anschaffung vorgesehene Geld anderweitig zu verwenden. Hätte ich also die Warnung des Tarot in den Wind geschlagen und meine Zielvorstellungen realisiert, dann wäre mir eine ganz drastische Turmerfahrung zuteil geworden.

Ich kann mir denken, daß manche und vielleicht gerade sehr ernsthafte Esoteriker rechte Mühe haben, den Tarot, Ausdruck einer höheren kosmischen Ordnung, Offenbarung eines Allerhöchsten, so unvermittelt in Kontakt mit so banalen Dingen wie Textverarbeitungssystemen, Computer usw. in Verbindung zu bringen. Vielleicht besonders, wenn sie aus der Tradition von Rudolf Steiner her kommen. Ich kann sie gut verstehen, weil es mir einstmals ebenso erging, als ich begann, mich näher mit dem Tarot zu befassen. Bis mir dann eines Tages klar wurde, wie wichtig es ist, mit dem Gesetz »Wie oben, so unten« Ernst zu machen und dieses Gesetz wirklich auch bis in die letzten Konsequenzen hin anzuwenden. Das bedeutet, daß die großen kosmischen Gesetze und Zusammenhänge eben auch in unserem banalsten Alltagsbereich gültig sind und ihn bestimmen. Da unsere gegenwärtige Zeit vorwiegend technologisch orientiert ist, machen sich die Aussagen des Tarot eben auch in diesen Bereichen bemerkbar, sind auch dort gültig. Wir müssen in unserer Zeit so leben, wie sie nun einmal beschaffen ist, ohne darin gleich einen Einbruch von Ahriman zu sehen. Unsere Aufgabe ist nicht, eine Epoche innerhalb ganz begrenzter Vorstellungen, die sich anhand der Vergangenheit orientieren, zu gestalten oder zu konservieren, *sondern das, was ist, in der Balance zu halten.* Frühere Epochen, die nach unseren Vorstellungen natürlicher und biologischer lebten, konnten, für sich betrachtet, genauso stark aus der Balance geraten wie unsere Zeit. Auch für diese früheren Epochen galt genau die gleiche Aufgabe wie für unsere, nämlich die Balance mit den Werkzeugen herzustellen, die jeder Epoche jeweils zur Verfügung stehen. Da unser Zeitalter nun einmal technologisch ausgerichtet ist, können Computer und andere technischen Geräte ebensosehr als magische Werkzeuge auf dem Tisch des Magiers liegen, der damit entweder die Ordnung der Welt instand bringen muß und instand halten kann, oder sie benutzt, um als Gaukler diese Werkzeuge als Spielzeug zu benutzen und mit ihnen die Balance leichtfertig zu zerstören.

Zu den häufigsten Problemen, mit denen ein Mensch konfrontiert werden kann, gehören seine Probleme aus dem Gebiet der Partnerschaft, wie Ehe, Familie, Liebesbeziehung. Ich gebe deshalb eine Kombinationsform an, mit deren Hilfe das Energiefeld, das in einer Beziehung wirksam ist, untersucht werden kann. Die Karten werden dazu in folgender Kombinationsform ausgelegt:

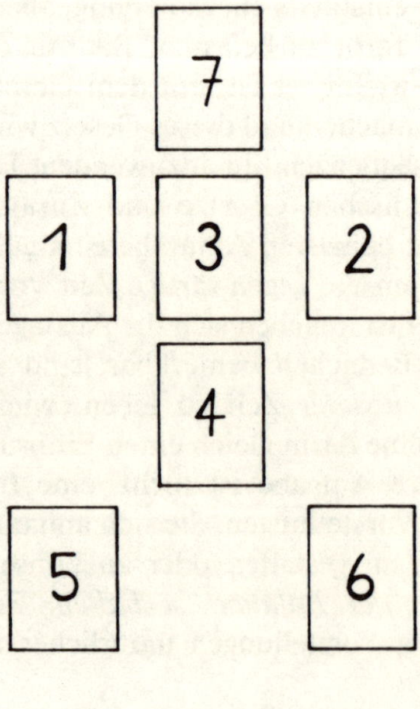

1. Partner.
2. Ich selbst.
3. Die verbindende Kraft.
4. Was resultiert daraus?
5. Das Hauptproblem.
6. Die Abstoßungskraft. Unterscheidung.
   (Worin unterscheiden wir uns total?) Das Nichtintegrierte.
7. Fokus. Zusammenfassung. Ziel.

Die Kombination ist so konzipiert, daß sie auch nach Teilgruppen untersucht werden kann, wie dies auf Seite 178 beschrieben wurde. Die beiden ersten Karten repräsentieren den Partner und den Fragenden. Da beide Partner eine Polaritätsachse bilden, innerhalb der Energie fließt, wird als Repräsentant dieser Energie Karte 3 in die Mitte gelegt. Die durch Karte 3 symbolisierte Energie bewirkt etwas, und Karte 4 stellt diese Wirkung dar. In dieser Wirkung (Karte 4) ist meistens auch mehr oder weniger bereits die Ursache enthalten, die zum Problem führt, das hinterfragt werden soll. Es ist deshalb logisch, daß wir als nächste Karte (5) eine Darstellung des Hauptproblems folgen lassen und als Karte 6 die Energie, womit sich dieses Problem zwischen den Partnern bemerkbar macht, das heißt sie voneinander fernhält oder gar abstößt. Karte 7 kann nun wiederum als Fokus oder als Zusammenfassung des ganzen Problems gelesen werden oder auch als Ziel, auf das hin der Fragende zur Bewältigung des Problems arbeiten soll. Dies kommt ganz darauf an, wie man die vorhergehende Karte definiert.

In dieser Kombination können nun folgende Untergruppen gesondert untersucht werden: Karten 1, 3, 2; Karten 5, 6; Karten 4, 5, 6; Karten 4, 3, 7. (In dieser Untergruppe ist womöglich der Weg enthalten, der zur Integrierung des Nichtintegrierten führen kann.) Auch hier spricht der Tarot natürlich nur zum Fragenden und sagt nichts darüber aus, wie der Partner das gleiche Problem sieht oder erlebt, denn zwei Menschen können ja eine gleiche Situation völlig verschieden erleben und erfahren. Hier setzt denn die eigentliche Arbeit auf der Kommunikationsebene zwischen diesen zwei Menschen an, wenn sie versuchen, das Problem gemeinsam zu lösen, indem sie sich von ihren verschiedenen Standpunkten aus einander zu nähern suchen.

Wenn zwei Partner gemeinsam mit dem Tarot die Problematik ihrer Beziehung untersuchen wollen, dann sollte jeder Partner für sich allein zunächst die obenstehende Kombination auslegen. Die beiden Auslegebilder werden dann natürlich ganz verschieden voneinander sein. Dies ist aber auch der Ausgangspunkt für ein klärendes Gespräch, das den Partnern ermöglicht, den Differenzen und Problemen zwischen ihnen auf den Grund zu kommen, indem sie sich damit auseinandersetzen, aus welcher anderen Perspektive denn der Partner das gleiche Problem sieht und erlebt.

Eine weitere Methode, die mir zur Abklärung von Partnerschaftsproblemen geeignet erscheint, fand ich in dem Büchlein *Spiel Tarot – Spiel Leben* von Swami Anand Anupam (Sannyas-Verlag). Diese Methode ist vor allem dann angebracht, wenn beide Partner gemeinsam mit Hilfe des Tarot ihre Beziehung klären oder hinterfragen wollen. Jeder Partner zieht, aus jeweils seinem eigenen Tarot-Deck, zuerst drei Karten für sich. Eine für den Kopf (1 bzw. 4), eine für das Herz (2 bzw. 5) und eine für den Bauch (3 bzw. 6). Nun liest jeder Partner für sich selbst seine drei Karten, und jeder erzählt dann dem anderen, ohne daß der andere den Sprechenden unterbricht oder seinerseits einen Kommentar dazu gibt, nacheinander, wie er seine drei Karten interpretiert und was aus ihrer Liebe zueinander herauszulesen ist.

Nun wählt einer der Partner eine Karte für das, was er dem anderen zu sagen hat (Karte 7). In Abweichung zu Anupam empfehle ich, diese Karte, die eine Botschaft an den anderen ausdrückt, nicht verdeckt, sondern offen zu wählen (zum Beispiel »Drei der Schwerter«: »Deine scharfen Worte, mit denen du mich manchmal kritisierst, sind wie Schwerter, die mein Herz durchstoßen«). Während der eine Partner spricht, ist der andere wieder nur ein aufmerksamer Zuhörer. Dann wählt der andere eine Karte, um zu antworten (Karte 8), und der erste schweigt, bis sein Partner mit der Antwort fertig ist. So kann dann im Wechselspiel fortgefahren werden, »bis jeder die Bedürfnisse des anderen möglichst wertfrei sieht und als Tatsache für sich anerkennt«.

Aber auch hier warne ich davor, zuviele Karten zu verwenden. Der Dialog sollte spätestens dann abgebrochen werden, wenn jeder der Partner 11 Karten vor sich liegen hat, weil die Auseinandersetzung sonst ins Uferlose geraten kann.

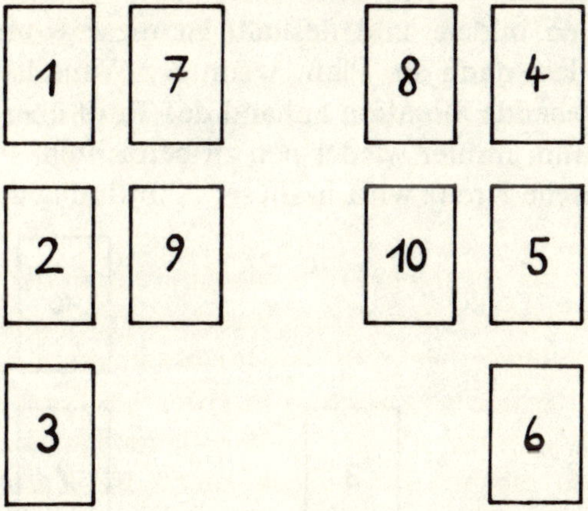

Eine weitere sehr schöne Art, mit dem Tarot zu spielen, ist das »Märchenerzählen«. Man kann dieses Spiel mit sich selbst, mit einem Partner oder einer ganzen Gruppe machen.

Es geht folgendermaßen: Jemand fängt an und wählt spontan eine Karte aus dem gesamten Paket von 78 Karten. (Damit der Fluß des Geschehens nicht unnötig verzögert wird, sollte eine Wahlmethode benutzt werden, die nicht allzu lange dauert.) Die Karte wird offen hingelegt; derjenige, der sie gewählt hat, betrachtet sie einige Augenblicke und beginnt dann, so spontan wie möglich, anhand des Bildes, das auf der Karte ist, eine Geschichte zu erzählen. Wenn er meint, genug erzählt zu haben, gibt er das Paket dem nächsten weiter, der nun seinerseits eine Karte wählt und anhand des neuen Bildes die vom ersten Spieler begonnene Geschichte fortsetzt. Auch hier sollte die Geschichte spätestens nach der 22. Karte enden.

Als letztes wollen wir noch die Kombination des keltischen Kreuzes betrachten, die schon in *Der Baum des Lebens,* Seite 349 ff., beschrieben worden ist. Das keltische Kreuz eignet sich als Kombinationsform vor allem dann, wenn es gilt, eine allgemeine und umfassende, während eines längeren Zeitraums bestehende Lebenssituation auszuleuchten und zu analysieren. Die besondere Form seiner Anordnung erlaubt es, zu einer sehr vielschichtigen Betrachtung des Problemkreises zu gelangen. Es lassen sich sehr viele Querverbindungen und Untergruppen bilden, und deshalb ist diese Kombinationsform vor allem dann am Platz, wenn der Wunsch vorhanden ist, die bestehende Situation anhand des Tarot über einen längeren Zeitraum immer wieder neu zu betrachten.

Das keltische Kreuz wird in dieser Anordnung ausgelegt:

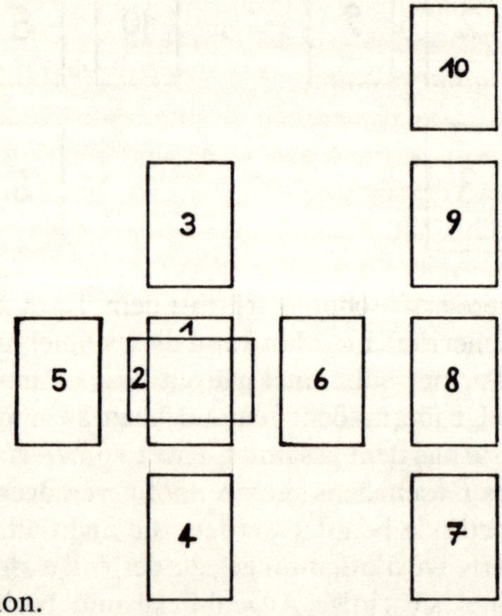

1. Situation.
2. Was ist der Situation polar entgegengesetzt?
3. Was ist in meinem Bewußtsein vorhanden?
4. Was ist in meinem Unbewußten vorhanden?
5. Was ist die unmittelbare Vergangenheit?
6. Was ist die unmittelbare Zukunft? Die Brücke. Das Tor.

7. Das neue Fundament.
8. Die Umgebung.
9. Die Erwartung.
10. Das Ziel.

Karte 1 zeigt die Situation, die in der Gegenwart besteht und hinterfragt werden soll. Karte 2 wird quer über oder unter die erste gelegt und zeigt an, was der bestehenden Situation polar entgegengesetzt ist. Beide Karten zusammen können dann einen Konflikt zum Ausdruck bringen. (Denke auch hier daran, daß polar entgegengesetzt nicht ohne weiteres als negativ bezeichnet werden darf. Polar entgegengesetzt heißt einfach: etwas bildet zur bestehenden Situation ein Spannungsverhältnis.) Karte 3 wird oberhalb von Karte 1 gelegt und stellt dar, welche Gedanken im Bewußtsein über die bestehende Situation vorhanden sind. Karte 4 erhält ihren Platz unterhalb von Karte 1 und gibt Auskunft darüber, was im Unbewußten in bezug auf die zu analysierende Situation vorhanden ist. Karte 5 wird links von Karte 1 aus gelegt und zeigt an, was in der unmittelbaren Vergangenheit da war und zur jetzt bestehenden Situation geführt hat. Karte 6, die rechts von Karte 1 ausgelegt wird, gibt an, welche Einflüsse in der unmittelbaren Zukunft wirksam sein werden oder welche Aufgabe und welche Situation sich aus der jetzt bestehenden entwickeln wird. Man kann diese Karte auch als »die Brücke« oder »das Tor« bezeichnen, weil sie den Übergang oder den Durchgang zu den Karten 7 bis 10 bildet, wo gesamthaft dargestellt ist, was für den Fragenden nach einer Veränderung der jetzt bestehenden Situation gültig sein wird.

Im untenstehenden Diagramm sind mehrere Möglichkeiten angezeigt, wie im keltischen Kreuz Beziehungsachsen gelesen werden können.

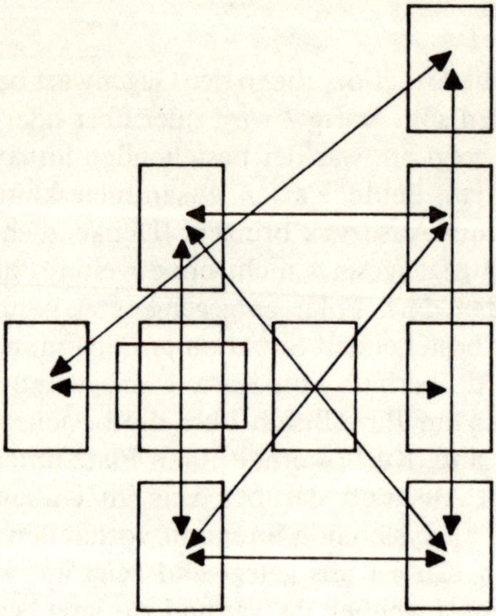

So haben wir in der horizontalen Achse, gebildet aus den Karten 5, 1, 2, 6 und 8, eine lineare Zeitachse. Die zwei vertikalen Achsen, gebildet aus den Karten 4, 1, 2, 3 sowie 7, 8, 9, 10, ergeben eine von unten nach oben oder von oben nach unten verlaufende Situationsachse. Ferner treten folgende zwei Karten je miteinander in Beziehung: Karte 5 mit Karte 10: das Alte und das Neue. Karte 3 mit Karte 7: Was ich bewußt erkenne, soll in das Fundament des Neuen integriert werden. Karte 4 mit Karte 10: Was in meinem Unbewußten dunkel vorhanden ist, soll ans Licht gehoben werden und im neuen Ziel, möglicherweise verwandelt, bewußt gelebt werden.

In welcher Weise die Kombination des keltischen Kreuzes etwa gelesen werden kann, will ich auch hier an einem Beispiel näher erläutern.

Lege das keltische Kreuz mit folgenden Karten vor dich aus:

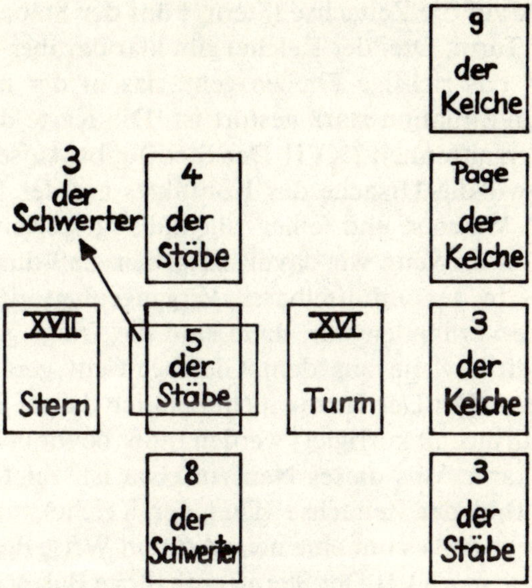

Zuerst betrachten wir die gesamte Kombination rein intuitiv und versuchen, größere Zusammenhänge herauszufinden. Bei Kombinationsbildern, die eine relativ hohe Anzahl von Karten aufweisen, empfiehlt es sich, zuerst auf einer mehr allgemein gehaltenen Ebene zu lesen und sich nicht sogleich auf Detailinterpretationen einzulassen, die möglicherweise im späteren Verlauf des Lesens durch neue Erkenntnisse doch wieder verändert werden müssen.

Der erste Eindruck des Bildes zeigt, daß wir es hier offenbar mit einem Problem zu tun haben, das hervorgerufen wird durch Verbindung von Wasser und Feuer. Daß sich dieses Problem in einem offenen Konflikt äußert (Fünf der Stäbe), wird durch den Einfluß des Elementes Luft bewirkt (Drei der Schwerter, Acht der Schwerter). Ferner fällt auf, daß das Element Erde in dieser Kombination fehlt und die mit Erde verbundene Karte »Page der Kelche« zu stark vom Element Wasser bestimmt wird, als daß es zu einer Verfestigung kommen könnte, was wahrscheinlich auch nicht sein soll, wie ein Blick auf die Zielkarte zeigt (Neun der Kelche).

Ein Blick auf die Zeitachse (Stern, Fünf der Stäbe, Drei der Schwerter, Turm, Drei der Kelche) gibt klar darüber Auskunft, daß es um das richtige Fließen geht, das in der momentan bestehenden Situation stark gestört ist. Die Karte der unmittelbaren Vergangenheit (XVII Der Stern) gibt Aufschluß darüber, daß wir die Ursache des Konfliktes auf der Ebene des fließenden Wassers und einer allenfalls gestörten Balance suchen müssen. Wenn wir davon ausgehen, daß durch »XVII Der Stern« in der unmittelbaren Vergangenheit ein Zustand der Balance vorhanden war, dann sind die Dinge ganz offensichtlich mittlerweile aus dem Gleichgewicht geraten, denn sonst würde »XVI Der Turm« nicht deutlich darauf hinweisen, daß etwas dringend korrigiert werden muß, bevor etwas Neues entstehen kann. Was dieses Neue in etwa ist, zeigt uns auch das letzte Bild der Zeitachse (Drei der Kelche), und daraus erkennen wir, daß es um eine neue Art und Weise des Fließens geht, weil die in »XVII Der Stern« enthaltene Balance offenbar massiv gestört worden ist.

Die Art der Störung muß aus der vertikalen Achse des Kreuzes ersichtlich sein (Acht der Schwerter, Fünf der Stäbe, Drei der Schwerter, Vier der Stäbe). Diese Störung wird ganz offensichtlich durch das Element Luft verursacht, das hier nicht so sehr als ordnende Energie einwirkt, sondern vielmehr als Beengung, Einengung und Beschränkung. Der bestehende Konflikt wird daher als Leid empfunden (Drei der Schwerter). Der Fragende, der sich zu sehr auf die Ebene des Fließens und des Wassers abgestützt hat, erlebte offenbar einen massiven Einbruch des Elementes Feuer. »Fünf der Stäbe«, als Ausdruck von Feuer aus Geburah, macht deutlich, daß dem Feuer hier eine korrigierende und formerhaltende Aufgabe zukommt. Feuer ist das Durchdringende, Luft ist das Ordnende. Der Fragende hat offenbar der Einwirkung des Elementes Luft zuviel Raum gewährt, so daß aus der Ordnung Enge und Einschränkung wurde. Die Einwirkung der Luft in der bestehenden Situation geschah – oder geschieht immer noch – aus der

Tiefe des Unbewußten. Das Unbewußte ist nicht nur der Ort, aus dem sich die höhere Individualität des Menschen schöpferisch bemerkbar macht; das Unbewußte ist leider ebenso häufig der Ort, wo erziehungsbedingte oder durch Umwelteinflüsse hervorgerufene Konditionierungen hartnäckig einprogrammiert sind und eben dieses schöpferische Selbst an der Entfaltung und Ausübung seiner Aufgabe behindern können.

Eine solche Situation liegt offenbar beim Fragenden vor. Wir haben es hier mit einer starken Verdrängung der Feuerenergie zu tun. (Der Stern als ein schwaches Glimmern des Feuers kann vielleicht rein intuitiv ein Hinweis darauf sein.) Die verdrängten Feuerkräfte kommen nun gleichsam durch die Hintertür wieder herein und machen sich im Sinne von Geburah bemerkbar, was natürlich als Konflikt und Auseinandersetzung erlebt wird. Der Fragesteller weiß (Karte 3: Vier der Stäbe), daß diese Feuerkräfte in ihm vorhanden sind und in der richtigen Weise eingesetzt und gemehrt werden sollten (Vier der Stäbe: Feuer aus Chesed), aber die im Unbewußten einprogrammierte Kopflastigkeit und Überbetonung der Vernunft ist eben im Moment noch zu stark, als daß »Vier der Stäbe« wirklich zum Zuge kommen kann. Was ist zu tun?

Einen ersten Aufschluß darüber gibt uns die Betrachtung der Achse des Unbewußten (Acht der Schwerter, Drei der Stäbe). Der Fragesteller hat die Aufgabe, die Konditionierung seines Unbewußten so zu verändern, daß sich eine Verlagerung vom Schwert (Acht der Schwerter) zum Feuer hin ergibt (Drei der Stäbe). Dieser Prozeß scheint offensichtlich in vollem Gang zu sein, wie uns die Karten 1 und 2 zeigen.

Die diagonale Achse, gebildet aus »Vier der Stäbe« und »Drei der Stäbe«, sagt auf eine andere Weise das gleiche: Das Feuer darf nicht ausschließlich im Kopf bleiben, sondern es muß hinunter in den Bauch, in das Fundament des Menschen. Dieser Prozeß führt über die Brücke oder durch das Tor des »Turms«, welches Bild sich hier ganz deutlich als Aufgabe zeigt, der sich der Fragesteller auf der Erfahrungsebene unterziehen muß. Versäumt er dies, wird auf irgendeine Weise ein Effekt eintreten, wie er auf Bild XVI dargestellt ist.

Auch auf der Bewußtseinsebene muß eine Verlagerung stattfinden, wie uns die betreffende Achse zeigt (Vier der Stäbe, Page der Kelche).

Auf eine Kurzformel gebracht, können wir sagen: Das Feuer muß in den Bauch, das Wasser in den Kopf. Aber nicht in der Kombination Wasser und Luft, denn die haben wir in etwa in »Drei der Schwerter«, sondern in der Verbindung von Wasser und Erde, wie sie sich auf der Ebene von Assiah zeigt (Page der Kelche). Damit die Angelegenheit wieder ins Gleichgewicht kommt, muß die beschränkende Einwirkung des Elementes Luft aus dem Unbewußten nach Möglichkeit für einige Zeit ausgeschaltet werden. Diese Programmierung scheint allerdings so stark zu sein, daß sie nicht einfach durch den Einfluß der gegenpolaren Erdkräfte (Münzen) bewältigt werden kann. »Page der Kelche« gibt der Erwartung Ausdruck, daß eine neue Ebene gefunden werden muß, die in sich diese Erdkräfte enthält und die Luftenergie zurückhält. Das ist Assiah und bedeutet praktisch die Aufforderung, sich der Welt zuzuwenden und mit den Füßen fest auf dieser Erde verankert zu sein und ihre Kraft durch die Füße hindurch (Malkuth) einströmen zu lassen. Eine neue Mitte, eine neue Balance muß gefunden werden.

Wie diese aussehen soll, zeigt uns klar Karte 10 als Repräsentation des Zieles: »Neun der Kelche«. Dieses Ziel kann kurz so formuliert werden: Der Fragesteller muß seine Mitte finden, und zwar dort, wo Männliches und Weibliches zusammenströmt. Dieser Ort ist Jesod, ausgedrückt durch die Zahl 9. Das Schlüsselwort »materielle Glückseligkeit« bestätigt nur, was sich in »Page der Kelche« bereits angedeutet hat: Verlagerung des Gefühlsflusses von einer spirituellen Höhe auf eine mehr materielle Ebene.

Mit diesem Kommentar ist natürlich die vorliegende Kombination noch lange nicht ausgeschöpft. Wenn du sie über mehrere Tage hinweg immer wieder neu betrachtest, wirst du ihr immer wieder neue und weitere Informationen entnehmen können, aus denen sich schließlich nach Art eines Mosaiks ein immer klareres Bild formen wird.

Die Verbindungspfade im Baum des Lebens

In diesem Kapitel soll gezeigt werden, wie das Tarot-Lesen mit Hilfe der Verbindungspfade im Baum des Lebens vertieft und ausgeweitet werden kann. Eine Darstellung des Baums des Lebens und der ihm zugrunde liegenden Anschauungen ist im zweiten Band der *Schule des Tarot: Der Baum des Lebens* enthalten. Wer sich die erforderlichen Informationen beschaffen will, sei dorthin verwiesen.

Die zehn Sephiroth im Baum des Lebens sind untereinander durch 22 sogenannte Verbindungspfade verbunden. Die Zahl 22 legt nahe, diese Verbindungspfade nicht nur mit den einzelnen hebräischen Buchstaben zu bezeichnen, sondern auch mit je einem Bild der großen Arkana zu besetzen. Welcher Pfad nun mit welchem Bild besetzt werden soll, ist eines der umstrittensten Probleme unter den Esoterikern. Einigkeit herrscht eigentlich nur mehr oder weniger über die Reihenfolge der Verbindungspfade, wie sie durch das Diagramm der großen Schlange gegeben sind (siehe *Der Baum des Lebens,* Seite 325).

Im großen und ganzen gibt es zwei Schulen der Pfadzuteilung, die man als die französische oder die englische bezeichnen kann. Die französische Schule geht zurück auf Eliphas Lévi, die englische auf den Orden »The Golden Dawn«. Beide Schulen verändern die Reihenfolge der Pfade nicht, eine Verschiedenheit ergibt sich nur aus dem Umstand, daß die französische Schule die Reihe der großen Arkana mit dem »Magier« beginnen läßt, wogegen die englische den »Narren« an den Anfang setzt. (Einen Sonderfall bietet Papus, der dem Narren in der Reihe der großen Arkana die Position zwischen »XX Gericht« und »XXI Die Welt« gibt.) Andere Autoren, wie beispielsweise William Gray, haben wiederum andere Zuteilungen vorgeschlagen, ohne aber meines Wissens eine größere Anhängerschar zu gewinnen. Ich habe in meiner Arbeit mit verschiedenen Pfadzuteilungen experimentiert, bis sich mir die französische als die in sich geschlossenste und logischste zeigte. Mit dieser Einteilung ist denn auch das Titelbild versehen, und alle meine Äußerungen über die Pfade beziehen sich auf sie.

Der Baum des Lebens ist ein Meditationsbild, das buchstäblich – und es gibt keinen besseren Vergleich – wie ein Computer funktioniert. Man kann dem Baum des Lebens Daten eingeben; diese Daten werden verarbeitet und führen zu Ergebnissen und Informationen. Jedes Computersystem besteht aus zwei Komponenten, aus der sogenannten Hardware, dem technischen Gerät, und der Software, womit die für den Computer bestimmten Programme bezeichnet werden. Das beste technische Gerät ist nutzlos, wenn kein Programm vorhanden ist, das Anweisungen gibt, wie das Gerät zu arbeiten hat. Ein Programm allein mag noch so kunstvoll aufgebaut sein, es kann erst dann von Nutzen sein, wenn es von einem Computergerät verarbeitet wird. Auch hier ergeben erst zwei Teile zusammen ein Ganzes und daraus folgend ein Resultat.

Dieser Vergleich auf den Baum des Lebens übertragen bedeutet, daß der Baum die Software ist und der Mensch die Hardware. Der Baum des Lebens ist ein Programm, das den Menschen und sein Gehirn dazu anleitet, in bestimmten Bahnen zu denken und zu überlegen und die eingegebenen Daten (hier vorwiegend in der Form der Zahlenkarten) auf eine ganz bestimmte Weise zu verarbeiten. Am besten zeigen auch hier praktische Beispiele, was damit gemeint ist.

Nehmen wir einmal an, jemand möchte sein höheres Selbst entwickeln, um näher an die Erleuchtung und in Kontakt mit dem Göttlichen zu gelangen. Sein Startpunkt ist Malkuth, die irdisch-materielle Ebene, die Erde, auf der wir uns befinden. Nehmen wir weiter an, der Betreffende möchte möglichst wenig an seinen äußeren Umständen verändern und innerhalb der ihm gegebenen äußeren Situation auf seinem Wege voranschreiten. Der Pfad, der ihm dies am ehesten ermöglicht, ist der Pfad, der mit dem Tarotbild »XXI Die Welt« besetzt ist als Ausdruck der Harmonie, der Ordnung, die in diesem Sinne durchaus als ein Symbol der äußeren Ordnung unseres Strebenden genommen werden darf. Auf diesem Pfade gelangt er nach Hod. Dort wird er zur Erkenntnis kommen, daß Ordnung und Harmonie von einem gewissen Punkt an, wenn sie nicht verändert werden, zur einschränkenden Struktur werden können, zur kalten und gefühllosen Formel, zur reinen Gesetzlichkeit.

Nun stehen ihm vier Wege offen. Will er auf der weiblichen Säule voranschreiten, dann wird er nicht darum herumkommen, sich der Transformation des »Todes« zu unterziehen, was dies auch immer bedeuten mag. Zur Mitte des Baums nach Tipharet kann er nur durch die Erfahrung des »Turmes« hindurch gelangen, indem er sich ihr entweder freiwillig unterzieht oder auf eine mehr oder weniger einschneidende Weise damit konfrontiert wird, so daß seine so sorgsam gehütete und gewollte Ordnung zusammenbrechen muß. Will er weder »Turm« noch »Tod« auf sich nehmen, dann muß er entweder über »XVII Der Stern« zur männlichen Säule hinüber wechseln, oder sich durch »XX Gericht« der Wiederverkörperung auf einer neuen Ebene unterziehen.

Die Erkenntnis, die daraus gezogen werden muß, heißt: Es gibt keine höhere Weiterentwicklung unter Beibehaltung der herkömmlichen, bestehenden Form. Sie muß unter allen Umständen entweder aktiv verändert oder passiv zusammenbrechen und einer Umwandlung unterzogen werden.

Von Malkuth aus kann auch der Weg der reinen Kraft beschritten werden. Er führt über Pfad »XIX Die Sonne« nach Nezach, wo der Suchende nun allerdings nicht mehr von Strukturen und Konventionen eingezwängt wird, sondern im Gegenteil durch das Fehlen von Form in jeglicher Hinsicht irritiert werden wird. Will er weiter nach oben streben, so muß er aus sich heraus, aus eigener »Kraft«, dieses übermäßige Fließen der reinen Energie unter Kontrolle bringen und integrieren, wie es »XI Die Kraft« entspricht. Aber wie der Name des Bildes andeutet, ist dieser Weg nur für wirklich starke Naturen geeignet, und wenn unser Suchender nun erkennt, daß er sich in Nezach in einer Extremposition befindet und zur Mitte hin strebt, nach Tipharet, dann kann er dies nur, wenn er sich neu mischen läßt, sich auf »XIV Mischung« dem Erzengel Michael ausliefert und sich von ihm eine neue und andere Form geben läßt.

Der letzte noch verbleibende Weg ist »XVIII Der Mond«, der ihn zu einer neuen Ebene nach Jesod führt, aber in jeder Beziehung ein äußerst schwieriger und risikoreicher Pfad ist. Die Erkenntnis daraus: Eine höhere Entwicklung ist ebenfalls nicht möglich, wenn man sich dem reinen Strömen der Kraft überläßt. Der Weg über Nezach ist nur begehbar, wenn man bereit ist, dieses Strömen der Kraft aus sich heraus zu bändigen, zu domestizieren und ihm damit gewissermaßen selbst Form zu geben, oder bereit ist, von außen her eine neue und andere Form zu erhalten, die dann vielleicht nicht unbedingt mit dem übereinstimmt, was man sich gewünscht oder erhofft hat.

Bleibt als letzter Weg der mittlere Pfad, der steilste und schwierigste von allen. Denn er verlangt, daß man gleich zu Anfang auf alles verzichtet, alle Werte seines bisherigen Lebens in Frage stellt und bereit ist, aus diesem großen Kollaps, dem »Narren« vergleichbar, am Nullpunkt neu zu beginnen. In der Gesamtsicht erkennen wir, daß es kein Streben nach Höherem geben kann ohne Infragestellung alles dessen, was war und ist. Entweder geschieht diese Infragestellung gleich zu Beginn des Weges in Malkuth (0 Der Narr), oder sie wird auf irgendeine Weise später folgen müssen, wenn man bereits eine höhere Ebene erklommen hat.

Dies ist etwa die Art, wie man aus dem Baum des Lebens Informationen herausholen kann, und wer daran interessiert ist, sollte möglichst oft solche Denkspiele am Baum des Lebens durchexerzieren.

Genau in der gleichen Weise können wir den Baum des Lebens benützen, wenn wir weitere und tiefere Schichten erschließen wollen, die in einer ausgelegten Tarot-Kombination enthalten sind. Auch hierfür ein Beispiel:

Nehmen wir an, jemand sei in einer ausgelegten Kombination mit »Fünf der Münzen« als Zielkarte, als Aufgabe, die es zu bearbeiten gilt, konfrontiert. »Fünf der Münzen« ist Ausdruck der Erdkraft von Geburah. Dieses Bild zeigt einen Zustand der äußersten Unbalanciertheit an, den zu korrigieren der Tarot als Aufgabe stellt. Welche Möglichkeiten dazu vorhanden sind, zeigt ein Blick auf den Baum des Lebens. Von Geburah aus stehen vier Pfade zur Wahl: Pfad »VIII Gerechtigkeit« hinauf zu Binah, »XIII Tod« hinab zu Hod, »IX Der Eremit« hinüber zu Chesed und »XII Der hängende Mann« in die Mitte nach Tipharet.

Da »Fünf der Münzen« einen Zustand der Unbalanciertheit ausdrückt, den es zu korrigieren gilt, kommen die Pfade »VIII Gerechtigkeit« und »XIII Tod« nicht in Betracht, denn sie würden den Fragesteller im Zustand der Unausgewogenheit halten, bloß die Ebene würde verschoben. Hinauf zu Binah könnte beispielsweise Weltflucht bedeuten, der man in Form des AMA-Aspektes verfällt. Der Weg nach unten zu Hod könnte unter Umständen die versuchte Lösung durch Selbstmord sein, die allerdings auch nichts bringt, weil man auf dieser unteren Ebene in Hod karmisch nur enger und zäher mit dem Problem verstrickt und deshalb um so mehr Schwierigkeiten haben wird, sich wieder daraus zu befreien.

Ausgleich schaffen heißt, weg von Geburah zur Mitte hin; dazu bieten sich zwei mögliche Wege an. Der direkte führt über »XII Der hängende Mann« nach Tipharet. Dies ist ein Weg, der viel Vertrauen und Mut erfordert, denn er verlangt Loslassen, Verzicht und die Fähigkeit, die Dinge auch aus einer anderen Perspektive heraus zu betrachten. Nicht jedermann bringt diesen Mut und dieses Vertrauen auf. Für diese führt der Weg »IX Der Eremit« zunächst nach Chesed, durch dessen Kraft der Mehrung das vorerst wieder aufgefüllt werden kann, was in »Fünf der Münzen« zu wenig vorhanden war; allerdings mit dem Risiko und der Gefahr, daß sich hier sehr leicht wiederum ein Zustand der Unausgewogenheit ergeben kann, wenn auch diesmal nach der anderen Seite hin (Vier der Münzen). Die Mitte Tipharet wird erst erreicht, wenn man

»X Das Rad des Schicksals« hinter sich gebracht hat. Es ist der Pfad der höheren Erkenntnis in das große Ganze, der Pfad der Einsicht und der Demut. Beide Wege führen zum Ziel. Welcher davon gewählt wird, hängt letztlich nur von der freien Entscheidung des Fragenden ab, die unter Berücksichtigung aller gegebenen Umstände getroffen werden sollte.

Wenn wir davon ausgehen, daß der Tarot keine Ereignisse voraussagt, sondern uns mit Aufgaben konfrontiert, die gelöst werden müssen, so ist der Baum des Lebens mit seinen Verbindungspfaden hervorragend dazu geeignet, uns zu zeigen, auf welche Art und Weise diese Aufgaben gelöst werden können und welche verschiedenen Lösungswege dazu vorhanden sind.

Wenden wir uns noch einmal unserem Beispiel des keltischen Kreuzes zu, wie es auf Seite 209 analysiert wurde, und sehen wir, ob die Verbindungspfade am Baum des Lebens dazu neue Einsichten und Erkenntnisse bringen. Als eine der Aufgaben, die in dieser Kombination gestellt werden, haben wir erkannt, daß es gilt, die Feuerkraft vom Kopf (Vier der Stäbe) nach unten in den Bauch zu bringen (Drei der Stäbe). Da von Chesed nach Binah kein direkter Verbindungspfad besteht, muß auf jeden Fall ein Umweg gemacht werden. Drei verschiedene Wegstrecken stehen zur Verfügung: der steile Weg nach oben über »VI Die Liebenden« nach Chockmah und dann über »IV Der Herrscher« nach Binah (Drei der Stäbe). Der Weg über »IX Der Eremit« hinüber zur gegenüberliegenden Säule und dann hinauf über »VIII Gerechtigkeit« nach Binah.

Der zuletzt erwähnte Weg kommt meines Erachtens von allen am wenigsten in Frage, da er allzusehr ein Weg des Kopfes ist und in »VIII Gerechtigkeit« dazu erst noch das Risiko einer neuerlichen Erstarrung enthält. Der Weg über »VI Die Liebenden« kann zwar ein starkes Auflodern des Feuers (»... und Adam erkannte Eva«) mit sich bringen, aber in »IV Der Herrscher« besteht wiederum die Gefahr, daß das Feuer soweit gelöscht wird, daß es nicht mehr »Drei der Stäbe« entspricht. Am geeignetsten erscheint mir daher der Weg über »X

Das Rad des Schicksals« nach Tipharet, was die Betrachtung und Erkenntnis der Lage von einer höheren Warte aus bedeutet, und dann von Tipharet aus über »VII Der Wagen« nach Binah. »VII Der Wagen« ist an sich ein Bild des Feuers (vgl. Seite 153) und daher am ehesten geeignet, das zu bewirken, was mit »Drei der Stäbe« gemeint ist.

Als eine weitere Aufgabe haben wir die Umwandlung von »Acht der Schwerter« zu »Drei der Stäbe«. Diese Umwandlung führt über die Brücke oder das Tor von »XVI Der Turm«, und ein Blick auf das ausgelegte keltische Kreuz zeigt uns, daß der Tarot uns hier ausdrücklich auffordert, die Mitte über diesen Pfad, nämlich Tipharet, zu gewinnen, um dann von da aus wiederum über »VII Der Wagen« nach Binah zu gelangen.

Diese Hinweise zur praktischen Arbeit mit dem Baum des Lebens mögen fürs erste genügen. Zu Anfang mag es vielleicht noch etwas mühsam und schwierig erscheinen. Aber auch hier gilt: Übung macht den Meister, oder besser, in unserer Sprache gesagt: den »Narren«, denn je mehr du dich übst, desto eher wird dir der Umgang mit dem Baum des Lebens zum wirklichen Spiel des Lebens. Ich möchte lediglich noch einige praktische Hinweise geben, die sich aus der Erfahrung gezeigt haben.

Der Baum des Lebens zeigt den Weg des Menschen als einen Weg von Malkuth nach Kether, das heißt von der irdisch materiellen Ebene, ganz gleich wie sie sich darbietet, hin zur göttlichen Ebene oder zur Vereinigung und Einfügung in die große kosmische Ordnung (Buddhaschaft). Direkt ist dieser Weg innerhalb einer Inkarnation nur für einige wenige Auserwählte begehbar, und keiner kann über Tipharet hinaus gelangen ohne Hilfe von oben. Tipharet sollte daher auch immer der Richtpunkt bleiben in der praktischen Arbeit mit den Pfaden. Wenn dir der Tarot durch ein Bild anzeigt, daß du dich oberhalb von Tipharet befindest, dann hast du in den allerwenigsten Fällen Grund, dir selbst auf die Brust zu klopfen und zu sagen: »Seht, wie weit ich schon bin«, sondern sieh, ob dir der Tarot nicht einen Hinweis geben will, daß du möglicherweise zu hoch bist, dich im Baum des Lebens verstiegen hast und deine Aufgabe darin besteht, hinunter zur Mitte zu gelangen. Dies gilt namentlich für Pfade wie »I Der Magier«, »II Die Hohepriesterin« und »III Die Herrscherin«.

Auch ein Wort der Warnung muß noch ausgesprochen werden. Die Arbeit mit den Pfaden berührt die tiefsten Schichten der menschlichen Psyche. Durch eine intensive Arbeit mit den Pfaden besteht deshalb die Möglichkeit, mit den Kräften in direkten Kontakt zu gelangen, die ich auf Seite 88 beschrieben habe. Eine solch intensive Art meditativer Arbeit sollte deshalb nur von jemandem praktiziert werden, der über eine genügende psychische Stabilität verfügt und nach Möglichkeit seine Mitte (Tipharet) gefunden hat. Im entgegengesetzten Fall besteht die Möglichkeit, daß eine sich nicht im Zustand der Ausgewogenheit befindende Psyche mehr und mehr destabilisiert und in Richtung einer Psychose abgedrängt wird. Ferner kann es geschehen, daß nicht genügend integrierte Bestandteile der Persönlichkeit sich plötzlich selbständig machen (XV Der Teufel) und sich möglicherweise als parapsychologische Phänomene bemerkbar machen. Sobald sich Anzeichen des einen oder anderen zeigen, muß der Tarot sofort zur Seite gelegt und darf erst wieder zur Hand genommen werden, wenn über einige Zeit hin Symptome der erwähnten Art nicht mehr aufgetreten sind. Behandle den Tarot mit Ehrfurcht als ein Instrument, das dir von einer anderen höheren und göttlichen Ebene in die Hand gegeben wurde, nicht nur, um dich in intensiveren Kontakt mit dir selbst zu bringen, sondern auch, um dich über dich selbst hinaus zu erheben zum größeren Ganzen.

Anhang

Kommentare zu den Übungen

»VII Der Wagen« / »Sieben der Schwerter« (zu Seite 107)

»VII Der Wagen«, die Karte der großen Arkana, zeigt die Erfahrung, die für die Situation des Fragenden bezeichnend ist. Es kann sich um Synthese, Koordination zweier auseinanderstrebender Kräfte oder (im Zeichen von Lingam und Yoni) um die Verbindung von zwei Gegensätzen handeln. Worum es sich im speziellen handelt, das wird der Fragende aus seiner Erlebnissituation heraus erkennen und wissen. In diese subjektive Erfahrung hinein wirkt nun die objektive Energie von »Sieben der Schwerter«. Das bedeutet Nezach durch Luft. Die Kombination der sephirothischen Energie von Nezach mit dem Element Luft ergibt eine Kraft, die stets darauf hin tendiert, stabile Zustände aufzulösen und die Dinge im Fluß zu halten. (Nezach ist Fließen, und Luft ist Bewegung.)

Nichts ist beständig, sondern alles muß sich um einer höheren Ordnung willen immer wieder verändern. Jede Ordnung wird, sobald sie geschaffen ist, sogleich wieder aufgehoben, um sich neu zu strukturieren. In Verbindung mit »VII Der Wagen« ergibt dies die Aufgabe, daß der Wagenlenker – in diesem Falle der Fragende – sich nicht darauf verlassen kann, daß eine einmal hergestellte Synthese, Koordination oder polare Verbindung Bestand haben wird. Der Einfluß von »Sieben der Schwerter« sorgt dafür, daß alles und jedes, was geschaffen worden ist, sofort wieder der Unstabilität verfällt. Der Fragende muß gewissermaßen »auf Draht« und dafür besorgt sein, daß die Ordnung immer wieder neu hergestellt wird. Nur dadurch kann eine gewisse Kontinuität erreicht werden.

»XI Kraft« / »Drei der Münzen« (zu Seite 107)

Das Bild »XI Kraft« gibt Aufschluß darüber, daß sich der Fragende in der Situation einer neuen Erfahrung befindet, die seinen Horizont im Hinblick auf seine Ebene erweitert beziehungsweise erhöht. Dies versetzt ihn in die Lage, die Situation von einer buchstäblich »höheren« Warte aus zu betrachten, und er sieht oder fühlt sich nun imstande, entweder über der Sache zu stehen oder sie souverän zu handhaben, wie dies im Bild des Löwen, dem der Rachen geöffnet oder geschlossen wird, zum Ausdruck kommt. Auch der Lemniskate ist in dieser Beziehung Beachtung zu schenken.

In diese Erfahrungssituation hinein wirkt nun die Energie von »Drei der Münzen«, Binah durch Erde. Diese Energie schafft eine äußerst günstige Voraussetzung dafür, daß auf der neu errungenen Ebene etwas erarbeitet und geleistet werden kann. Die Formkraft von Binah wird hilfreich erfahren, und sie gibt zugleich Schutz und Geborgenheit (wie dies im Bild des Gewölbes zum Ausdruck kommt). Die Aufgabe heißt: geduldig daran bleiben, sich bemühen im Vertrauen darauf, daß die Erdkraft dafür sorgen wird, daß aus dieser Arbeit auf einer neuen Ebene auch Früchte erwachsen.

Wenn wir beim Waite-Bild bleiben wollen, ist vielleicht noch das Detail von Interesse, daß eine der beiden Gestalten in einem Narrengewand dem Steinmetz einen Plan zeigt. In Binah befinden wir uns ziemlich hoch im Baum des Lebens, und das unmanifestierte Chaos von Ain Soph Aur, wie es durch das Bild des »Narren« dargestellt wird, ist noch nicht weit entfernt. In diesem Falle könnten wir in dem Plan einen Hinweis auf die kosmische Schöpfungsordnung sehen, nach deren Bild das Werk zu tun ist. Dies schafft die Verbindung zur Lemniskate der »Kraft«.

»XVII Der Stern« / »Acht der Münzen« (zu Seite 107)

Hier haben wir ein Beispiel, wie auch die Pfade am Baum des Lebens in unsere Betrachtung mit einbezogen werden können. Betrachten wir einmal die Dynamik der Bilder. In »XVII Der Stern« finden wir als Verbindungspfad zwischen Nezach und Hod sowohl das extrem fließende Wasser zu Wasser, das Nezach verkörpert, wie das Wasser zur Erde, das sich mehr dem Aspekt von Hod annähert. Wir können demnach von der Voraussetzung ausgehen, daß sich der Fragende mit irgendeiner Erfahrung des Fließens konfrontiert sieht und dieses Fließen entweder von Nezach her (Wasser zu Wasser) oder von Hod her (Wasser zur Erde) zu verwirklichen ist. Um nur zwei sehr voneinander verschiedene denkbare Situationen zu erwähnen, könnte es sich dabei zum Beispiel um das Fließen von Gefühlen, vielleicht um Sexualität handeln, oder um das Fließen von mehr erdhaften Dingen wie Münzen (Geld), über das der Fragende möglicherweise verfügt und das er in irgendeiner Weise brauchen möchte.

»Acht der Münzen« drückt Hod durch Erde aus und weist damit den Fragenden sehr stark auf das Sammeln, Ordnen, die Verfestigung des Fließenden in irgendeiner Weise hin. Intuitiv betrachtet drückt das Waite-Bild von »Acht der Münzen« direkt aus: »Mach etwas daraus, das Bestand hat, und pflege es!« Wenn wir von der Situation des Geldflusses ausgehen, so ist das kombinierte Energiefeld, das der Tarot auf diese Weise dem Fragenden anzeigt, dem Sparen und der sorgfältigen Geldanlage günstiger gesinnt (Wasser zur Erde) als dem bloßen Konsum (Wasser zu Wasser). Von der Situation des Gefühlsflusses ausgehend, würde die gleiche Kombination dahin tendieren, das Fließen der Gefühle, die Sexualität in irgendeine strukturierte Form von Beziehung einzubringen und die Beziehung zu pflegen und anzureichern, wie dies das Waite-Bild »Acht der Münzen« ebenfalls darstellt.

Dies ist ein Beispiel, das zeigt, daß auch der intuitive Umgang mit den Bildern zu gültigen Aussagen führen kann, wenn diese anhand der esoterischen Bedeutung überprüft werden. Zudem kannst du anhand dieses Beispiels deutlich sehen, daß der Tarot keine Ereignisse voraussagt, weil je nach Ausgangssituation (in unserem Falle haben wir das Fließen entweder mit Gefühl oder mit Geld definiert) auch eine entsprechend verschiedene Verwirklichung stattfindet. Auch hier stellt der Tarot eine Aufgabe: das Fließende, in welcher Form es sich auch zeigen mag, gemäß »Acht der Münzen« zu strukturieren und zu ordnen.

»IX Der Eremit« / »Neun der Kelche« (zu Seite 107)

Schon bei der bloß intuitiven Betrachtung ist der Kontrast zwischen diesen beiden Bildern unübersehbar. Auf der einen Seite die Erfahrungsebene, die in sich konzentrierte asketische Erscheinung des »Eremiten«, auf der anderen als wirkende Energie die Fülle von »Neun der Kelche«, Jesod durch Wasser, die ein Vollsein in irgendeiner Weise ausdrückt und der Nüchternheit des Eremiten diametral entgegengesetzt ist. Auf der vorwiegend naturhaften Ebene von Jesod heißt das Leben im umfassendsten Sinne des Wortes schlechthin. Wir haben hier ein Beispiel, woran besonders deutlich wird, wie stark die persönliche Situation des Fragenden und seine Entscheidungsfreiheit hier eine Rolle spielen und berücksichtigt werden müssen, um zu einer gültigen Aussage zu gelangen.

So müssen wir zuerst feststellen, ob die Erfahrungssituation des »Eremiten« durch die Umstände gegeben ist oder freiwillig und aus eigener Initiative gewählt wurde. In diese Erfahrungssituation hinein wirkt nun die dazu stark widersprüchliche Energie von »Neun der Kelche« und erzeugt eine ziemliche Spannung. Dabei ist zu beachten, daß »Neun der Kelche« als ein Ausdruck von Jesod, wie alle Neuner, eine sehr starke sexuelle Komponente enthält, in diesem Fall die Betonung auf der aus dem vollen schöpfenden Sinnlichkeit, die zum Genuß anhält, was aber an sich keinesfalls negativ bewertet werden darf, denn auch das ist »Leben« im Sinne von Jesod. Dann würde die Kombination zum Ausdruck bringen, daß die kosmische Energie, die für den Frager jetzt aktuell ist, für die

Situation des Eremiten ungünstig und dissonant schwingt. Das Vorhaben, das der Fragende vielleicht schon begonnen hat, ist besser vorläufig aufzugeben und der gegensätzlichen Energievibration nachzugeben und ihr gemäß zu leben, bis sie, dem Gesetz der fortlaufenden Bewegung und Entwicklung folgend, einer anderen Energieschwingung ihre Vorherrschaft abtreten muß, die dem Vorhaben des »Eremiten« mehr entspricht.

Im anderen Falle, wenn äußere Umstände und die Konsequenzen einer bewußten Einordnung in die kosmischen Rhythmen zur Erfahrungssituation des »Eremiten« geführt haben, dann zeigt »Neun der Kelche« an, daß eine starke Spannung besteht, hervorgerufen durch ein Energiefeld, das in diesem Falle vielleicht mehr mikrokosmisch bedingt ist, also im betreffenden Menschen selbst schwingt. Dann ist es Sache des Fragenden zu entscheiden, ob er diese Spannung annehmen und ertragen muß, oder ob er sich zu schwach dazu fühlt und der Lebenssituation durch seine freie Entscheidung eine andere Richtung gibt. Auch hier erkennen wir einmal mehr, wie intensiv ein Dialog mit dem Tarot zum »Mensch, erkenne dich selbst« führt.

»VII Der Wagen« / »Sieben der Schwerter« / »König der Stäbe« (zu Seite 118)

Das Hinzutreten des »Königs« verlegt die zu »VII Der Wagen« und »Sieben der Schwerter« gemachten Aussagen auf die Ebene von Atziluth. Das bedeutet, daß die Energiekombination, die sich aus »VII Der Wagen« und »Sieben der Schwerter« ergibt, bereits vorhanden ist, aber in einer für unsere Sinne nur schwierig oder noch nicht zu erkennenden Form. (Wäre dies der Fall, dann würden wir uns auf der Ebene der Königin, das heißt Briah, befinden.) Dies kann vielleicht so formuliert werden: Deine Aufgabe oder dein Problem ist nach wie vor die Koordination und Ausrichtung zweier divergierender Kräfte (VII Der Wagen). Aber die Situation verändert sich allmählich, ohne daß du das richtig erkennst. Vielleicht verspürst du diese verändernde Situation bereits, ohne allerdings diese Veränderung klar bestimmen zu können (König). Sie besteht darin, daß destabilisierende Energien (»Sieben der Schwerter«) wirksam werden, die jedes Erreichte sogleich wieder in Frage stellen und aufzuheben trachten. Deine Aufgabe besteht somit darin, wach zu sein und dich auf diese Veränderungen einzustellen, auch wenn sie nicht oder noch nicht über den Bereich von Atziluth hin wirksam oder klar erkennbar sind.

»XI Kraft« / »Drei der Münzen« / »Königin der Kelche« (zu Seite 118)

Das Hinzutreten der »Königin« macht deutlich, daß die Situation, wie sie durch »XI Kraft« und »Drei der Münzen« gegeben ist, klar zu erkennen (Königin) ist. Es geht nicht so sehr darum, mit dem Kopf, dem Verstand, zu erkennen (das wäre »Königin der Schwerter«) als vielmehr mit einer anderen Energie. Vielleicht mit dem Herzen, indem du das, was sich klar vor deinen Augen darbietet, auch mit dem Gefühl erfaßt oder dein Unbewußtes dafür öffnest und vertrauensvoll ihm die Durchführung der Aufgabe von »XI Kraft« und »Drei der Münzen« überläßt (Kelch). Oder in eine Kurzformulierung gebracht: Erkenne, oder vielmehr anerkenne, auch mit dem Herzen, nicht nur mit dem Kopf, was deine Aufgabe ist.

»XVII Der Stern« / »Acht der Münzen« / »Ritter der Schwerter« (zu Seite 118)

Thema von »XVII Der Stern« und »Acht der Münzen« ist: das Fließenlassen und das Fließende zugleich in eine handhabbare Form bringen, um dessen Früchte genießen zu können. Der »Ritter der Schwerter« gibt Hinweise, daß es geboten ist, diese Dynamik und diesen Energiefluß nicht einfach sich selbst zu überlassen oder gar zu erwarten, daß alles wie von selbst geschieht. Vielmehr müssen wir auf der Ebene von Jezirah

(Ritter) handeln und aktiv eingreifen, um die Dinge in die vorgesehene Richtung zu bringen und dabei jede mögliche Verbesserung zu erzielen. Dabei ist es notwendig, vielleicht als Gegensatz zum Fließen, einen klaren Kopf zu haben, um in jeder Hinsicht den Überblick zu wahren und sowohl »Wasser zu Wasser« wie »Wasser zur Erde« kritisch zu überprüfen und zu hinterfragen (Ritter), so daß das jeweils beste aus der Situation herausgeholt werden kann (Schwert).

»IX Der Eremit« / »Neun der Kelche« / »Page der Münzen« (zu Seite 118)

Wie wir gesehen haben, drückt die Kombination »IX Der Eremit« und »Neun der Kelche« eine starke Spannung aus. »Page der Münzen« macht nun darauf aufmerksam, daß diese Spannung nicht einfach nur bestehen bleiben sollte, sondern nach irgendeiner Seite hin – nach welcher ist dem freien Ermessen des Fragenden anheim gestellt und ergibt sich aus seiner persönlichen Situation – aufgelöst oder vielmehr konkretisiert werden sollte (Page). Mit anderen Worten: Aus diesem Spannungszustand sollte schließlich etwas hervorgehen, das Bestand hat (Münze) und für den Fragesteller den Boden oder Grund gibt, auf dem er fest stehen und sich darin verankern oder verwurzeln kann (Page).

Zu Seite 126

Im Interesse des Übenden werde ich den Kommentar zu diesen drei linearen Kombinationen in der Weise geben, daß ich jede der vier Ebenen (König, Königin, Ritter, Page) zunächst für sich allein betrachte. Dieses Vorgehen empfiehlt sich besonders für den Anfang. Später werden sich dann die vier Ebenen simultan mehr und mehr durchdringen und dadurch ein leichtes, fast spielerisch erscheinendes Lesen ermöglichen, das dennoch eine präzise und möglichst tiefgehende Interpretation ermöglicht.

»II Die Hohepriesterin« / »III Die Herrscherin«,

Ebene der Wahrnehmung (König): Ich sehe beim Betrachten beider Bilder starke Kontraste. Spontan kommen mir dazu folgende Worte in den Sinn: Starrheit – Bewegung; Festigkeit – Fließen; Dunkel – Hell; Blau – Gelb; hart – weich; Erstarrung – Gelöstheit; Nacht – Tag; Mond – Sonne. Ich spüre, daß die beiden Bilder einen verschiedenen Einfluß auf mich ausüben. Das Bild der »Hohepriesterin« zieht mich an und übt eine starke Wirkung auf mich aus, zu erstarren und auf jegliche Aktivität zu verzichten. Die »Herrscherin« verleiht mir ein Gefühl der Bewegung, der Schwingung, der Fortbewegung. Ich entdecke, daß jedes Bild auch Elemente des andern enthält. Im Bild der »Hohepriesterin« sind gelbe Farbkreise auf dem Vorhang und der gelbe Mond zu ihren Füßen. Im Bild der »Herrscherin« ist die blaue Farbe im Lauf des Wassers an der rechten Seite zu erkennen. Vorhang der »Hohepriesterin« und Gewand der »Herrscherin« tragen gleiche Symbole. Gleich ist auch die Struktur. Im Bild der »Hohepriesterin« Ordnung als tote Erstarrung, im Bild der »Herrscherin« als gestaltetes Leben.

Ich bleibe noch eine Weile auf dieser Ebene und lasse die Eindrücke auf mich einwirken, spüre meinen Gefühlen und Empfindungen nach und versuche nicht, etwas zu definieren oder zu interpretieren.

Ebene der Erkenntnis und Definition (Königin): Ich gehe daran, den Inhalt der beiden Bilder zu bestimmen und zu definieren. Ich erkenne, daß das Bild der »Hohepriesterin« mit dem Mond zu tun hat (Mondsichel, Kopfschmuck, Farben Blau und Silber). Mond, das heißt Weiblichkeit, die Jungfrau, Passivität im Sinne von Empfangen, Aufnehmen, die Nachtseite der Natur, die nicht vom solaren Feuer durchdrungen wird. »Hohepriesterin« – das bedeutet AMA-Aspekt der Sephira Binah. »Hohepriesterin« – das bedeutet die Frau, *bevor* sie sich mit der polar entgegengesetzt solaren Männlichkeit vereinigt. Die starre Haltung bringt zum Ausdruck, daß sie auf diese Vereinigung in einer passiven, empfangenden Haltung wartet. Sie ist der Kelch, der bereit ist, den Stab des Feuers in sich aufzunehmen. Die »Herrscherin«, das ist die Frau, *nachdem* sie die Vereinigung mit der männlichen Polarität vollzogen hat. Sie hat das Männliche in sich aufgenommen und verkörpert nun selbst in ihrer Haltung, in ihrer Ausstrahlung, einen Teil dieser aktiven, handelnden Männlichkeit. Aus der passiv weiblich Empfangenden ist die aktiv männliche Gebärerin geworden. Gebären und Geburt ist ein Ausdruck der Kreativität im weitesten Sinne. Die Energie, die im Bild der »Hohepriesterin« zu erstarren droht, fließt nach der polaren Vereinigung und vermag Neues zu schaffen. Das ist Venus-Kraft, Kreativität. Kreativität handelt, bewirkt und verändert.

Ebene der Handlung (Ritter): Ich bringe die beiden Bilder in Bezug zu meiner eigenen persönlichen Situation. Die beiden Bilder sind linear ausgelegt, das heißt, sie bringen eine Zeitachse zum Ausdruck, die sich analog in meinem Leben, in meiner gegenwärtigen Lebenssituation, wiederfinden läßt.

Ich suche Antwort auf folgende Fragen: Bringt das Bild der »Hohepriesterin« meine Vergangenheit oder meine Gegenwart zum Ausdruck beziehungsweise erkenne ich im Bild der »Herrscherin« etwas Gegenwärtiges oder etwas Vergangenes? Der Tarot konfrontiert mich mit der Tatsache, daß es in meinem Leben eine Phase der Passivität, der Erstarrung, ja vielleicht der Verfallenheit an AMA, an die Nachtseite, gegeben hat oder gibt, und daß es Zeit wurde oder ist, in die andere Polarität des Handelns, des Wollens, der männlichen Aktivität hinüberzuwechseln. Dies gilt, ganz gleich ob ich Mann oder Frau bin. Ich suche in meinem Leben die entsprechenden Situationen oder Phasen, die in den beiden Bildern zum Ausdruck kommen.

Ebene der Konkretisierung (Page): Ich formuliere und verbalisiere die gewonnenen Erkenntnisse und schreibe sie in mein magisches Tagebuch. Ich weiß nun, daß ich mich aus der Phase der momentanen Erstarrung, in der ich mich befunden habe oder vielleicht noch befinde, lösen muß, daß diese Erstarrung die Gefahr mit sich bringt, daß mein Energiefluß erstarrt und ins Stocken gerät. Ich akzeptiere, daß der Tarot mich auffordert, den Schritt in die andere Polarität zu tun, aus der AMA-haften Erstarrung herauszukommen, nicht mehr weiter abzuwarten, sondern selbst aktiv handelnd in die Gestaltung meines Lebens einzugreifen und die dadurch frei gewordene Kraft, die nun wieder zu fließen beginnt, kreativ einzusetzen, um meinem Leben eine neue lebendige Ordnung zu geben. Ich suche und finde die Gelegenheiten, selbst die allerkleinste, wo ich dies tun kann, und da ich mich auf der Ebene des Pagen befinde, *tue ich es auch.*

»II Die Hohepriesterin« / »XI Kraft«

Ebene der Wahrnehmung (König): Ich nehme einen starken Kontrast wahr. Links »II Die Hohepriesterin«, Ruhe, Stabilität, rechts »XI Kraft«, Bewegung, Veränderung. Links schattige, kalte Farben; rechts helle, ausstrahlende Farben. Links Konzentration, Anziehung; rechts Dynamik, Ausdehnung. Links Abwarten, Passivität; rechts Handlung, Aktivität. Links Geheimnis, Rätsel; rechts Lösung, Auflösung. Links von der Starrheit zur Verflüssigung; rechts von der Ausstrahlung zur Verfestigung.

Ebene der Erkenntnis und Definition (Königin): Die »Hohepriesterin« verkörpert den AMA-Aspekt von Binah. Das heißt, die Anziehung kann zur Fixierung, zur Gebundenheit führen. Diese Gebundenheit kann sich im Abwarten, im Nichthandeln, in Stillstand und Erstarrung äußern. Ich denke an den Satz auf der Ebene zwischen Chockmah und Binah: Zuviel Chockmah (Männlichkeit) ist anarchisches Chaos, zuviel Binah (Weiblichkeit) ist Erstarrung, Tod.

Das ganze Bild steht unter dem Symbol des Mondes. Mond bedeutet Nacht, Nachtseite des Lebens. In der Nacht öffnen sich die Tore zu den Geheimnissen, die mich anziehen, die mich in die Irre der Labyrinthe locken, wo ich Gefahr laufe, meinen natürlichen Weg zu verlieren und entweder zu erstarren oder meine Konturen zu verlieren und zu verfließen (Wasser). Mond und Wasser, mit allem, womit diese Symbole geladen sind, bilden das Thema von »II Hohepriesterin«. »XI Kraft« entspricht auf einer *höheren* Ebene dem AIMA-Aspekt von Binah (die höhere Ebene zeigt sich in der zweistelligen Zahl 1.1), und dadurch unterscheidet sich dieses Bild von der analogen Thematik von »III Herrscherin«.

Die Zeitachse der linearen Bildkombination weist demnach nicht nur nach vorn, sondern gleichzeitig auch nach oben. »XI Kraft« verkörpert den solaren männlichen, aktiven und handelnden Aspekt des »Magiers« auf dieser nächsthöheren Ebene. Das bedeutet Entwicklung, Wandlung nach vorn und nach oben. Es heißt: neu- oder zurückfinden in den Rhythmus zwischen Nacht und Tag; Zurückgezogenheit, Ruhe und Expansion, Handlung. Bin ich ein Mann, so stelle ich mir die Frage: erlebe ich Passivität, die Untätigkeit, die Lähmung (AMA) in mir selbst, oder werde ich in meinem Lebensbereich von außen her damit konfrontiert? Begegne ich in der »Hohepriesterin« meinem weiblichen Partner oder meiner Mutter, und worin besteht der Unterschied? Auch als Mann ist mir vom Tarot die Aufgabe gestellt, den rhythmischen Wechsel zwischen Tag und Nacht auf meiner persönlichen und individuellen Ebene mit zu vollziehen und mich so in die große kosmische Ordnung entsprechend dem Gesetz der Lemniskate harmonisch einzufügen.

Ebene der Handlung (Ritter): Ich beginne, meiner Erkenntnis gemäß zu handeln und in allen Bereichen meines Lebens, in denen ich ein übermäßiges Gewicht meiner Mond- und AMA-Seite wahrnehme, so den Akzent zu verlegen, daß zwischen meiner Mond- und Sonnenseite mehr und mehr Ausgewogenheit entsteht. Passives Empfangen und aktives Geben halten sich die Waage, ebenso der Wechsel zwischen Ruhe und Tätigkeit. Gleichzeitig achte ich darauf, daß meine Bemühungen nicht nur nach vorwärts auf die Zukunft hin gerichtet sind, sondern gleichzeitig auch die Entwicklung nach oben auf eine höhere Ebene hin berücksichtigt wird und somit das Gesetz der Spirale zur Geltung kommt.

Ebene der Konkretisierung (Page): Ich richte meine Aufmerksamkeit nicht nur auf die Durchführung, auf den Versuch, sondern achte darauf, daß meine Arbeit auch zu einem Ziel kommt und ein bleibendes Ergebnis vorhanden ist. Bemühung und Aktivität allein genügen nicht. Erst die Vollendung des Vorhabens, seine Konkretisierung, ergeben die angestrebte und aufgetragene Ganzheit.

Zu Seite 133 f.

»VIII Gerechtigkeit« / »XIII Tod«

Ebene der Wahrnehmung (König): Bild VIII macht einen starken passiven, statischen, ja wir können sagen ausbalancierten Eindruck. Nichts ist in Bewegung, alles verharrt in Ruhe. Bild XIII enthält eine Mischung aus beidem. Statisch empfangend sind die Menschen, ausgedrückt durch ihre abwartende und sich ausliefernde Haltung, während das Pferd des Todes Bewegung zeigt. Ich nehme wahr, daß in Bild VIII der AMA-Aspekt vorherrscht, während in Bild XIII durch die gerichtete Bewegung des Pferdes die männliche Polarität in das Bild eingefügt wird unter Beibehaltung des passiv Weiblichen und dadurch aus AMA AIMA gemacht wird. Dies ist allein aus dem optischen Eindruck der Bilder zu ersehen, ohne daß dadurch spezielle esoterische Kenntnisse eingesetzt werden müssen.

Ebene der Erkenntnis und Definition (Königin): Ich erkenne, daß die Kombination von VIII und XIII, als Zeitachse gesehen, in irgendeiner Weise etwas mit der Wandlung des AMA-Aspektes in den AIMA-Aspekt zu tun hat. Dies scheint zunächst ein Widerspruch zu sein, denn haben wir nicht noch von unserem Studium des Baums des Lebens den Satz im Ohr:

»Zuviel Binah (Weiblichkeit) ist Erstarrung und Tod«? Um diesem Widerspruch auf den Grund zu kommen, betrachten wir jetzt einmal die auf Seite 132 unterhalb von Bild XIII liegende Karte »III Die Herrscherin«. Hier macht es uns keine Mühe, sofort zu erkennen und zu akzeptieren, daß dieses Bild in reinster Form den AIMA-Aspekt auf der ersten Ebene verkörpert. Die »Herrscherin« ist die durch ihre Schwangerschaft zur Mutter gewordene »Hohepriesterin«, die das Kind in ihrem Schoße trägt und darauf wartet, es durch den Akt der Geburt, dargestellt im Wasserfall, aus der bergenden und schützenden Hülle von Binah zu entlassen, und zwar im polar-männlichen Akt der Geburt.

Geburt ist aber auch, wie wir unserem esoterischen Wissensschatz entnehmen können, ein Aspekt, der in Bild XIII mit dem »Tod« verbunden ist (vgl. *Das Rad des Lebens,* S. 181–190). Die Bedeutung von Bild »VIII Gerechtigkeit« in bezug auf die Kombination mit Bild »XIII Tod« wird mir besser verständlich, wenn ich zur Analyse des Bildes VIII der zweiten Reihe des Tarot, nämlich XVIII, zum Vergleich heranziehe. Eine der Schichten, die in diesem Bild vorhanden sind, betreffen den embryonalen Zustand des Menschen vor der Geburt und schaffen somit eine direkte Verbindung zu Bild III, und von daher wiederum zu Bild XIII. Bild XVIII stellt überdies auch in einer sehr betonten Art den AMA-Aspekt dar in Form der Urmutter Hekate, die am Grund des Wassers lauert und den Krebs nicht von sich fortlassen beziehungsweise wieder zu sich herunterreißen will. Will der Krebs sich von diesem Sog befreien, so muß er das feste Land gewinnen und den ihm vorgezeichneten Pfad entlanggehen, der ihn zur Geburt und zu einem neuen Bewußtseinsstand (»XIX Die Sonne«) führt.

Wir erkennen nun, daß Bild VIII vordergründig einen Zustand der Balance anzeigt, aber gleichzeitig darauf hinweist, daß eine Balance, wenn sie nicht ständig entsprechend der kosmischen Ordnung neu überprüft und hergestellt oder neuen Umständen gemäß angepaßt wird, leicht zum tödlichen AMA-Aspekt werden kann, zur Erstarrung und damit zum Tod (Gewohnheiten!). Wir erkennen nun, daß die Kombination VIII/

XIII, als Zeitachse betrachtet, den Tarot-Leser auf diesen Umstand aufmerksam machen will, indem sie ihn offenbar darauf hinweist, daß der Zustand der Ausgewogenheit, in dem er sich befindet, neu überprüft werden sollte, worauf sich dann wahrscheinlich die Erkenntnis durchsetzen wird, daß diese Ausgewogenheit, die einmal ihre Berechtigung hatte, im Begriffe ist oder bereits war, zum AMA-Aspekt zu werden und dringend der Transformation bedarf oder, anders ausgedrückt, die Bemühung um eine Neuwerdung beziehungsweise Neugeburt unternommen werden sollte.

Ebene der Handlung (Ritter): Die Ausgangssituation, mit der ich mich konfrontiert sehe, ist zunächst einmal die Ausgewogenheit, in der ich mich jetzt befinde, vorausgesetzt, ich beziehe die Karte auf meine gegenwärtige Situation. Aber die nach vorne weisende Zeitachse, die zu »XIII Tod« führt – und dieses Bild bedeutet immer, wenn es im praktischen Gebrauch auftaucht, Transformation –, zeigt mir, daß dieser Zustand offenbar nicht von Dauer sein soll. Zwar weiß ich, daß die Ausgewogenheit, die Balance und die Harmonie mit den großen Gesetzen des Kosmos soweit wie möglich anzustreben sind, aber gleichzeitig bin ich mir auch bewußt, daß jede Harmonie, so gut sie sich auch auswirken mag, ihrerseits dem Gesetz der Bewegung und der Entwicklung unterworfen ist, wie das ja deutlich in der Beziehung zwischen Bild XXI und 0 enthalten ist.

Meine erste Aufgabe auf der Ebene des Handelns besteht also darin, meinen Zustand, in dem ich mich befinde und den ich vielleicht als gut und harmonisch empfinde, daraufhin zu untersuchen, ob er sich nicht, wenn ich ihn länger beibehalten will, unversehens zum erstarrenden und damit tödlichen AMA-Aspekt entwickeln könnte. Bild »XIII Tod« sollte auch aus diesem Blickwinkel heraus betrachtet werden. Transformation kann dann in diesem Sinne zweierlei bedeuten: Entweder suche ich nach Möglichkeiten, diesen an sich im Hier und Jetzt oder in der Vergangenheit ausgewogenen Zustand insoweit zu verändern, wie es dem fortlaufenden Rhythmus des kosmischen Gesetzes entspricht und damit offen zu sein oder offen zu werden für neue Entwicklungen, oder ich versäume dies, dann kann es leicht geschehen, daß ich das Bild des Todes von einer ganz anderen Perspektive aus an mir selbst erfahre, nämlich als die Kraft von Geburah (fünfblättrige Rose), die niederreißt, was einer neuen Entwicklung und einer Neuwerdung im Wege steht, wenn die Zeit dazu erfüllt ist. Und diese Einwirkung mit der Kraft von Geburah ist dann weitaus schmerzhafter und härter zu erdulden, als wenn ich sie aus freiem Willen und zur richtigen Zeit selbst einleite. Ich bin wieder konfrontiert mit dem Gesetz: »Wer nicht lebt, wird gelebt.«

Auch hier sehe ich mich direkt in dem Bild des Krebses, der in Bild XVIII, dem achten Bild der oberen Reihe, im Begriffe ist, das schützende Gewässer zu verlassen, um sich auf einen Weg zu begeben, auf dem ihm allerlei Gefahren und Konflikte begegnen können (Hund und Wolf). Der Krebs erlebt also auf seinem Weg ebenfalls Tod, das heißt Transformation, indem für ihn die Geborgenheit und der Schutz des Gewässers stirbt und die Ungewißheit und die Risiken des Lebens auf dem Lande für ihn geboren werden. Aufgabe auf der Ebene des »Ritters« ist es nun, analoge und möglicherweise gleiche Situationen in meinem Leben und in meiner Lebenssituation herauszufinden und entsprechend zu handeln.

Ebene der Konkretisierung (Page): Die Ebene des »Pagen« ist der Ort, auf dem ich praktisch und mit allen Konsequenzen das durchführe und in die Tat umsetze, also konkretisiere, was mir auf der Ebene des »Ritters« für meine eigene Lebenssituation klar geworden ist. Wichtig ist auch hier die Beendung, und das bedeutet, daß alles, was ich tue – und das gilt namentlich für die Ebene des »Ritters« – nur dann einen Sinn erhält, wenn ich es auch bis zum Ende durchführe, wenn daraus eine neue konkrete Situation entsteht und ich wirklich etwas handgreiflich verändert habe. Dadurch, daß der »Page« auf den Füßen steht, also der einzige der vier Figuren der Hofkarten ist, der direkten Kontakt mit dem Erdreich (Malkuth) hat, wird einmal mehr deutlich, daß selbst die höchste Erkenntnis und Einsicht nur dann einen Wert hat, wenn sie auch wirklich auf der Ebene von Malkuth entsprechend realisiert wird.

Anregungen zum divinatorischen Gebrauch der Karten des Waite-Tarot.

Um dem Tarot-Anfänger den Einstieg in die Tarot-Praxis zu erleichtern sowie als Brücke für diejenigen, die vom intuitiven Tarot zum esoterischen Tarot übergehen wollen, habe ich im folgenden sämtliche 78 Karten des Tarots noch einmal einer kurzen Betrachtung unterzogen. Diese Kurzanalysen ersetzen in keiner Weise meine Ausführungen in den zwei ersten Bänden der *Schule des Tarot,* sondern ergänzen sie nur in entsprechender Weise. Auch wer den esoterischen Tarot von Grund auf kennt, ist vielleicht in manchen Fällen froh, diese Kurzanalysen als kleine Hilfe und Kontrolle zu seiner eigenen Analysearbeit zur Verfügung zu haben. Die mit »Warnung« bezeichneten Formulierungen sollten besonders dann beachtet werden, wenn die Karte an einer hindernden Position erscheint. Zu beachten ist ferner, daß meine Ausführungen sich hier ganz auf den Tarot von A. E. Waite beziehen, den sogenannten »Rider-Tarot«, der wahrscheinlich heute das am weitesten verbreitete Tarot-Deck ist. A. E. Waite war meines Wissens der erste, der die Zahlenkarten mit Bildern versehen und die Hofkarten mit entsprechenden Details ausgeschmückt hat. Zahlreiche weitere Zeichner haben Waites Bilder entweder kopiert oder variiert. Waites Zeichnungen der kleinen Arkana sind deshalb bereits seine, Waites, Interpretationen der einzelnen Tarot-Bilder, und meine Ausführungen werden dadurch zum Kommentar seiner Interpretation. Es scheint mir wichtig, dies zu beachten. Ich gestehe, daß ich diesen Anhang nicht ohne einige Bedenken verfaßt habe, weil die Gefahr besteht, daß dadurch eine gewisse Denkfaulheit sowie die Kochbuch- und Tabellenmentalität gefördert wird, die unweigerlich einmal zu Fehlinterpretationen führt. Wer nun meint, seinen Umgang mit dem Tarot und der *Schule des Tarot* auf diese paar Seiten reduzieren zu können, der hätte mich gründlich mißverstanden.

I Der Magier

»Der Magier« kann eine Situation des aktiven Neubeginns (Lemniskate) anzeigen, etwa im Sinne: Etwas Neues soll errichtet oder begonnen werden. »Der Magier« kann oft am Beginn einer neuen Ebene, ohne spirituelle Erhöhung, in Erscheinung treten, legt also den Akzent vorwiegend auf die irdisch-materielle Ebene. Es ist ein Kennzeichen des Magiers, daß er, im Unterschied zu »XI Kraft«, seine Aufmerksamkeit auf die irdisch-materielle Ebene, auf die Welt, in der wir leben, richtet. Die Betonung liegt auf dem Strömen der männlichen Energie. Lebe deine männliche Seite! Laß deine männliche Energie strömen, unabhängig davon, ob du den physischen Leib eines Mannes oder einer Frau hast! Etwas soll von dir ausgehen und womöglich mit Hilfe der vier magischen Werkzeuge beeinflussen, verändern. Du kannst Ausgangspunkt einer Veränderung sein. »Der Magier« bedeutet auch eine Aufforderung zum richtigen Umgehen mit den vier magischen Werkzeugen und nicht zum Spielen damit. *Tue was du willst und wisse was du willst!* (Der Gaukler handelt ohne zu wissen.) »Der Magier« lenkt die Aufmerksamkeit auf das Gesetz »Wie oben, so unten« und fordert auf, entsprechend zu handeln. Ganz allgemein: *Aufforderung zum Handeln, zur Aktivität innerhalb der dir zur Verfügung stehenden Umwelt.*

II Die Hohepriesterin

»Die Hohepriesterin« fordert auf, die weibliche, empfangende, aufnehmende und bergende Energie wirken zu lassen. »Die Hohepriesterin« kann die Aufgabe stellen, abzuwarten und den Dingen ihren natürlichen Lauf zu lassen. In diesem Zusammenhang ist zu beachten, daß die Hohepriesterin die

Hüterin der Thora, des Naturgesetzes ist, das die große kosmische Ordnung enthält. Das kann heißen: *eine abwartende Haltung einnehmen, die den Dingen ihren natürlichen Lauf läßt, im Vertrauen darauf, daß sie dadurch ihre natürliche Ordnung finden.* Also nicht Tun wie der Magier, sondern geschehen lassen. Dabei ist aber zu beachten, daß aus der abwartenden Haltung, die geschehen läßt, nicht unversehens die Trägheit und die Erstarrung wird, die dem in der Hohepriesterin auch enthaltenen lebensfeindlichen AMA-Aspekt entsprechen würde. Ob diese Karte Aufforderung oder Warnung bedeutet, muß im einzelnen Fall vom Fragenden jedesmal genau untersucht werden. Ganz allgemein: Laß deine weiblichen, empfangenden, passiven Energien strömen, ungeachtet, ob du den Körper eines Mannes oder einer Frau hast. Analog zum Magier bezieht sich auch die Hohepriesterin auf die Umwelt, in der du lebst, und fordert nicht in erster Linie die spirituelle Erhöhung.

III Die Herrscherin

»Die Herrscherin« bedeutet Kreativität. Wo der Magier auffordert: Tu etwas, sagt die Herrscherin: Produziere etwas! Es kann auch heißen: *Verbinde deine männlichen und weiblichen Seiten beziehungsweise Energien so in dir, daß etwas Produktives dabei entsteht.* Dabei ist aber auch zu beachten, daß nicht ein Zuviel entsteht. Deshalb kann diese Karte auch eine Warnung sein vor Sattheit, die erdrückt und überquillt und der natürlichen Entfaltung keinen Raum mehr läßt. Auch hier ist die jeweils bestehende Situation genau zu hinterfragen.

Ein wichtiger Aspekt ist auch der *Geburtsaspekt.* Die Herrscherin kann dich in dieser Beziehung auf etwas aufmerksam machen, das geworden ist, das entstanden ist und das nicht mehr rückgängig gemacht werden kann. Du bist in eine Situation gekommen, in der es nur noch vorwärts geht. Jede wehmütige Sehnsucht nach irgendeiner Vergangenheit hat keinen Sinn, weil diese ein für allemal vorbei ist. Ganz allgemein auch: Aufforderung zum Vorwärtsgehen ohne Sehnsucht nach rückwärts. »Die Herrscherin« kann auch eine Konfrontation mit der Mutter bedeuten, sowohl im leiblichen als auch im archetypischen Sinne. Das Matriarchat als Lebensquell oder Erdrückung.

IV Der Herrscher

»Der Herrscher« weist darauf hin, daß etwas auf dieser irdisch-materiellen Ebene zu ordnen ist. Beachte, daß das Ordnen des Herrschers sich vom Handeln des Magiers unterscheidet: Der Magier bringt die Dinge von »unten«, gemäß dem ersten hermetischen Gesetz in Übereinstimmung mit »oben«. Der Herrscher ordnet die Dinge von »unten«, gemäß den Richtlinien, die »unten« Gültigkeit haben. Das heißt, das Ordnen des Herrschers ist materiebezogen, betrifft alles Institutionelle und Soziale und die Gesellschaft. Der Herrscher legt den Akzent auf ordnen und nicht auf verändern. Kann Sicherheit und Geborgenheit oder den Wunsch danach ausdrücken.

Der Herrscher kann auch die Konfrontation sowohl mit dem leiblichen als auch mit dem archetypischen Vater bedeuten. Der Herrscher steht für das Patriarchat, sowohl für seine schützende als auch seine autoritär-unterdrückende Seite (beachte den Unterschied: der Herrscher kann unterdrücken, die Herrscherin erdrücken).

V Der Hierophant

Von der Divination her betrachtet ist der »Hierophant« eine der schwierigsten Karten in der Reihe der großen Arkana. Hilfreich ist vielleicht zunächst die Feststellung, daß der Pfad des Hierophanten von Chockmah nach Tipharet führt. Der Hierophant steht also irgendwie in Beziehung zu Raziel und dessen Funktion auf der Sephira Chockmah (vgl. *Der Baum des Lebens,* Seite 123). Das bedeutet, von einer Sphäre, die für uns auf der irdisch-materiellen Ebene nicht faßbar ist, geht etwas nach Tipharet aus, auf eine Ebene, wo es faßbar wird und aufgenommen werden kann. So betrachtet ist der Hierophant eine *Aufforderung, auf die Führung des inneren Selbst zu hören, offen zu sein für den Fluß, für das Strömen einer Botschaft, die ihren Ausgangspunkt auf einer anderen Ebene hat (Chockmah), und es gilt herauszufinden, auf welche Weise sich diese Botschaft im eigenen Leben (von Malkuth bis Tiphareth) konkretisieren läßt.* Erscheint der Hierophant in einer ausgelegten Kombination, so ist es erfahrungsgemäß für die Interpretation hilfreich, diese Karte als Frage an den Fragenden zu behandeln.

Es können etwa folgende Fragen gestellt werden: Hast du dein Problem in bezug auf die hermetischen Gesetze, besonders das erste, hinterfragt? Hörst du auf das, was dir aus der Tiefe deines innersten Selbst (Individualität) gesagt wird? Wie brauchst du deine Energien, um die gegebene Ordnung des Kosmos in deiner Umwelt zu fördern und zu erhalten oder um diese von oben gegebene Ordnung entsprechend deinen persönlichen Interessen zu manipulieren und zu stören? Der Hierophant setzt den Akzent auf Änderung. Magier und Herrscher fordern auf, *etwas* zu handhaben oder zu ordnen. Der Hierophant sagt: Ändere *dich!*

In der entgegengesetzten Polarität kann der Hierophant für all das stehen, was mit starrem Dogma, blindem, unreflektiertem Glauben, autoritärer Forderung nach blindem spirituellem Gehorsam und ähnlichem zu tun hat.

VI Die Liebenden

Diese Karte zeigt im allgemeinen eine Konfrontation mit der Polarität an. Sie ist eine Aufforderung, sich zunächst ganz grundsätzlich mit dem Gesetz der Polarität auseinanderzusetzen. Dies kann, muß aber nicht, das Gebiet der Partnerschaft, Sexualität und dergleichen bedeuten (»... und Adam erkannte Eva«). Aber es kann auch alles andere betreffen, womit sich der Fragende in einer polaren Spannung befindet. Zu beachten ist, daß das Bild von Waite zwei deutlich erkennbare Polaritätsachsen aufweist. Die eine besteht zwischen Adam und Eva und ist horizontal ausgerichtet. Die andere, vertikale Achse entsteht zwischen dem Menschen (männlich *und* weiblich) und dem Göttlichen, dem Höheren, das am oberen Bildrand durch die Sonne symbolisiert wird. Die Karte kann auch eine Aufforderung beinhalten, sich für einen ganz bestimmten Weg zu entscheiden, entweder für den Weg der Gebote und Verbote oder den Weg der Erkenntnis. Mit anderen Worten: Prüfe, ob du innerhalb des Weges der Konventionen deinen Pfad fortsetzen oder den Weg der Erkenntnis einschlagen willst, selbst wenn es bedeutet, in gewissen Fällen gegen den Strom schwimmen zu müssen.

Die Karte kann auch eine Warnung beinhalten, die Spannung zwischen den Polen nicht zu sehr anwachsen zu lassen, so daß eine Abspaltung, Blockierung entstehen könnte (XV Der Teufel), sondern einen Strom von Energie zwischen den beiden Polen in richtiger Weise fließen zu lassen.

VII Der Wagen

»Der Wagen« befaßt sich mit der *dynamischen* Energie. Die Aussagen dieser Karte müssen also unter dem Aspekt einer Zeit- oder/und Bewegungsachse in Betracht gezogen werden. Die Karte kann dazu auffordern, *Koordination in dein Handeln hineinzubringen* (beachte auch hier wieder den Unterschied zwischen Ordnung und Koordination). Die Karte regt zur Frage an: Ist das, was du tust, in der richtigen Weise koordiniert und auf den richtigen Bezugspunkt hin (achtzackiger Stern) ausgerichtet? Die Karte kann auch dazu auffordern, *für die Vorwärtsbewegung des eigenen Lebens den richtigen Bezugspunkt ausfindig zu machen.* Vom Hintergrund her gesehen (Stadt/Fluß) kann sie auch eine Aufforderung darstellen, aus Sicherheit und Geborgenheit auszubrechen, echter oder falscher, eine Grenze zu überschreiten und das Handeln nach vorwärts auszurichten. Die Karte kann auch als Warnung vor Nichtkoordination, Auseinanderfallen, Disharmonie usw. gedeutet werden sowie vor allzu straffer Zügelung.

VIII Gerechtigkeit

Die Karte »Gerechtigkeit« betrifft die Angelegenheiten, die mit *statischer* Energie zu tun haben. Im Unterschied zum Wagen fordert die Gerechtigkeit dazu auf: Bringt Koordination ins *Sein!* Dieses Sein betrifft alles, was *mit der Existenz an sich* des Fragenden zu tun hat: seine Umwelt, die Lebensumstände, in denen er sich befindet, die Gesellschaft, die Gruppe, deren Teil er ist usw. Das Problem des Fragenden ist in diesem Fall nicht von der Linie, von Chockmah aus, zu betrachten, sondern von der gegenüberliegenden formgebenden Sephira Binah. Die Karte kann eine Aufforderung bedeuten, eigene Lebensumstände dahin zu untersuchen, ob die darin enthaltenen Energien sich gegenseitig in der richtigen Weise abstützen und in Balance halten oder ob irgendwo eine schwache Stelle vorhanden sein könnte, von der her Gefahr droht, daß das Ganze einstürzt. Frage: Ist das, was du *bist,* in Ordnung und in Ausgewogenheit?

In der anderen Polarität kann die Karte auch eine Warnung vor allzugroßer Stabilität, vor Unbeweglichkeit und Erstarrung sein (AMA-Aspekt). Ferner sollte auch beachtet werden, daß die Karte eine Konfrontation mit der Frage sein kann: Soll ich bei der aus der Balance geratenen Waagschale von der schwereren mit dem Schwert etwas wegschneiden oder soll ich auf der leichteren etwas dazu legen, damit die Ausgewogenheit wiederhergestellt werden kann?

IX Der Eremit

Im Intuitiven Tarot wird der Eremit gerne als düstere bis unheilverkündende Karte betrachtet. Das ist sie nicht. Der Eremit bedeutet in allererster Linie eine *Bewußtheit,* die hinter sich und in sich schaut (im Gegensatz zu »XIX Die Sonne«, der Bewußtheit, die nach vorne blickt und sich öffnet). Der Eremit fordert uns auf, die Dinge wertfrei zu betrachten und erst aus dieser so gewonnenen Erkenntnis heraus zu beurteilen. Mach mal Pause, schau zurück und betrachte im Lichte der Bewußtheit, was war.

Die Karte kann auch eine Aufforderung bedeuten, sich dem Getriebe der Welt für eine Weile zu entziehen, um diese bewußte Rückschau und Einsicht durchführen zu können. Aber der »Eremit« kann auch eine Warnung sein, die Zurückgezogenheit nicht zur Isolation werden zu lassen, in der man zu erfrieren droht. Beachte auch die Beziehung zwischen Lampe und Stab: Beide sind dem Feuer verbunden und erinnern an die Zeiten, in denen Licht und Feuer identisch waren. Der Stab zeigt das Feuer in seinem Kraftaspekt, die Lampe zeigt das Feuer als Beleuchtung oder Erleuchtung. Beachte, daß dieses Feuer in der Kälte vorhanden ist. Es besteht also die Möglichkeit, auch in einer einsamen und kalten Situation als »Eremit« Feuer und Licht mit sich zu tragen.

X Das Rad des Schicksals

In der numerischen Abfolge der großen Arkana steht das Rad des Schicksals an einer Stelle, an der der Durchgang zu einer höheren Ebene erfolgt. In den Stationen I bis IX betrachtet der Mensch die Welt mehr oder weniger unter dem Blickwinkel seiner eigenen, ganz persönlichen Erfahrung. Im Rad des Schicksals wird dieser persönlich bezogene Standpunkt zugunsten eines umfassenderen kosmischeren aufgegeben. Im »Rad des Schicksals« kommt also das zum Ausdruck, was in der östlichen Esoterik mit der Aufgabe des Ego oder der Ego-Zertrümmerung gemeint ist. Deshalb kann diese Karte auch eine Aufforderung bedeuten, die Dinge nicht mehr von einem vielleicht allzu engen, persönlichen Standpunkt aus zu betrachten, sondern sich für die größeren und kosmischeren Zusammenhänge zu öffnen und seinen Blick- und Standpunkt entsprechend zu verlegen. *Sei nicht mehr selbst Zentrum, sondern wage ein neues Zentrum außerhalb von dir zu finden!*

Der andere Aspekt dieser Karte, der eng mit dieser Ausweitung verbunden ist, ist die Erkenntnis, daß die Welt aus verschiedenen einander durchdringenden Ebenen besteht, die alle nach einem einzigen Zentrum hin ausgerichtet sind. Die Erscheinungen (Symbole) auf jeder dieser Ebenen können voneinander durch und durch verschieden sein, beinhalten aber eigentlich das gleiche. Von daher gesehen kann die Karte auch eine Aufforderung sein, *dieses Eigentliche und allen Ebenen Gemeinsame zu suchen und womöglich zu erkennen und das eigene, persönliche Leben danach auszurichten.* Die Karte kann auch die Warnung zum Ausdruck bringen, in dieser großen kosmischen Ausweitung nicht die Orientierung zu verlieren (Nabe), was unweigerlich zu einem spirituellen und persönlichen Chaos führen würde.

XI Kraft

Mit der Karte »Kraft« befinden wir uns wieder am Anfang, allerdings auf einer höheren Ebene. Wenn entsprechend einem gebräuchlichen Katalogisierungssystem der Magier mit 0.1 bezeichnet wird, so hat »Kraft« die Nummer 1.1 als erste Karte auf dieser höheren Ebene. Das bedeutet, daß diese Karte, unabhängig davon, ob sie einer Frau oder einem Mann zufällt, zum Ausdruck bringt, daß hier etwas dazu erworben, gemehrt werden muß. Von der Perspektive der großen Arkana als Initiationsweg aus betrachtet ist diese Karte für die Frau eine Aufforderung, zu der ihr natürlich gegebenen Wasserenergie zusätzlich die männlichen Feuerkräfte zu erwerben und zu leben. Für den Mann kann es bedeuten, sein ihm natürlich gegebenes Feuer auf eine höhere Ebene hinauf zu transponieren und es dort zu leben. Hier gewinnt dann der rote Löwe als Symbol der Alchemie eine besondere Bedeutung: Ich-Öffnung. Sowohl für die Frau als auch für den Mann bedeutet es, besonders wenn die Karte in einer linearen Kombination, also in einer Zeitachse ausgelegt ist, einen Hinweis nach oben, auf eine höhere Ebene. Der Magier (0.1) sagt: Handle, tu etwas, und zwar auf der Ebene, in der du dich befindest! »Kraft« (1.1) sagt: *Tu nicht nur etwas, sondern sieh zu, daß dieses Handeln dich zugleich auf eine höhere Stufe erhebt.*

XII Der hängende Mann

Wie bei der Karte »Kraft« ist auch »Der hängende Mann« als 1.2 zu verstehen. Das bedeutet die höhere Oktave der »Hohepriesterin«. Für den Mann bedeutet diese Karte zusätzlich zu den ihm von Natur aus gegebenen Feuerkräften auch den Fluß und die Energie des Wassers hinzuzuerwerben und zu entwickeln. Es bedeutet, zu seiner natürlichen männlich-emanierenden Aktivität auch die andere Polarität, das Aufnehmen, das Empfangen zu entwickeln und zu leben. Das heißt auch, daß der Mann auf sich selbst zurückgewiesen wird. (»Mir selber, ich selbst«.) Es ist auch die Phase des erschlafften Phallus vor seiner Wiederauferstehung.

Auch für die Frau bedeutet »Der hängende Mann« »Hohepriesterin« auf einer höheren Ebene. Sie soll ihre weibliche Energie nicht nur weiter, sondern auch höher entwickeln. Das kann heißen: *Laß an dich herankommen. Sei ruhig, gelassen, gehe in die Stille (aber nicht die Stille des »Eremiten«) und bleibe offen. Laß an dich herankommen, was dich höher und nicht nur weiter bringt.*

Die andere Polarität dieser Karte kann eine Warnung sein vor Lethargie unter der Tarnung des Offenseins oder gibt einen Hinweis auf passiven Widerstand als verkappte Aggression (Sitzstreik).

XIII Tod

Der »Tod« gehört zu jenen Karten, die dem rein intuitiven Tarot-Leser meistens Angst und Schrecken einjagen und ihn mit einem Gefühl der Furcht konfrontieren. Für den Esoteriker bedeutet »Tod« nichts anderes als Transformation, Verwandlung. Statistisch gesehen erscheint die Karte »Tod« relativ häufig in einer Kombination, was nicht weiter verwunderlich ist, da für einen echt Suchenden die Notwendigkeit der Verwandlung, der Veränderung, der Transformation immer gegeben ist. Aber ich habe bisher noch keine Situation beobachtet, in der das Erscheinen der Karte »Tod« auch wirklich den physischen Tod bedeutet hätte, der ja an der Grenze der für uns gültigen irdisch-materiellen Ebene Transformation bedeutet, was einen echten Esoteriker ja nicht unbedingt schrecken sollte. »Tod« bedeutet, von daher gesehen, immer eine Aufforderung oder eine Notwendigkeit, irgend etwas in seinem Leben zu verwandeln oder einer Transformation zu unterziehen. »Tod« kann in der Divination nicht nur die passive Transformation bedeuten, sondern diese Karte kann den Fragenden auch darauf hinweisen, daß etwas aktiv zu verwandeln, zu reinigen ist im Sinne von Geburah (fünfblättrige Rose im Banner des Todes). Etwas muß wegbefördert werden, das die kosmisch gewollte Entwicklung hindert oder stört. Hier kann sich dann allerdings auch die andere Polarität dieser Karte als Warnung zeigen: Zu viel Geburah ist Grausamkeit.

XIV Mischung

»Mischung« beinhaltet das, was nach dem »Tod« kommt. Etwas muß neu zusammengesetzt und neu gemischt werden. In diesem Sinne ist die Karte vor allem als eine Aufforderung zum Offensein gegenüber dieser Neumischung zu verstehen. Die Offenheit von »Mischung« unterscheidet sich sehr signifikant von der Offenheit der »Hohepriesterin« oder des »Hängenden Mannes«. »Hohepriesterin« und »Hängender Mann« sind offen gegenüber dem, was von außen auf sie zukommt. Mischung bedeutet *offen sein gegenüber dem, was in mir selbst geschieht und neu wird.* Nimm den Prozeß wahr, der sich in dir selbst abspielt und zu einer Umorientierung, zu einer Neuzusammensetzung, Neukonstellation der in dir vorhandenen Energien führt. Ein solcher Prozeß ist sehr oft nach außen hin nicht so ohne weiteres erkennbar, obgleich seine Auswirkungen sehr tiefgreifend sein können. So gesehen ist »Mischung« die weichere Analogie zum »Turm«. Die Karte kann ein Hinweis auf ein Zwischenstadium sein. Sie zeigt die Möglichkeit an, daß, nachdem das Alte bereinigt und gereinigt ist, aus dem, was übriggeblieben und vorhanden ist, etwas Neues werden kann und soll.

In der anderen Polarität kann »Mischung« eine Warnung vor Verschwommenheit bedeuten.

XV Der Teufel

»Der Teufel« gehört ebenfalls in die Reihe der für den intuitiven Tarot-Leser angstauslösenden Karten. Dabei kann gerade dieses Bild, wenn man es von seiner tiefsten esoterischen Bedeutung her betrachtet, eines der schönsten und verheißungsvollsten aus der ganzen Reihe der großen Arkana sein. »Der Teufel« bedeutet den aus dem göttlichen Tetragrammaton heraus abgespaltenen Erzengel Auriel. In diesem Sinne kann die Karte eine *Konfrontation damit bedeuten, daß etwas aus einer Ganzheit heraus abgespalten ist und die Funktion eines Schattens übernommen hat.* Dementsprechend fordert dann diese Karte auch dazu auf, diese verlorene Ganzheit wiederherzustellen und das, was abgespalten ist, in die große kosmische Ordnung zurückzuführen. Ist dies geschehen, verwandelt sich der Teufel in den Engel. (Denke auch daran, daß im Baum des Lebens der Pfad, der die Sephirot Jesod und Tiphareth miteinander verbindet, also die untere und die obere Hälfte des ganzen Baumes zu einer Einheit fügt, mit dem Bild des

Teufels besetzt ist.) Auf einer höheren Ebene kann deshalb der Teufel auch die Konfrontation mit einem »Bewohner der Schwelle« anzeigen (vgl. Seite 71), verbunden mit der Aufgabe, diese abgespaltene Energiemanifestation in das Rad des großen Ganzen zu integrieren.

Ein anderes Schlüsselwort dieser Karte heißt Blockade. Man hat sich seiner Trägheit folgend vom Gesetz der Rolltreppe zu tief hinunterfahren lassen und ist nun mit der Kette um den Hals blockiert. In diesem Falle bedeutet die Karte dann auch Ausschau halten, wie man die Kette abstreifen und den Weg nach oben in die Ausgewogenheit wieder antreten kann. Die Karte kann auch eine Warnung vor ungerechtfertigten Projektionen bedeuten. Die andere Polarität dieser Karte ist: Ganzheit, Integration.

XVI Der Turm

Auch diese Karte gehört zu den intuitiv gefürchteten Karten. Dabei zeigt sie, ebenso wie der Teufel, nur stark ausgeprägt, die eine Polarität dessen, was in diesem Tarot-Bild enthalten ist. Praktisch bedeutet dies: *Der Turm hat im Innern auch eine Treppe, und wer diese rechtzeitig benützt, braucht nicht zu fürchten, über die Zinne zu stürzen.* So wie »Der Teufel« ein Zu-Tief anzeigt, macht »Der Turm« auf ein *Zu-Hoch* aufmerksam. Für beide Karten gilt: die Balance ist gestört und muß nach der Mitte hin korrigiert werden. Geschieht dies nicht freiwillig und aus der Einsicht heraus, wird korrigiert, was dann oft als ein schmerzlicher, schockartiger Eingriff des großen kosmischen Gesetzes in das persönliche Leben empfunden wird. Immer wenn »Der Turm« in einer ausgelegten Kombination erscheint, ist zu prüfen, ob man sich irgendwo in der Höhe verstiegen hat oder ob sich die aktive Schleife der Lemniskate zu stark aufgebläht hat. Die Karte kann auch als Warnung gelesen werden, ein beabsichtigtes Unternehmen auszuführen, da die Gefahr besteht, daß durch die geplante Aktivität die Balance empfindlich gestört wird.

Die andere Polarität dieser Karte heißt, nach Höherem streben, aber im richtigen Maße.

XVII Der Stern

»Der Stern« hat zunächst einmal die Grundbedeutung von Fließen an sich. Die Energie (im vorliegenden Fall liegt der Akzent natürlich auf Wasser) soll im Gleichmaß in Fluß gehalten werden. Einerseits soll mit dieser fließenden Energie etwas hervorgebracht werden (Wasser zu Erde), wie dies in den aus dem Boden keimenden zehn Pflänzchen, den zehn Sephiroth am Baum des Lebens entsprechend, dargestellt wird. Andererseits soll in diesem Fließen auch das Spiel, die Lust nicht zu kurz kommen (Wasser zu Wasser) und mit dem Wasser zu Erde ein mögliches Gleichmaß bilden. Auf diese Weise gibt »Der Stern« einen Hinweis auf das Gleichmaß zwischen Lust und der Fruchtbarkeit, dem Spiel und der Produktivität usw. Somit enthält diese Karte eine Aufforderung, *auf dieses Gleichmaß zu achten, was auch immer konkret im Leben des Fragenden mit Fließen gemeint ist,* und warnt davor, dieses Gleichmaß in irgendeiner Weise zu stören und zu verrücken.

Die andere Polarität dieser Karte besteht in Verfließen und Zerfließen, das dann letztlich weder zu Lust noch Fruchtbarkeit und auch nicht zu Spiel und Produktivität führt.

XVIII Der Mond

Die divinatorischen Hinweise dieser Karte sind nicht leicht in Worte zu fassen, was weiter nicht wundert, da der Mond als Sinnbild des Wechselnden jede konkretere Formulierung erschwert. Bei der Interpretation ist zunächst zu beachten, daß diese Karte zwei Teilaspekte enthält, die zunächst jeder für sich betrachtet werden müssen: den Bereich des *Weiblichen* an sich und den Bereich des *Astralen.*

Für eine Frau liegt in dieser Karte die Aufforderung, *sich mit den tiefsten Tiefen ihrer Weiblichkeit zu befassen* und namentlich die Entscheidung zu treffen, welches der drei Gesichter von Hekate sie der Welt und ihrer Umgebung zeigen will: *Selene, Diana oder Hekate.*

Für den Mann gilt analog natürlich das gleiche; *er muß sich mit diesen drei Gesichtern auseinandersetzen,* mit denen er so oder so, ob er dies nun will oder nicht, in seinem Leben mindestens einmal konfrontiert wird. Dieser Aspekt ist namentlich in Fragen der Partnerschaft zu beachten.

»Der Mond« ist auch das Symbol des Wechsels und der Verwandlung. Von da aus gesehen hat diese Karte Verbindung mit »XIII Tod«, und die Karte selbst kann als eine Detailvergrößerung der Landschaft im Hintergrund von Karte »XIII Tod« betrachtet werden. In diesem Falle sind aber die beiden Türme nicht in das Licht der Sonne getaucht, sondern werden vom spiegelnden Mondlicht beschienen. Damit wird diese Karte zur »Welt der Bilder« und kann einen Hinweis darauf bedeuten, daß der Fragende sich zu *sehr in den Bildern seiner eigenen Vorstellungswelt verstrickt hat, daß er in Gedanken, das heißt Reflexionen befangen ist, die ihm etwas vorspiegeln. Du lebst zu stark die lunare Nachtseite in deinem Leben.* Die Karte kann eine Warnung vor einer zu großen Öffnung des Unbewußten sein, dessen Inhalt sich nun unkontrolliert – und das heißt auch unreflektiert – mit dem Inhalt des Bewußten vermengt. Aber gleichzeitig kann die Karte auch ein Hinweis sein, mehr auf seine Träume zu achten, auf das, was aus deren Tiefe und ihren Symbolen emporsteigt. Was es letztlich ist, hängt von der bestehenden Situation des Fragenden sowie von seiner Persönlichkeitsstruktur ab. Unter Berücksichtigung der sich darauf befindenden Tiere Krebs, Wolf und Hund kann die Karte auch eine *Konfrontation mit oder einen Hinweis auf das Embryonale oder Triebhafte bedeuten.* Wenn der Mond in einer Kombination erscheint, dann ist diese Karte in jedem Falle ganz besonders sorgfältig auf alle möglichen Aspekte hin zu überprüfen und zu hinterfragen.

XIX Die Sonne

»Die Sonne« ist die höhere Oktave des Eremiten. Beide bringen Bewußtheit zum Ausdruck. Während der Eremit als gereifter Mensch Rückschau hält und die gemachten Erfahrungen ins Licht der Bewußtheit hebt, so blickt das Kind der Sonne am Anfang seines Lebens unbelastet, aber *bewußt nach vorn* entgegen. Das Licht der Sonne hat die vom Schein des Mondes genährten Geister und Nachtmahre vertrieben, und es wird nun klar, in welche Richtung und wohin es geht: vorwärts. So kann diese Karte eine Aufforderung darstellen, *sich dem, was vor einem liegt, möglichst unbelastet, mutig und bewußt zu stellen. Sag ja zu dem, was als Erfahrung auf dich zukommt, nimm den Kontakt auf, sei bereit und wage dich vorwärts auf den Weg.* Das Wagnis kann um so besser auf sich genommen werden, wenn man das Verhalten der Sonnenblumen in Erinnerung behält, die ihre Blüten im Laufe eines Tages ständig nach dem Licht der Sonne ausrichten. Der Eremit hat die Todeserfahrung noch vor sich, das Kind hat sie bereits hinter sich. Ein wichtiger Aspekt für die Interpretation dieser Karte.

Auch der Feueraspekt der Karte ist bei der Interpretation zu berücksichtigen. In dieser Beziehung weisen sowohl die Mauer im Hintergrund wie das weiße Pferd, auf dem das Kind sitzt, auf die ambivalente Feuerenergie hin, die sowohl wärmen als auch verbrennen kann. Somit stellt die Karte die *Frage nach der richtigen Ausgewogenheit dieser Feuerenergie.* Sie warnt vor zu ungestümem und unbewußtem Vorgehen in bezug auf etwas, das vor einem liegt.

Die andere Polarität der Karte ist: zu trocken, zu heiß. Beachte Brustwarzen und Nabel des Kindes.

XX Gericht

Analog zu »X Das Rad des Schicksals« bezeichnet auch diese Karte eine Verrückung des Standpunktes unter gleichzeitiger Erhöhung auf eine andere Ebene. Beim Rad des Schicksals liegt der Akzent beim Wegrücken vom Ego-Standpunkt hin zur Vision und Integrierung in das große Ganze, zum Persönlichen, zum Allgemeinen; beim »Gericht«, das die Wiederauferstehung, die Reinkarnation (wieder Fleischwerdung) zum Thema hat, wird gewissermaßen wieder der andere Weg eingeschlagen – *vom großen Ganzen hin zum Persönlichen –, aber auf einer höheren Ebene,* wie die sieben Strahlen, die aus dem Schalltrichter der Trompete klingen, als Symbol die Oktave zum Ausdruck bringen.

XXI Die Welt

Diese Karte als Symbol der großen kosmischen Ordnung, die sich in Harmonie und Ausgewogenheit befindet, bedeutet divinatorisch gesehen *die Ordnung, die kosmisch ausgerichtet ist.* In diesem Sinne kann sie durchaus in Bezug zu unserer alltäglichen Umwelt, für unsere ganz persönliche Lebensgestaltung genommen werden. Sie kann also für all das stehen, was unsere persönliche »Welt« ausmacht. Die Welt befindet sich in Übereinstimmung mit der großen kosmischen Ordnung. *Was ist, ist gut.* Allerdings will diese Karte auch darauf hinweisen, daß keine Ordnung beständig ist und daß dies auch für die kosmisch ausgerichtete Ordnung gilt. Die Welt muß in Ordnung gehalten werden. Der Androgyn tanzt, das heißt, der Kosmos befindet sich in ständiger Bewegung. Jede Balance, jede Ordnung hat nur die ihr zugeteilte Zeit. Danach muß sie erneut zum kosmischen Weltei werden, aus dem etwas Neues entstehen kann. Somit kann die Karte zum Ausdruck bringen: *Was bisher war, stimmte, aber seine Uhr läuft ab, und du mußt dich auf eine Änderung vorbereiten und sie womöglich, in kosmischem Sinne ausgerichtet, selbst herbeiführen.*

Selbstverständlich kann die Karte auch die Botschaft enthalten, daß das, *was den Fragenden bewegt, nach diesem großen kosmischen Gesetz auszurichten oder in seinem Lichte zu betrachten ist.* Im Zentrum der Karte steht der Androgyn, Ausdruck der höchsten Vereinigung und Ganzheit des Männlichen mit dem Weiblichen, was dies auch immer konkret bedeuten mag. Die Karte kann auch die Warnung zum Ausdruck bringen, das für einmal als gut Erkannte nun nicht zu institutionalisieren, um das, was doch nur für eine bestimmte Zeit seine Gültigkeit hat und sich ständig neu erweisen muß, für alle Zeit und Ewigkeit zu bewahren.

Die andere Polarität dieser Karte betrifft das Am-Ort-Treten statt des freien schwingenden Tanzens.

0 Der Narr

Im Narren kommt die höchste Form der Ganzheit zum Ausdruck, das Chaos. Wir empfinden das Chaos als »chaotisch«, weil für uns in dieser Form die Ganzheit nur schwer oder meistens überhaupt nicht erkennbar ist. Hier gilt es, divinatorisch gesehen, zu glauben und zu vertrauen. Die Karte kann somit etwas zum Ausdruck bringen, was unserer Erkenntnis entzogen ist, was sich hinter dem Schleier vollzieht, um erst wieder im Bild des Magiers faßbar und erkennbar zu werden. Eine wesentliche divinatorische Aussage dieser Karte heißt also: *Geheimnis.* Beachte in diesem Sinne auch die Doppelbedeutung der Zahl 0, des Kreises, als Symbol für Chaos wie Ganzheit (Mandala). Wo der Narr in einem Kombinationsbild auftritt, dort ist alles möglich, weil dort auch alles enthalten ist. Die Karte bezeichnet auch den Nullpunkt, der immerzu vor uns liegt und in dem das Ende unseres bisherigen Lebens mit dem Anfang eines neuen zusammenfällt. Unbefangenheit.

Als Warnung bringt der Narr zum Ausdruck, sich nicht im Kreise zu drehen, sondern sich für den Durchgang zum Magier hin offenzuhalten. Dieses auf sich selbstbezogene Im-Kreise-Herumlaufen ist auch seine andere Polarität.

Die Stäbe

As der Stäbe

Das Bild zeigt einen kräftigen Stab, der auch in der Form einer Keule gesehen werden kann. Der Stab wird von einer weißen, strahlenden Hand gehalten, die aus einer Wolke herausragt. An der Basis des Bildes ist eine Landschaft mit einer hochragenden Burg gezeichnet. Zehn Blätter (zweimal drei, einmal vier) sind am Stamm befestigt, acht Blätter umsprühen ihn wie Funken.

Das Motiv der zehn aus dem Stab herauskeimenden Blätter hat Waite offensichtlich aus dem »Golden-Dawn«-Tarot übernommen. Dort werden diese zehn Blätter als Darstellungen der zehn Sephiroth bezeichnet. Die strahlende, weiße Hand steht offensichtlich in Verbindung mit Kether. Auf Kether weist auch das Symbol der Spirale hin, das die Zeichnung der Wolke bestimmt.

Das Bild bringt zum Ausdruck, daß sich von irgendwoher (Ain Soph Aur) eine Kraft in diese irdisch-materielle Ebene manifestiert (Hand) und dem Menschen eine Urenergie (Feuer) zur Verfügung stellt, die er als magisches Werkzeug auf dieser Ebene benutzen kann. Diese Feuerenergie ist Ausdruck der göttlichen Kraft, die unsere irdisch-materielle Ebene durchdringt. Die freischwebenden Blätter können auch als Funken vom göttlichen Feuer gedeutet werden. Die verschiedenen Darstellungen der Spirale in der Wolke können als verschiedene Stadien der Urbewegung betrachtet werden, die zur Manifestation in dieser Ebene führen. In den zehn Blättern, die am Stab befestigt sind, kann das Gesetz der Dreiheit erblickt werden, das sich zu einer höheren Einheit entwickelt (vgl. *Das Rad des Lebens,* Seite 197).

Vieles in diesem Bilde kann ausgesprochen phallisch interpretiert werden, wie Waite ja überhaupt den Stäben grundsätzlich eine starke Phallusähnlichkeit gegeben hat. Nicht nur der Stab allein führt zu solchen Assoziationen, sondern auch der Daumen der Hand, die Bäume in der Landschaft und vor allem auch die Burg, die als höchster Punkt in der Landschaft zum natürlichen Blickfang wird. In diesem Zusammenhang können auch die freischwebenden Blätter, die Funken, als Ausdruck der Ejakulation, auf dieser Ebene vielleicht vorwiegend im spirituellen Sinne, verstanden werden. Allgemein bedeutet diese Karte die *Urkraft des Feuers in der Erfahrung der Urbewegung.*

Aufgabe: Dir ist eine Urkraft (hier Feuer) gegeben. Brauche sie! Durchdringe deine Umwelt und den Gegenstand deiner Frage mit diesem Urfeuer!

Warnung: Der Stab trägt Knospen. Brauche also die Feuer-Kraft nicht im Sinne der Zerstörung!

Andere Polarität: Die Keule.

Zwei der Stäbe

Chockmah durch Feuer. Wir befinden uns auf der zweiten Sephira Chockmah. Das bedeutet: Von einem Punkt aus emaniert Kraft als Linie, als Strom. Im Kartenbild erscheint Chockmah als die graue Zinne, und der Punkt, von dem aus die Kraft emaniert, ist der Standpunkt des Mannes auf der Zinne. Die emanierende Kraft von Chockmah sucht ein Gegenüber. Deshalb heißt das gemeinsame Schlüsselwort aller Zweier Begegnung. »Zwei der Stäbe« ist *Begegnung mittels Durchdringung.* Der Blick des Mannes, der über die Landschaft schweift, symbolisiert die von einem Punkt ausgehende Energie. »Soweit das Auge reicht, sind alle Lande mein.« Die Karte bezeichnet eine Energie, die von einem Punkte aus alles durchdringt und auf diese Weise lenkt, regiert und bestimmt. Das Durchdringende muß etwas finden, das durchdrungen werden kann (»zuviel Männlichkeit ist Chaos«). Deshalb sind in diesem Bild auch zahlreiche Anklänge an die Binah-Symbolik zu finden: die Erdkugel in der rechten Hand des Mannes, das Meer. Der rechte Stab ist mit der Mauer verschraubt. Dies kann als Andeutung einer Vereinigung von Lingam und Yoni gedeutet werden.

Aufgabe: Durchdringe mit deiner Feuerenergie deine Umwelt oder das, was deine Frage betrifft, und sieh zu, daß du dabei einen festen Standpunkt behältst. Diese Durchdringung soll auf eine natürliche, lebensfördernde Weise erfolgen.

Warnung: Die Durchdringung darf nicht in einer Weise erfolgen, daß aus einer natürlichen Autorität die Kontrolle und Überwachung wird, die einengt und unterdrückt und keine natürliche Entfaltung des Lebens mehr ermöglicht.

Andere Polarität: Überwachung, Kontrolle.

Drei der Stäbe

Binah durch Feuer. Durchdringung mittels Verbundenheit. In diesem Bild sind die Stäbe nicht mehr auf äußerliche Weise mit dem Grund verbunden wie bei »Zwei der Stäbe«, sondern sie wachsen aus dem Boden heraus. Dieses Herauswachsen bezeichnet den AIMA-Aspekt von Binah. Dieser Aspekt ist ebenfalls in der Kurslinie der Schiffe (geblähte Segel) enthalten sowie in der Farbe des Wassers, das Assoziationen zu »III Die Herrscherin« erweckt. Gemeinsames Schlüsselwort aller Dreier: Austausch. Die Karte drückt ganz allgemein Verwurzelung, Ortsgebundenheit aus. Der Mann dreht dem Betrachter den Rücken zu. Er ist also an einer Kontaktaufnahme nicht unbedingt interessiert. Er will bleiben, wo er ist. Das gleiche deutet auch die rechte Hand an, womit er sich an dem aus dem Boden herauswachsenden Stab festhält. (Beachte den feinen Unterschied zu »Zwei der Stäbe«. Dort hält der Mann einen Stab in der Hand und stützt ihn auf die Mauer, hier hält sich der Mann am Stab fest.)

Aufgabe: Sei mit deinem Grund verwurzelt und tausche mit der (weiblichen) Erde die Kraft des Feuers aus.

Warnung: Sieh zu, daß die Verwurzelung und die Verbindung mit der weiblichen Erde nicht zur Fixierung wird, die dich an der Kommunikation hindert. (In einigen Fällen habe ich beobachtet, daß diese Karte den Hinweis auf einen latent vorhandenen Ödipuskomplex gab. Das heißt aber nicht, daß sie in jedem Fall so interpretiert werden darf.)

Andere Polarität: Kontaktarmut, Unbeweglichkeit, Fixierung (eventuell Ödipuskomplex).

Vier der Stäbe

Feuer durch Chesed. Das gemeinsame Schlüsselwort der Vieren: genug. Hier steht es im Sinne von: *nicht zuviel.* Ganz allgemein drückt »Vier der Stäbe«, wie alle Vieren, einen Grenz- und Ausgleichsstatus aus. »Vier der Stäbe« bedeutet vielleicht: *Es ist genug Kraft da. Mehr wäre weniger oder gar schädlich, da die Balance des Baums des Lebens gestört würde.* Der Kranz an der Spitze der vier Stäbe kann als Symbol dieser weisen Beschränkung aufgefaßt werden. Wo genug ist, da ist etwas auch beendet und möglicherweise vollendet. Alles muß irgend einmal zum Abschluß kommen, denn zuviel Mehrung wäre ungesund und Schwäche. Die Burg auf dem Kartenbild ist nun fertig gebaut, und nach dem Einweihungsfest ziehen die Menschen über die Brücke ein, um sie zu bewohnen. Das Bauen der Burg war nicht Selbstzweck, sondern hatte den Sinn, eine Wohnung zu errichten.

Aufgabe: Wenn etwas den Stand des Genugseins erreicht hat, laß es vom Leben (Feuer) durchdringen. Der Akzent liegt nicht wie bei »Zwei der Stäbe« auf dem Durchdringen an sich, sondern beachte, wann *genug* durchdrungen ist. Dies zeigt zugleich an, daß eine Wandlung vollzogen werden soll, hier vom Bauen zum Wohnen.

Warnung: Verpasse nicht den Punkt der Beendung beziehungsweise Vollendung. Strömt das Feuer über diesen Punkt hinaus, wird es zur Schwäche.

Andere Polarität: Immer mehr bauen und ausbauen und nie bewohnen.

Fünf der Stäbe

Feuer durch Geburah. Gemeinsamer Schlüsselbegriff der vier Fünfen: *rechtmäßig.* Wir befinden uns auf Geburah, und hier dient der Stab als Instrument der Formerhaltung durch Reduktion und Korrektion. Das Kartenbild zeigt eine Szene der Aggression und Auseinandersetzung. Bei der Interpretation dieser Karte müssen wir stets daran denken, daß Aggression an sich nicht negativ zu beurteilen ist. Sie ist eine notwendige Voraussetzung, um den dir zukommenden Platz in der großen kosmischen Ordnung zu behaupten. (Wenn sich dein Immunsystem nicht aggressiv gegen die eindringenden Bakterien verhalten würde, wärest du schon lange tot.) Deshalb können wir davon ausgehen, daß die im Kartenbild dargestellte Szene einen unrechtmäßigen Angriff darstellt, der in rechtmäßiger Weise abgewehrt wird. »Fünf der Stäbe« bringt zum Ausdruck, daß man sich nicht von seinem recht-mäßigen Platz verdrängen lassen soll, der einem im Sinne der kosmischen Ordnung zugeteilt worden ist, und sich gegen jeden ungebührlichen Angriff entsprechend verteidigen soll.

Aufgabe: Setze deine Feuerkraft ein, um den dir gebührenden Platz zu behaupten. Stelle dich dem Konflikt und trage ihn aus.

Warnung: Hüte dich vor destruktiver Aggression, die zur Grausamkeit wird (zuviel Geburah ist Grausamkeit). Entziehe dich nicht der Auseinandersetzung oder dem Konflikt (zuviel Chesed ist Schwäche).

Andere Polarität: Mißbrauch der Feuer-Kraft, um andere zu verletzen, ihnen ungerechtfertigt zu schaden.

Sechs der Stäbe

Feuer durch Tipharet. Gemeinsamer Schlüsselbegriff aller Sechsen: Ausgleich. Bei Waite scheinen die Motive der Kartenbilder der Sechsen eine direkte Beziehung zu den Motiven der Fünfen zu haben. Die Auseinandersetzung von »Fünf der

Stäbe« ist zu einem guten, wieder ausbalancierten Ende gekommen. Der unrechtmäßig vertriebene König hat seine Feinde abgewehrt und besiegt und nimmt nun das ihm zustehende Reich in Besitz. *Die Situation ist auf der Ebene der Feuerenergie ausgeglichen und in Balance.*

Aufgabe: Nachdem der Konflikt ausgetragen ist, ist nun die Voraussetzung gegeben, etwas Effektives zu tun beziehungsweise zu vollenden. Entfalte deine Feuerenergie, um einen bestehenden oder wiederhergestellten Zustand mit Ausgeglichenheit und Harmonie zu durchdringen.

Warnung: Hüte dich in bezug auf die Feuerenergie vor Unbalanciertheit und Unausgewogenheit. Stelle dir die Frage, ob du nach dem rechten Zentrum (Nabe) hin ausgerichtet bist!

Andere Polarität: Ich-Bezogenheit, Überheblichkeit.

Sieben der Stäbe

Feuer durch Nezach. Gemeinsamer Schlüsselbegriff der vier Sieben: konturlos, schwankend. Es besteht eine gewisse Ähnlichkeit mit »Fünf der Stäbe«. Aber hier geht es nun nicht um die rechtmäßige Auseinandersetzung, sondern um die Auseinandersetzung an sich, ohne den formerhaltenden Aspekt von »Fünf der Stäbe«. »Sieben der Stäbe« bringt zum Ausdruck, daß bloße Kraftprotzerei zu nichts führt, besonders dann, wenn keine rechtmäßige Motivation zu erkennen ist (auf dem Kartenbild sind keine Gegner zu sehen). Die Karte kann dir den Hinweis geben, *daß du zwar tapfer bist, aber letztlich nichts davon hast, weil du es zur falschen Zeit oder am falschen Ort bist.*

Aufgabe: Halte Stand ohne vorerst ein Ergebnis zu erwarten. (Daß dieses etwas konturlos, schwankend sein kann, darf nicht von vornherein negativ interpretiert werden. Auch hier kommt es auf die ganz spezielle Situation an.)

Warnung: Hüte dich vor unbedachtsamer reiner Kraftentfaltung, etwa: »Euch zeig ich's!«

»Hier läuft ein Kerl und schwingt die Halebart,
Der's nicht bemerkt, daß er getötet ward!« C. F. Meyer
Hüte dich davor, deine Kräfte in eine paranoide Haltung zu vergeuden.

Andere Polarität: Kraftprotzerei.

Acht der Stäbe

Feuer durch Hod. Gemeinsamer Schlüsselbegriff aller Achten: *Bewegung innerhalb einer gegebenen Strukturierung.* Für Waite repräsentiert »Acht der Stäbe«: »Bewegung durch das Unbewegliche« (»motion through the immovable«). Meine Formulierung ist eher: Durchdringung der Begrenzung oder Begrenzung der Durchdringung. Wo Hod vorherrscht, sind der Entfaltung der Feuer-Kraft durch die Strukturierung von vornherein Grenzen gesetzt. Die Struktur hemmt und setzt Grenzen, und dadurch wird ein Maß gesetzt. Waite drückt dies so aus: »Das Ende ihrer Flugbahn zeichnet sich ab.« (»They draw to the term of their course.«) »Acht der Stäbe« drückt aus, daß *etwas sein vorgegebenes Maß erreicht. Die Grenze des Möglichen wird jetzt oder bald erreicht.*

Aufgabe: Die Bewegung beziehungsweise Durchdringung ist nicht auf alle Zeiten machbar oder haltbar. Nütze deshalb *schnell* den Augenblick, bevor sich die Umstände entsprechend ändern und die Strukturierung von Hod die Oberhand gewinnt.

Warnung: Hüte dich vor Voreiligkeit und davor, etwas gewaltsam erzwingen zu wollen.

Andere Polarität: Zwängerei; eine natürlich gegebene Grenze gewaltsam durchdringen wollen.

Neun der Stäbe

Feuer durch Jesod. Gemeinsamer Schlüsselbegriff der vier Neunen: lebendig sein. Das Bild erweckt den Eindruck von *großer Kraft.* Die Gestalt im Vordergrund ist in Bereitschaft,

»als würde sie einen Feind erwarten«. Wie alle Neunen kann auch »Neun der Stäbe« einen sehr direkten sexuellen Bezug aufweisen. Da die Karte mit dem Element Feuer verbunden ist, kann durch sie eine starke phallische Kraft zum Ausdruck gebracht werden. Die Karte gibt einen Hinweis, daß der Gegenstand der Frage von einer »großen Kraft« (möglicherweise Sexualität) durchdrungen ist. *Diese Kraft manifestiert sich in einem starken Spannungszustand, der wie eine Bereitschaftsstellung erfahren wird. Die Karte kann ebenfalls die Konfrontation mit einer stark betonten Kraft* (eventuell genitale Sexualität phallisch oder vaginal) zum Ausdruck bringen. Die Konfrontation kommt in der Palisadenreihe der Stäbe zum Ausdruck.

Aufgabe: Setze dich mit einer starken Spannung (eventuell phallischen beziehungsweise vaginalen Sexualität) auseinander. Untersuche die bestehende Situation, ob diese möglicherweise von dir die Bereitschaft verlangt, ihr nachzugeben und sie auszuleben.

Warnung: Hüte dich davor, in einem Spannungszustand irgendwelcher Art allein, ohne nachfolgende Lösung, bereits Leben zu erblicken. Hüte dich vor bloß phallisch beziehungsweise vaginal betonter, aggressiver Sexualität, bei der der eregierte Penis beziehungsweise die geöffnete Vagina ihre Spannung nicht lösen oder nicht lösen können.

Andere Polarität: Krampf.

Zehn der Stäbe

Feuer durch Malkuth. Der gemeinsame Begriff der vier Zehnen ist die Verdinglichung, die zu einer Schwerung (aber nicht Erschwerung) führt. Die fliegenden Stäbe von »Acht der Stäbe« haben die Erde erreicht. Sie verbinden sich mit ihr, *aus der Durchdringung wird die Eindringung,* und sie erreichen damit Schwere. Dies kommt in der Haltung des Mannes zum Ausdruck, der sie (die Feuerkraft ganz allgemein) bündeln und ordnen will.

Die Karte bringt in etwa eine Situation zum Ausdruck, in der *ein Samenkorn in die Erde gesteckt wird.* Das Samenkorn ist nicht unbedingt das, was man haben will, sondern man will das, was zu gegebener Zeit aus ihm hervorwächst. (Beachte in diesem Zusammenhang auch die Wandlung von Malkuth in das Kether des unteren Baumes.)

Aufgabe: Stelle die Feuerkraft auf einen Grund, in den sie eindringen kann. Wandle deine Feuerkraft (eventuell Sexualität) um in etwas Neues, das die »Schwere« überwindet. (Beachte in diesem Zusammenhang die Analogie des »Wasser zur Erde« von »XVII Der Stern« und »Feuer zur Erde«.) Beachte, wenn die Zeit da ist zu säen.

Warnung: Halte nicht in der Luft, was jetzt in oder auf den Boden gehört.

Andere Polarität: Die Unterdrückung von etwas, das seinen natürlichen Verlauf nimmt.

Die Kelche

As der Kelche

Aus einer Wolke erscheint eine strahlende weiße Hand, die einen Kelch trägt. Sie ist eine Darstellung von Kether, wo sich die göttliche Kraft manifestiert (manifestieren heißt handgreiflich werden). Auch die Spiralen der Wolke sind leicht als das Primum Mobile von Kether erkennbar. Die Kraft kommt von jenseits der Wolke (Ain Soph Aur) und wird dem Menschen auf der irdisch-materiellen Ebene als das Werkzeug des Kelchs gegeben. Der Kelch ist das magische Werkzeug der Wasserenergie. So bedeutet »As der Kelche« zunächst die Urenergieform des Wassers. Wasser ist Fließen.

Aber die Form der Hand zeigt auch die andere Eigenschaft des Kelches, nämlich bergen, etwas in seinem Innern bergen, aufbewahren, um es zu gegebener Zeit fließen beziehungsweise überfließen zu lassen. Hier zeigt sich bereits, daß das magische Werkzeug des Kelches unter den zwei Aspekten AMA und AIMA gesehen werden muß. Fünf Ströme, geteilt in zwei und drei, stellen die Verbindung zur Wasserfläche im unteren Bildteil her. (In seinem Kommentar erwähnt Waite nur vier Ströme, obgleich es offensichtlich fünf sind, und gibt den Hinweis, daß in diesen vier Strömen das enthalten sei, was in den kleinen Arkana verborgen sein möge. Es sind dies offensichtlich die vier Elemente als objektive Energieäußerungen, durch deren verschiedene Manifestationen in Verbindung mit der sephirothischen Energie der Mensch seine Umwelt wahrnehmen und auf sie einwirken kann. Diese vier Elemente werden vom fünften, dem Äther, durchgeistigt.) Vom Himmel herab schwebt eine Taube, die mit ihrem Schnabel eine weiße, mit einem Kreuz versehene Hostie in den Kelch legt.

Nach einer alten gnostischen Tradition schwebte bei der Schöpfung der Welt der Geist Gottes als Taube über den Wassern. Das Kreuz ist das Symbol der Verbindung von Gegensätzen. Eine solche Verbindung deuten auch die übrigen Bildmotive an: Die fünf Strahlen des Kelches stellen die Verbindung zur Wasseroberfläche dar. Auf dieser Wasserfläche schwimmen Wasserlilien, die am Grunde des Wassers gekeimt und im Laufe ihres Wachstums den Weg durch das Wasser hindurch an die Oberfläche zum Licht angetreten haben (vgl. Symbolik des Lotos, *Das Rad des Lebens,* Seite 77). Damit wird auch klar zum Ausdruck gebracht, was die Aufgabe des Flusses der Wasserenergie sein soll, nämlich Verbindung schaffen, namentlich Verbindung zwischen Gegensätzen, um sie in die kosmische Harmonie zu führen. Eine solche Verbindung geschieht auf dem Kartenbild in drei Ebenen, vom Göttlichen (Taube) zum Werkzeug (Kelch) innerhalb der irdisch-materiellen Ebene und vom Werkzeug als Handlungsinstrument zu dieser Ebene selbst (Wasserfläche). Die freischwebenden Tropfen mögen eine ähnliche Bedeutung haben wie die freischwebenden Blätter im »As der Stäbe«: Tropfen vom göttlichen Wasser.

Aufgabe: Dir ist als magisches Werkzeug der Kelch, das Fließende in die Hand gegeben. Beachte ihn, nütze ihn!

Warnung: Gebrauche den Kelch und das Fließen, nicht nur der vier Ströme (Elemente), sondern laß sein Wirken auch vom fünften, dem Äther, begleitet sein.

Andere Polarität: Überschwemmung.

Zwei der Kelche

Chockmah durch Wasser. Gemeinsamer Schlüsselbegriff aller Zweien ist Begegnung. In »Zwei der Kelche« ist es *Begegnung mittels Vermischung,* Vereinigung. Im Kartenbild wird diese Begegnung durch einen jungen Mann und eine junge Frau dargestellt, die einander, jedes einen Kelch in der Hand, gegenüberstehen. Das Symbol des Merkurstabes mit dem roten

Löwen über den Kelchen drückt aus, daß durch diese Begegnung etwas in Gang gesetzt wird.

Jede Begegnung ist zunächst einmal Konfrontation. Hier im speziellen die Konfrontation von Mann und Frau. Jedes bringt einen Kelch mit sich, dessen Inhalt vorläufig noch unbekannt ist. Dahinter stehen unausgesprochen die Fragen: Wer bist du? Was bringst du mit? Sie werden es erst wissen, wenn sie das Wagnis eingehen, den Inhalt ihrer beiden verschiedenen Kelche zu vermischen. Dadurch entsteht Liebe. Liebe ist einfach Ausdruck des Strömens von Energie zwischen zwei Polen. Die verschiedenen Formen der Liebe, wie Eros, Sex, Agape usw. sind Auswirkungen dieses Strömens, aber nicht die Liebe selbst. Die Liebe selbst zeigt sich nur in der Vereinigung, in der Vermischung.

In »Zwei der Kelche« heißt dies vorerst einmal: Gefühlsaustausch. Daß daraus aber noch etwas anderes werden kann, zeigt der Merkurstab mit dem roten Löwen. Der Merkurstab ist das Symbol der aufsteigenden Kundalini-Kraft. Der rote Löwe bedeutet in der Alchemie auch die »Ich-Öffnung«. Somit wird klar, daß in der Vereinigung, in der Vermischung, ganz gleich welcher Art, die Kraft emporsteigen und das Ich öffnen soll. Liebe soll strömen, soll in Bewegung bringen. Im Hintergrund steht auf einem Hügel das von Bäumen umgebene Haus als Ausdruck des Ortes, wo diese Liebe gedeihen kann.

Aufgabe: Nimm die Konfrontation an und wage die Vermischung deines Kelches mit dem des andern. Laß strömen! Liebe!

Warnung: Verharre nicht in der bloßen Konfrontation ohne die Vermischung, das heißt ohne die Liebe zu wagen. Erst dann kannst du erkennen und beurteilen, ob sich die Inhalte der beiden Kelche vertragen.

Andere Polarität: Die Konfrontation, die zur Stauung wird.

Drei der Kelche

Binah durch Wasser. Gemeinsamer Schlüsselbegriff der vier Dreien: Begegnung. In »Drei der Kelche« Begegnung durch Vermengung. In dieser Karte wird ganz speziell der AIMA-Aspekt von Binah zum Ausdruck gebracht. Der Akzent liegt auf dem Fließen des Wassers und das dadurch hervorgerufene Überfließen des Kelches. Der AIMA-Aspekt äußert sich als *Überfluß,* als *Fülle,* wie dies auch die Zeichnung des Kartenbildes am Boden zum Ausdruck bringt. Der Kelch gibt wieder, was in ihn hineingegossen wurde, er kann getrunken werden. Auch von daher ergibt sich Überfluß, Fülle. Die drei tanzenden Frauen (Binah) zeigen einen wichtigen Aspekt des Fließens, die *Bewegung.* (Die Bewegung als solche; Luft als Bewegung bewirkt und wirkt ein.) Der Fluß des Wassers wird also besonders von seinem Bewegungsaspekt her erfaßt. Das wechselseitige Überfließen der drei Kelche führt zum Austausch und weiter zur Vermengung. Das Fließen geschieht also im Austausch und nicht als Strömen von einem Punkt aus wie bei Chockmah.

Aufgabe: Gib dich der Bewegung des Fließens ganz hin, bis hin zum Überfluß und zur Fülle. Sei fruchtbar!

Warnung: Das Fließen soll nicht einfach »l'art pour l'art« sein, sondern Früchte bringen.

Andere Polarität: Die reißende Flut.

Vier der Kelche

Chesed durch Wasser. Gemeinsames Schlüsselwort der vier Vieren: genug. in »Vier der Kelche« wird es zum *»nicht zu wenig«.* Das Kartenbild von »Vier der Kelche« zeigt dieses »Zu-wenig« oder »nicht genug« sehr deutlich. Unter einem Baum sitzt ein junger Mann, der traurig auf drei gefüllte Kelche vor ihm blickt, die ihm offensichtlich »nicht genug« oder »zu wenig« sind. In deutlicher Anspielung auf das »As der Kelche« erscheint neben ihm eine Hand aus einer Wolke und streckt ihm den vierten Kelch entgegen, den er offensichtlich (noch) nicht bemerkt. Daraus ergibt sich die Aussage: *Unzufriedenheit, die in Zufriedenheit gewandelt werden kann, wenn man aufmerksam ist und erfaßt, was einem die Hand aus der Wolke darbietet.* Die Karte kann deshalb auch einen deutlichen Hinweis bedeuten, daß etwas nicht gesehen wird, was offensichtlich aber vorhanden ist und bereitgehalten wird.

Aufgabe: Nimm deine Chance wahr und mach mehr aus dem, was jetzt ist. Sieh, ob dazu nicht Möglichkeiten vorhanden sind, die du bisher nicht bemerkt hast.

Warnung: Vor Unzufriedenheit infolge allzu enger Betrachtungsweise.

Andere Polarität: Verbohrtheit.

Fünf der Kelche

Geburah durch Wasser. Gemeinsamer Schlüsselbegriff der vier Fünfen: rechtmäßig. Die Kraft des fließenden Wassers wird dazu verwendet, um all das wegzuschwemmen, was zu viel ist und die Ausgewogenheit verschmutzt. Das Kartenbild stellt diese Reinigungsfunktion als Strom der Tränen dar, die alles Leidvolle wegschwemmen und den Boden so zu etwas Neuem vorbereiten. Wir erblicken auf dem Kartenbild eine schwarze, trauernde Gestalt, die auf drei ausgegossene Kelche blickt, die ihren Inhalt in den vorüberfließenden Strom entleert haben. Zwei weitere Kelche warten noch darauf, ausgegossen zu werden. Ist dies getan, dann kann die Brücke überschritten werden und die Ruine auf dem anderen Ufer wiederhergestellt und von neuem bewohnbar gemacht werden. (Vergleiche Zusammenhang mit »Vier der Stäbe«.) »Fünf der Kelche« gibt den Hinweis, daß *etwas durch Trauer-Arbeit gereinigt und bereinigt werden muß.*

Aufgabe: Laß fließen, bis alles, was ein Neuwerden behindert, weggeschwemmt und gereinigt ist, dann geh über die Brücke und errichte aus den übriggebliebenen Ruinen das Neue.

Warnung: Es ist nicht gut, in der Trauer zu verharren (zuviel

Geburah ist Grausamkeit) und nicht über die Brücke zu gehen.
Andere Polarität: Schwermut.

Sechs der Kelche

Tipharet durch Wasser. Gemeinsamer Schlüsselbegriff der vier Sechsen: Ausgleich. Auch diese Karte steht in engem Zusammenhang mit »Fünf der Kelche«. Die Trauerarbeit ist beendet, die Brücke wurde überschritten und die Ruine wurde wiederhergestellt. Die Freude wird wiedergefunden, und man erhält das aus den Kelchen vergossene Wasser (Tränen) in der verwandelten Form von Blumen wieder. Die Blumen sind in der Form des Pentagramms gehalten und deuten so auf die Ganzheit im Sinne der Wiederherstellung hin. Auch das Kreuz im Wappen links unten gibt Hinweis auf Ganzheit und Vereinigung. Die Gestalten auf dem Kartenbild sind Kinder. Vielleicht ein Hinweis auf das magische Bild von Tipharet.
Aufgabe: Laß dir die (verlorene) Freude (wieder) schenken. Baue aus den Trümmern die Burg neu. Freue dich! Sei offen für den Austausch der Freude mit anderen.
Warnung: Vor allzu selbstbezogener Freude unter geflissentlicher Ausklammerung der Außenwelt.
Andere Polarität: Das trotzige »Ich bin mir selbst genug«. (Beachte hier die Beziehung zu »Vier der Kelche«, die erst ganz verständlich wird, wenn man sie im Baum des Lebens betrachtet.)

Sieben der Kelche

Nezach durch Wasser. Gemeinsamer Schlüsselbegriff der vier Sieben: konturlos, schwankend. In »Sieben der Kelche« als einer Verbindung von Fluß und fließen erreicht der Prozeß des Fließens seine höchste Intensität. »Sieben der Kelche« zeigt dieses höchste Maß von Fließenlassen und bringt es zum Ausdruck. Da wir uns durch das Element Wasser im Gefühlsbereich befinden, bringt »Sieben der Kelche« vor allem den freien Lauf und den Fluß der Gefühle und Emotionen zum Ausdruck. »Sieben der Kelche« ist deshalb ein *Hinweis zum Loslassen, zum Fließenlassen – seien es Gedanken, Gefühle oder Emotionen – ohne zu erwarten, daß dieses Fließenlassen zu irgendeinem Resultat oder einer Konkretisierung führt.* »Illusion« wird etwas nur dann, wenn man versucht, das, was zu fließen gestimmt ist, in irgendeiner Weise zu formen, zu halten oder zu strukturieren. Das kann praktisch bedeuten, daß ich meine Gefühle des Zorns, des Hasses, der Wut durchaus fließen lassen darf, solange ich darauf verzichte, ihnen in irgendeiner Weise eine konkrete Form oder eine Gestalt zu geben. (Das Gestaltlos von Nezach hat auch hier mit dem entsprechenden Begriff der Gestaltspsychologie zu tun.) »Ich habe ein Gefühl, daß ich dich umbringen könnte, auch wenn ich weiß, daß ich es letztlich doch nicht tun werde«, drückt ziemlich genau diesen Aspekt von »Sieben der Kelche« aus. »Illusion« werden die fließenden Gefühle auch dann, wenn der Träger der Gefühle keinen festen Boden (Malkuth) unter den Füßen hat und nicht einsieht, daß das Fließen allein nicht Konkretisierung sein kann. (Erst »Page der Kelche« stellt diesen Zustand dar.)

Aufgabe: Laß deinen Gefühlen und Vorstellungen, Imaginationen und Emotionen freien Lauf, aber verzichte (vorläufig) darauf, von diesem Fließen die Konkretisierung in eine bestimmte Form oder Gestalt zu verlangen. Dies würde sich als »Illusion« erweisen.

Warnung: Ich kann mich im Moment nicht auf meine Gefühle verlassen, weil sie mich eine Situation möglicherweise so erleben lassen, wie sie nicht ist. (»Sieben der Stäbe« warnt vor paranoidem Handeln. »Sieben der Kelche« warnt vor paranoidem Betrachten einer Situation.) Warte mit deinem Handeln ab, bis sich wieder Festigung und Klarheit zeigen.

Andere Polarität: Illusion.

Acht der Kelche

Wasser durch Hod. Gemeinsamer Schlüsselbegriff der vier Achten: Bewegung innerhalb einer gegebenen Strukturierung. Bei »Acht der Kelche« kann das bedeuten: man hat in etwas (Hod) Wasserenergie (das kann Gefühl heißen) investiert und merkt nun, daß die Struktur stärker ist und durch den Fluß des Wassers nicht verändert werden kann. Die festgefügte Struktur von Hod stellt sich einem natürlichen Fließen des Wassers sehr entgegen. In dem Augenblick, da man zur Erkenntnis kommt, daß dieser Fluß trotz aller Bemühungen nicht möglich ist, muß das investierte Kapital (eventuell das Gefühl) abgeschrieben werden. Die gegebenen Verhältnisse lassen nichts anderes zu, als die vorhandene Situation (die Art des Flusses muß genau hinterfragt werden) aufzugeben.

Diese Situation kommt deutlich im Bild der Karte zur Darstellung. Im Vordergrund steht eine Reihe von festgefügten, offenbar unverrückbaren Kelchen. Der Mann auf dem Bild hat diese Kelche bis zum Rand gefüllt und merkt nun, daß sie ihren Inhalt nicht mehr hergeben wollen (AMA). Es ist in diesem Falle besser, aufzugeben, bevor noch mehr verlorengeht, und sich einem neuen Ziel zuzuwenden. Die diffuse Landschaft und die unklare Situation zwischen Wasser und Erde geben diesen Eindruck wieder. Zu beachten ist vielleicht noch, daß die vereinigten Sonne und Mond auf dem Bild dem Symbol des Grals entsprechen. Vielleicht liegt der Neubeginn für die Person auf der Karte auf einer anderen und auch höheren Ebene.

Aufgabe: Löse den Fluß deiner Energie (eventuell Gefühl) von etwas, das sich diesem Fluß stark und starr entgegenstellt (AMA). Verzichte darauf, zurückzuerhalten, was du investiert hast, und suche etwas, das sich dem gegenseitigen Austausch besser erschließt. Brich aus der paranoiden Verstrikkung von »Sieben der Kelche« aus.

Warnung: Vor zu frühem Aufgeben. Vor zu pessimistischer Einschätzung des Fragethemas.

Andere Polarität: Totale Selbstaufgabe.

Neun der Kelche

Wasser durch Jesod. Gemeinsamer Schlüsselbegriff der vier Neunen: *lebendig sein durch Fließen.* Das Bild zeigt einen zufriedenen und befriedigten Menschen vor einer kelchartig gebogenen Theke mit neun bis an den Rand gefüllten Kelchen, die darauf warten, ausgetrunken zu werden. »Neun der Kelche« zeigt an, daß das Fließen der Gefühle sich durchaus auch materiell ausdrücken kann und genossen werden darf und soll. Wie bei allen Neunen kann auch hier der sexuelle Bereich direkt angesprochen sein. Dies würde dann einem lebendigen Fließenlassen der Gefühle und Empfindungen in der Sexualität entsprechen.

Aufgabe: Laß fließen und genieße! (Gilt auch für den sexuellen Bereich.) Genieße aus dem Bauch heraus.

Warnung: Vor Geiz in jeder Beziehung. Vor Einschränkung dessen, was fließen soll. Vor Zufriedenheit allein mit und im Materiellen. Vor zuviel Materialität ohne Spiritualität. Vor zuviel »Bauch«.

Andere Polarität: Hortung ohne fließen zu lassen. Geiz.

Zehn der Kelche

Wasser durch Malkuth. Gemeinsamer Schlüsselbegriff der vier Zehnen: Die Verdinglichung, die zu einer »Schwerung« (aber nicht Erschwerung) führt. Das Kartenbild zeigt im Hintergrund ganz offensichtlich das gleiche Haus wie bei »Zwei der Kelche«. Die Möglichkeiten, die in »Zwei der Kelche« vorhanden waren, haben sich nun realisiert und vor allem fortentwikkelt im Sinne der Maschinerie, die den Kosmos antreibt. Damit wird auch klar, daß wir im Regenbogen der zehn Kelche das Astrallicht von Jesod erblicken dürfen. Das gibt dieser Karte den Sinn von *Fluß und Rückfluß der kosmischen Energie.* Die Karte zeigt den Umstand an, daß Gefühle manchmal dazu neigen, Wirklichkeit zu werden, und deshalb das, was du aussendest, auf dich zurückfließen kann. Die Gefühle fließen schwerer und sind erd-, das heißt materieverbundener.

Aufgabe: Realisierung der guten Gefühle. Gib deinem Fließen, was es auch sein mag, eine gute, erdverbundene und materielle Basis.

Warnung: Du bist momentan offenbar in einer Situation, welche die Realisierung der Gefühle, des Fließens überhaupt, begünstigt. Gib deinen negativen und destruktiven Gefühlen deshalb nicht allzu stark nach.

Andere Polarität: Täuschung, Selbstbespiegelung.

Die Schwerter

Vorbemerkung: Wie ich bereits an anderer Stelle (Seite 106) erläutert habe, ist im Tarot von Waite die Reihe der Schwerter zu düster und zu negativ gezeichnet. Bei den Schwertkarten müssen entsprechende Korrekturen angebracht werden. Diese sind in dem hier folgenden Kommentar bereits enthalten.

As der Schwerter

Luft durch Kether. Wir sehen eine strahlend weiße Hand, die aus einer Wolke heraus von links her ein Schwert umfaßt. Die strahlende Hand weist auf Kether hin, ebenso die Spiralbewegung der Wolken auf das Symbol des Primum Mobile. In der Haltung der das Schwert umfassenden Hand wird zum Ausdruck gebracht, daß das Element Luft zur Formgebung und Ordnung gebraucht wird. Die Schwertspitze zielt nach oben in eine Krone, von der ein Palmzweig und ein Olivenzweig herabhängen. Dieses Motiv ist offensichtlich aus dem Tarot des »Golden Dawn« übernommen worden. Dort bedeutete der Olivenzweig den Weg des Friedens und der Palmzweig den Weg des Leidens. Das Schwert ist ein Mittel zur Ordnung, aber auch der Leidenszufügung. Auch von daher ist vielleicht eine so negative Bewertung der Schwerter beim »Golden Dawn« zu verstehen. Die Krone um die Schwertspitze herum symbolisiert ganz offensichtlich Kether. Dann könnten die sechs Funken ein Hinweis auf Tipharet sein und der von der Hand umfaßte Schwertgriff Malkuth bedeuten. So wäre das ganze Schwert ein Symbol der mittleren Säule von Malkuth nach Kether, des rechten und gerechten Weges zum Göttlichen. Die kahle Berglandschaft am unteren Bildrand erscheint in bestechender Klarheit, weil aller Dunst und Staub weggeblasen ist.

Aufgabe: Du erhältst ein Schwert als magisches Werkzeug des Denkens, des Einteilens und des Ordnens.

Warnung: Vor Leidenszufügung und Leidensduldung ganz allgemein.

Andere Polarität: Leidenszufügung unter scheinbar vernünftigem Vorwand.

Zwei der Schwerter

Luft durch Chockmah. Gemeinsamer Schlüsselbegriff der vier Zweien: Begegnung. »Zwei der Schwerter« bedeutet *Begegnung mittels Konfrontation* und daraus folgend Ordnung. Das Wesen von »Zwei der Schwerter« besteht in *Abgrenzung*. Der Hintergrund des Kartenbildes zeigt, was damit gemeint ist: Wasser und Land haben sich infolge einer Sturmflut oder Bodensenkung miteinander vermengt; es hat eine heftige Auseinandersetzung zwischen beiden stattgefunden, aber jetzt ist das strittige Gebiet eingeteilt in einen Teil, der dem Wasser und einen Teil, der der Erde gehört. Die Kraft von »Zwei der Schwerter« hat nun dafür zu sorgen, daß der Friede und die daraus hervorgegangene Ordnung erhalten bleibt. Die in verschiedene Richtungen weisenden Schwerter deuten darauf hin: jedem das Seine. Die verschiedenen Richtungen der Schwerter kommen dadurch zustande, daß die Arme gekreuzt sind. Beide Richtungen gehen also entsprechend Chockmah von *einem* Punkt aus. Waite gibt in seinem Kommentar an, daß die Gestalt die zwei Schwerter auf ihren Schultern balanciert. Dies kann als Hinweis auf die Auseinandersetzung zwischen Chesed und Geburah gedeutet werden, was zu einem Gleichgewicht auf der mittleren Säule führen muß. (Zuviel Chesed ist Schwäche, zuviel Geburah ist Grausamkeit.) Die Augen der Person sind verbunden, was dahingehend interpretiert werden kann, daß Ordnung und Friede nicht von äußeren Sinneseindrücken her bestimmt werden sollen, sondern von dem, was recht und gemäß ist.

Aufgabe: Ordnung und Abgrenzung schaffen. Jedem das Seine.
Warnung: Vor zu starrem Ordnungsschema, das allzusehr auf Vorstellungen oder Ideologien ohne Betrachtung der speziellen Situation beruht.
Andere Polarität: Einseitiges, starres Ideologiedenken. Die Welt als Vorstellung und nicht als Erkenntnis.

Drei der Schwerter

Binah durch Luft. Der gemeinsame Schlüsselbegriff der vier Dreien: Austausch. In »Drei der Schwerter« bedeutet dies, daß sich die Formkraft von Binah mit der ordnenden Luftenergie verbindet; das ergibt *Einfügung.* Daraus erfolgt eine sehr starke Betonung des AMA-Aspektes. Das kann zu einer starken *Zurückhaltung* führen, auch wenn das Herz anders möchte, zum Beispiel den AIMA-Aspekt leben. Der AIMA-Aspekt löst sich im Kartenbild im Regen (Tränen) auf, der sich aus den Wolken ergießt.
Aufgabe: Beachte, daß die Umstände es nicht erlauben, daß der AIMA-Aspekt voll zur Geltung kommt. Beharrst du trotzdem darauf, führt dies unweigerlich zu Tränen und Sorgen.
Warnung: Vor allzustarker Einfügung in ein von außen oder innen her gegebenes Schema.
Andere Polarität: Hoffnungslosigkeit.

Vier der Schwerter

Chesed durch Luft. Gemeinsamer Schlüsselbegriff der vier Vieren: genug. In »Vier der Schwerter« manifestiert sich dieses Genug als *Ruhe nach der Auseinandersetzung.* Das Schwert als magisches Werkzeug der Luft bedeutet Bewegung, und Chesed ist Mehrung. Die Bewegung der Luft ist an einem Punkt angelangt, wo es genug ist. Deshalb darf und muß Ruhe einkehren.

Wenn die Ordnung wieder hergestellt ist und jeder das ihm Zukommende erhalten hat, ist jeder weitere Kampf sinnlos und schädlich. Diese Ruhe kommt im Kartenbild durch den Ritter zum Ausdruck, der in einer meditativen Haltung *auf* und nicht in seinem Grabe ruht. Das bedeutet, wenn die Ordnung von neuem gestört wird, ist er jederzeit bereit, wieder einzugreifen.

Auf dem Kartenbild ist auch das Glasfenster links oben zu beachten. Es kann als eine symbolische Darstellung der Unterwerfung unter die kosmische Ordnung gesehen werden. Der Kniende auf dem Bild ist der Ritter, der Ordnung nach dem Vorbild der großen kosmischen Ordnung gemacht hat. (Die Gestalt, vor der er kniet, hat einen Heiligenschein, der mit dem Wort Pax – das heißt Friede – versehen ist.) Diese größere Gestalt verkörpert demnach die kosmische Ordnung. Die Ruhe soll dazu benutzt werden, um sich auf diese höhere Ordnung zu besinnen. Daher kann »Vier der Schwerter« auch *Meditation* bedeuten.

Aufgabe: Ruhe dich aus, denn du hast momentan *genug* geleistet. Aufforderung zur Meditation ganz allgemein oder zur meditativen Bearbeitung des entsprechenden Punktes der Problemstellung.

Warnung: Nicht zu viel in Bewegung oder Luftenergie investieren. Vor falscher Zurückhaltung, wenn die Ordnung gestört ist.

Andere Polarität: Abseitshalten. Ich will nichts damit zu tun haben. Die Welt, in der ich lebe, geht mich nichts an.

Fünf der Schwerter

Geburah durch Luft. Gemeinsamer Schlüsselbegriff der vier Fünfen: rechtmäßig. Wir sehen auf dem Kartenbild, daß eine Auseinandersetzung, ein Kampf stattgefunden hat. Er ist entschieden, und der Sieger steht fest. Er steht groß und triumphierend im Vordergrund des Bildes. Seine Gegner haben die Schwerter hingeworfen, oder vielleicht hat er sie ihnen weggenommen, und er trägt nun selbst drei Schwerter. (Beachte die Beziehung zu »Drei der Schwerter«). Wolkenfetzen am Himmel zeigen, daß das Wetter sich ändert. Der vorher verhangene Himmel reißt auf und wird wieder klar.

»Fünf der Schwerter« zeigt die diametral andere Seite dessen, was in »Fünf der Stäbe« dargestellt ist. Bei »Fünf der Stäbe« geht es darum, sich zu behaupten und einen Aggressor in die Schranken zu weisen. Bei »Fünf der Schwerter« muß der Kämpfende selbst erkennen (möglicherweise ist er der Aggressor), wann es genug ist und das rechte Maß der Auseinandersetzung erreicht ist. Dann legt er das Schwert nieder, auch wenn dies scheinbar unmotiviert, nach außen hin dumm und demütigend erscheint. Der Sieger ist nur scheinbar der Überlegene, weil er eben das rechte Maß nicht hat und, wenn er seinen scheinbaren Vorteil ausnützen will, selbst der Formerhaltung durch Korrektur und Reduktion von Geburah her unterworfen wird.

Aufgabe: Halte das rechte Maß in der Auseinandersetzung vor Augen und laß los und gib rechtzeitig nach, wenn es erreicht ist. Selbst dann, wenn dein Verhalten in den Augen der anderen dumm, unbegreiflich und feige erscheint. Die Respektierung des rechten Maßes der großen kosmischen Ordnung sollte vor dem Beifall der Öffentlichkeit den Vorrang haben. Das letzte Wort ist nicht immer das richtige.

Warnung: Vor blindem Dreinschlagen, das nur auf den eigenen Vorteil um jeden Preis bedacht ist, und davor, daß der Sinn für das rechte Maß verlorenzugehen droht.

Andere Polarität: Mißbrauch der Luftkraft (Schwert), um andere entgegen der kosmischen Ordnung zu verletzen und ihnen ungerechtfertigt zu schaden.

Sechs der Schwerter

Tipharet durch Luft. Gemeinsamer Schlüsselbegriff der vier Sechsen: Ausgleich. Hier vielleicht Erkenntnis dessen, was ausgeglichen und harmonisch ist. Auch dieses Kartenbild stellt offensichtlich eine direkte Fortsetzung zu »Fünf der Schwerter« dar. Die scheinbaren Verlierer des Kampfes setzen in einem Boot über das Wasser zum anderen Ufer. Da der sich zurückziehende Kämpfer rechtzeitig erkannt hat, daß er eine Grenze erreicht hat, die zu überschreiten die Störung der kosmischen Ordnung bedeuten würde, darf er das, was er in diesem Kampf erworben und behauptet hat, als rechtmäßigen Ausgleich mit sich nehmen und in seinen Besitz integrieren. Er muß auch nicht selbst das Ruder in die Hand nehmen, sondern darf sich der Führung der von ihm erkannten kosmischen Kräfte anvertrauen, die ihm neue Ebenen der Erkenntnis zugänglich machen werden.

Aufgabe: Du darfst ernten und mitbringen, was du *rechtmäßig* erworben und erkannt hast. Wenn du dich der Führung der kosmischen Kräfte anvertraust, hast du dadurch die Möglichkeit, neue Ufer (Ebenen) zu gewinnen.

Warnung: Vor dem Beiseiteschaffen und Gebrauch dessen, was man sich erschlichen und nicht rechtmäßig erworben hat.

Andere Polarität: Selbstbezogenes, nicht rechtmäßiges Beiseiteschaffen. Aufgrund von falschen und erschlichenen Erkenntnissen neue Ebenen erschließen wollen.

Sieben der Schwerter

Nezach durch Luft. Gemeinsamer Schlüsselbegriff der vier Sieben: konturlos, schwankend. Bei »Sieben der Schwerter« kann dies bedeuten: *Das scheinbar Festgefügte wird immer wieder aufgelöst und muß ständig neu errichtet werden.* Das Kartenbild zeigt das Zeltlager eines Heeres. Die Soldaten haben ihre Schwerter schön geordnet, damit sie im Falle eines Kampfes jederzeit griffbereit sind. Aber jemand hat sich einen Schelmenstreich ausgedacht und die schöngeordneten Schwerter verstreut, so daß die Soldaten ihre Waffen wieder neu zusammensuchen müssen.

Aufgabe: Du mußt dich damit vertraut machen, daß (vorläufig) deine Erkenntnisse und Formulierungen (nicht nur mit

Worten) nicht beständig sein können und im jeweiligen Hier und Jetzt stets neu geordnet, und erstellt werden müssen. Das gibt auch Möglichkeiten der richtigen Anpassung an die sich immer wieder verändernde Situation und vermeidet Starre (vgl. »Acht der Schwerter«).

Warnung: Vor falscher Anpassung und Opportunismus um eines momentanen Vorteils willen. Vor paranoiden sich ständig wieder erneuernden Gedanken.

Andere Polarität: Unzuverlässigkeit. Heimlich nicht zu seiner Haltung stehen.

Acht der Schwerter

Hod durch Luft. Gemeinsamer Schlüsselbegriff der vier Achten: Bewegung innerhalb einer gegebenen Strukturierung. In »Acht der Schwerter« zeichnet sich die Bewegung innerhalb einer Strukturierung dadurch aus, daß *die Bewegung innerhalb einer gegebenen Situation sehr stark eingeschränkt bis praktisch unmöglich ist.* Die Gestalt auf dem Kartenbild ist gefesselt und hat die Augen verbunden. Zusätzlich ist sie noch von einem Ring von Schwertern umstellt, die ihre eigenen Gedanken und Überlegungen darstellen dürften. Der Sinn wird recht deutlich: Die Gestalt ist so sehr von ihren eigenen Gedanken und Vorurteilen und Anschauungen gefangen, daß sie den klaren Blick verloren und ihre Bewegungsfreiheit eingebüßt hat. Die Burg im Hintergrund ist so stark befestigt und hoch gebaut, daß sie uneinnehmbar geworden ist. Wer darin wohnt, hat sich verschanzt und dadurch auch jede Möglichkeit zum Kontakt nach außen hin aufgegeben.

Aufgabe: Deine eigenen Gedanken haben dir den Blick verschlossen. Du bist ein Gefangener deiner Vorurteile geworden. Befreie dich davon und öffne die Augen für die Wirklichkeit.

Warnung: Vor Vorurteilen und Projektionen.

Andere Polarität: Vorurteilslosigkeit.

Neun der Schwerter

Jesod durch Luft. Gemeinsamer Schlüsselbegriff der vier Neunen: lebendig sein. In »Neun der Schwerter« wird *das Lebendigsein durch Leiden erfahren.* Dieses Leiden entsteht durch die Verbindung der formgebenden Säule, die das Strukturierte und Formulierte in die Karte hineingibt und durch das Strömen und Fließen von der belebenden Säule her. Jede Entscheidung, die mit Hilfe des magischen Werkzeuges der Luft, dem Schwert, getroffen werden muß, ist deshalb von irgendeiner Seite her gesehen schmerzlich. Wir sehen ein junges Mädchen, das soeben erfahren hat, daß die Verbindung mit dem geliebten Manne nicht möglich ist, da dies der Vernunft, der Familientradition und den gegebenen Umständen widerspricht. Sie muß nun bis zum Morgen entscheiden, ob sie durchbrennen, ins Kloster gehen oder einen andern Mann heiraten soll, der den Vorstellungen der Eltern entspricht. Zu beachten ist auch hier der direkte sexuelle Bezug aller vier Neunen. In diesem Falle muß ein Konflikt zwischen Körper und Verstand/Denken ausgetragen werden. Möglicherweise sagt der Körper ja und die Vernunft nein oder umgekehrt – die Vernunft ja und der Körper nein.

Aufgabe: Der Konflikt zwischen Trieb/Instinkt und Vernunft ist im Sinne der kosmischen Ordnung zu lösen.

Warnung: Vor dem bloßen, ständigen Erleiden des Konfliktes, ohne ihn einer kosmisch orientierten Lösung entgegenzuführen. Vor Unentschiedenheit, die Leiden macht und alles Lebendige hemmt.

Andere Polarität: Skrupellos nur auf die Vernunft hören und/oder ebenso skrupellos nur seinen Trieben und Empfindungen folgen.

Zehn der Schwerter

Malkuth durch Luft. Gemeinsamer Schlüsselbegriff der vier Zehnen: Die Verdinglichung, die zu einer Schwerung (aber nicht Erschwerung) führt. In »Zehn der Schwerter« führt die Schwerung zur *Fixierung,* zur *Festnagelung.* Du bist auf etwas fixiert, das dich zu Boden drückt und dort festhält. Um dich zu erheben, mußt du die Schwerter, die dich am Boden festhaften, ausziehen, das heißt ein Opfer bringen. Opfern heißt überlegt und bewußt auf etwas verzichten, das einem lieb und wert ist, um dafür etwas anderes zu erhalten, das im Sinne der kosmischen Ordnung und Harmonie ist. Auf-(er)-Stehung entspricht der Umwandlung von Malkuth in Kether des unteren Baumes.

Aufgabe: Du bist möglicherweise in eine Sackgasse geraten und kannst dich nur durch ein Opfer wieder daraus befreien. Erkenne, was dieses Opfer ist und bringe es.

Warnung: Warnt davor, sich selbst als Opfer der Umstände zu fühlen statt zu erkennen, daß man sich selbst in diese Lage gebracht hat und daher auch sich selbst durch das richtige Handeln (Opfern) daraus wieder befreien kann.

Andere Polarität: Wiederauferstehung.

Die Münzen

As der Münzen

Kether durch Erde. Wir erblicken eine strahlende, weiße Hand, die aus einer Wolke heraus eine Münze trägt. Daß sie die Münze *trägt,* ist ein deutlicher Hinweis auf die irdisch-materielle Sphäre, womit das magische Werkzeug der Münze in besonderer Weise verbunden ist. Die Spiralen der Wolke sind verschiedene Darstellungen des Primum Mobile von Kether. Die Münze selbst trägt das Pentagramm mit der Spitze nach oben, dem Symbol der durchgeistigten Materie (Mensch). Der Grund, über den die Hand mit der Münze schwebt, sagt viel aus über das Wesen dieser irdisch-materiellen Sphäre. Materie ist Begrenzung und Umgrenzung, die in der Hecke zum Ausdruck kommen, aber das Tor in der Hecke deutet darauf hin, daß Verfestigung Nicht-eingesperrt-Sein bedeutet. Der Durchgang oder der Durchlaß zu anderen Ebenen ist offen. Die Haltung der Hand zeigt besonders deutlich, daß wir Menschen von der Materie getragen werden (Materie hat mit Mater, das heißt die Mutter, zu tun). Die weißen Blumen stehen für das, was aus der Erde kommt und wächst. Auch die Berge, die wir durch den Durchgang erblicken, ragen aus der Erde empor zum Himmel und werden so zum Symbol dafür, daß die irdisch-materielle Ebene selbst ein Durchgang ist auf dem Wege unserer Individualität zum Göttlichen.

Aufgabe: Dir ist eine Münze gegeben. Brauche sie, die Ur-Erdkraft, zur Verfestigung, um deinem Leben eine Basis zu geben.

Warnung: Vor Verhärtung und Undurchlässigkeit.

Andere Polarität: Die Münze als Instrument der Macht.

Zwei der Münzen

Chockmah durch Luft. Gemeinsamer Schlüsselbegriff der vier Zweien: Begegnung. In »Zwei der Münzen« heißt dies, *Begegnung mittels Verfestigung.* Oder auch: *Verfestigung, die durch Begegnung hervorgerufen wird.* Dieser Gedanke führt zur Vibration, zur Schwingung auf der Grundlage unserer irdisch-materiellen Ebene. Vibration ist eine Schwingung innerhalb eines bestimmten Raumes, zwischen zwei verschiedenen Polen, und je dichter und schneller die Schwingung ist, um so mehr Verfestigung wird dadurch geschaffen. Das kosmische Symbol dieser Schwingung ist die Lemniskate, welche die beiden Münzen umschlingt, die der Mann auf dem Kartenbild in seinen Händen trägt. So werden die von der Lemniskate umschlungenen Münzen zum Symbol der Materie an sich. Aber im Hintergrund wird die geschlossene Vibration der Lemniskate durch die Wellen aufgelöst und öffnet sich als Sinuskurve nach vorne. Wir sind auf Chockmah, dessen Eigenart die Emanation, die Bewegung von einem Punkt aus ist. Dies kommt in den geblähten Segeln der Schiffe, die durch den Wind auf ihrem Kurs vorangetrieben werden, deutlich zum Ausdruck. Jede Verfestigung soll also letztlich auch ein Vorwärtskommen enthalten. Zu bedenken ist aber dabei, daß jede Schwingung innerhalb der irdisch-materiellen Ebene ihr Auf und Ab hat. *Beide* Amplituden machen die Schwingung aus. Man darf in keiner allein verharren.

Aufgabe: Gehe vorwärts, dem Gesetz der Schwingung entsprechend (auf *und* ab). Schaffe dir durch dein Vorwärtsgehen eine gesunde, erdverbundene Grundlage.

Warnung: Vor treten am Ort. Vor scheinbarer Bewegung, die letztlich doch nur Stillstand ist.

Andere Polarität: Die Erstarrung.

Drei der Münzen

Binah durch Erde. Gemeinsamer Schlüsselbegriff der vier Dreien: Austausch. In »Drei der Münzen« treffen Form und Verfestigung aufeinander. Das Ergebnis dieses Austausches ist: *Der Fluß hört auf.* Das bedeutet Dominanz des AMA-Aspektes. Das Gewölbe auf dem Kartenbild gibt deutlich die Assoziation des Mutterleibes, des Uterus: Die Kraft der Formung und Werdung. Im Schutz und in der Geborgenheit dieses Gewölbes arbeitet der Steinmetz am Stein, dem Material, das am besten überdauert. Bei ihm befindet sich ein Mönch, als Ausdruck der Geborgenheit in einer extrem festgefügten Lebensform. Daß die tödliche Erstarrung letztlich nicht die Oberhand gewinnt, dafür sorgt ein dem Narren ähnlich gekleideter Mann (Hinweis auf Ain Soph Aur?), der dem Steinmetz anhand eines Planes zeigt, wie er den Stein zu bearbeiten hat. (Beachte oberhalb der Münze die aufwärtsgerichtete fünfblättrige Rose mit dem Kreuz.)

Aufgabe: Geborgenheit und Schutz in Anspruch nehmen, um etwas zu verfestigen, zu arbeiten, zu vollenden, kurz: damit etwas werden kann. (Analogie zur Schwangerschaft, ohne sie aber unbedingt als Ereignis zu erwarten.)

Warnung: Sich nicht unter dem Vorwand der Arbeit gefangennehmen zu lassen und dem Leben in der äußeren Welt möglicherweise unter falschen Voraussetzungen entsagen.

Andere Polarität: Die Geborgenheit wird zur Gefangenschaft, die als solche nicht erkennbar wird.

Vier der Münzen

Chesed durch die Erde. Gemeinsamer Schlüsselbegriff der vier Vieren: genug. In »Vier der Münzen« heißt dies: *Genug ist nicht genug, es ist zuviel.* (Ein Blick auf den Bildhintergrund führt zur Frage, ob Waite wohl die heutige Immobilienspekulation vorausgeahnt hat.) Die Materie ist als Basis des Lebens notwendig. Aber wo sie ein gewisses Maß überschreitet, wird die Balance empfindlich gestört, und der Satz »zuviel Chesed ist Schwäche« bekommt Geltung. Ein materielles Zuviel ist stets anfällig für »Umstände«, die einem »Turmerlebnis« entsprechen können. (Vgl. »Fünf der Münzen«, das diesen Zustand zeigt.) Der Mann auf dem Bild hat offensichtlich zuviele Münzen gehortet, denn um sie zu hüten und zu »haben«, muß er seine Bewegungsfähigkeit einbüßen. Zusätzlich hat er sich eine Krone, das heißt Regierungseinfluß, angeeignet, die ihm nicht gebührt.

Aufgabe: Behalte den richtigen Blick in allen Dingen, die die erdhafte oder materielle Seite deines Lebens betreffen. Halte in dieser Beziehung jederzeit das richtige Maß.

Warnung: Vor dem Mißbrauch der materiellen Basis als Instrument der Macht. Vor dem Nie-genug-Haben, das lähmt und unbeweglich macht.

Andere Polarität: Das richtige »Haben«.

Fünf der Münzen

Geburah durch Erde. Gemeinsamer Schlüsselbegriff der vier Fünfen: rechtmäßig. In »Fünf der Münzen« zeigt sich das als eine *rechtmäßige Verminderung dessen, was zuviel war.* Damit ergibt sich eine direkte Verbindung zu »Vier der Münzen«. Der Spekulant von »Vier der Münzen« hat das Maß überzogen und nun pleite gemacht. Jetzt steht er buchstäblich »draußen vor der Tür«. Was er vorher zuviel hatte, das hat er jetzt zuwenig. Das darf aber nicht als Strafe gesehen werden, sondern lediglich als der natürliche Ausgleich des Gesetzes der Lemniskate. Deshalb soll das Zuwenig auch nicht als dauernder Zustand akzeptiert werden, sondern lediglich solange, bis der natürliche Ausgleich »Sechs der Münzen« wieder hergestellt ist. Je länger und je größer das Zuviel vorher war, um so länger und schmerzlicher muß auch das Zuwenig ertragen werden. Der Bettler trägt eine Glocke um den Hals, das Zeichen der Aussätzigen. Der Aussatz wurde früher als eine Strafe Gottes betrachtet. Dieses Motiv legt nahe, daß in »Fünf der Münzen« auch eine karmische Botschaft enthalten sein kann. Doch sollte man sich davor hüten, nun in jedem Falle beim Erscheinen dieser Karte gerade nur diesen Aspekt sehen zu wollen. »Fünf der Münzen« drückt als objektive Kraft aus, was »XVI Der Turm« als Erfahrung darstellt.

Aufgabe: Du hast das Gesetz der Lemniskate nach der »Haben«-Seite hin verletzt und mußt jetzt eine Phase ertragen, in der die Balance wiederhergestellt wird. Dies gilt im Bereich der irdisch-materiellen Ebene im weitesten Bereich, und es geht nicht nur um Geld und sonstige materielle Güter (vgl. Seite 58). In einzelnen Fällen kann durch »Fünf der Münzen« auch eine Begegnung mit einem »Bewohner der Schwelle« angezeigt werden (siehe Seite 71).

Warnung: Du hast das Gesetz der Lemniskate nach der »Haben«-Seite hin verletzt. Wenn du nicht rechtzeitig selbst ausbalancierst, wirst du ausbalanciert, und vielleicht in einer Weise, die dir gar nicht gefallen wird. Bleibe aber nicht länger draußen vor der Türe als es nötig ist.

Andere Polarität: Verkrüppelung. (Der Zustand des Zuwenig ist nur noch teilweise oder überhaupt nicht mehr auszubalancieren.)

Sechs der Münzen

Tipharet durch Erde. Gemeinsamer Schlüsselbegriff der vier Sechsen: Ausgleich. Das Kartenbild zeigt die direkte Fortsetzung von »Fünf von Münzen«: Die Phase des notwendig gewordenen Zuwenig ist durchgestanden, die Balance ist wieder hergestellt, und darum erfolgt auch der materielle Ausgleich. Man bekommt wieder das, was man braucht: nicht zuviel, nicht zuwenig. Beachte auch, daß der Pfad, der von Geburah nach Tipharet führt, »XII Der hängende Mann« ist.

Aufgabe: Schaffe den Ausgleich, sowohl aktiv (gib) als auch passiv (empfange, laß dir geben), um das Gesetz der Lemniskate zu erfüllen. Beachte auch die Waage in der linken Hand des Gebenden auf dem Bild. Sie gibt Maß und Wert. Laß deine Rechte wissen, was die Linke tut.

Warnung: Vor Krämergeist und vor Geben aus selbstsüchtigen, berechnenden Motiven heraus.

Andere Polarität: Heuchelei im materiellen Bereich (nicht nur in Geldangelegenheiten).

Sieben der Münzen

Nezach durch Erde. Gemeinsamer Schlüsselbegriff der vier Sieben: konturlos, schwankend. Das Kartenbild zeigt einen Mann, der eine Menge Arbeit darin investiert hat, einen Haufen welkes Laub zusammenzukehren. Er erkennt, daß der erste, leichte Windstoß genügt, um sein Werk zunichte zu machen, so daß er wieder von vorne anfangen muß. In »Sieben der Münzen« kommt zum Ausdruck, daß *eine Energiemanifestation vorherrscht, die eine dauernde Verfestigung nicht zuläßt*. Wenn man sich nicht klug darauf einstellt, können Frustration und Enttäuschung die natürliche Folge sein.

Aufgabe: Erwarte nicht, daß in der jetzigen Phase sich deine Bemühungen verfestigen. Andernfalls ist Frustration und Enttäuschung dein Los. Was immer du verfestigen willst, könnte sich als ein Haufen welkes Laub erweisen, den der erste beste Windstoß wieder zerstreut.

Warnung: Laufe nicht in den Hammer der Frustration, indem du krampfhaft etwas zu erreichen suchst, was jetzt nicht erreichbar oder machbar ist. Vor paranoider Blockade und davor, sich mit Lust der Frustration zu ergeben oder resigniert zu jammern, das heißt, das verwehte Laub immer wieder zusammenkehren zu wollen.

Andere Polarität: Verbitterung.

Acht der Münzen

Hod durch Erde. Gemeinsamer Schlüsselbegriff der vier Achten: Bewegung innerhalb einer gegebenen Strukturierung. In »Acht der Münzen« äußert sich diese Bewegung innerhalb der Struktur als *Sammeln und Ordnen.* Der Steinmetz auf dem Bild arbeitet gelassen und zufrieden vor sich hin. Der Markt mag im Moment für seine Produkte wenig Nachfrage zeigen. Er vertraut darauf, daß sich dies ändern wird, und statt zu resignieren, arbeitet er unverdrossen weiter, um genug Vorrat zu schaffen, damit er die Nachfrage befriedigen kann, wenn es soweit ist.

Aufgabe: Bringe und/oder halte dein Haus (Haushalt) in Ordnung, statt in die Ferne zu schweifen oder um jeden Preis expandieren zu wollen.

Warnung: Warnt davor, allzu stur einer Arbeit oder Tätigkeit nachzugehen, ohne zu prüfen, ob sich nicht unterdessen die Welt um dich herum etwas verändert hat. (Arbeiten ist gut, lieben ist besser.)

Andere Polarität: Steriles Arbeiten ohne Sinn und Zweck. Arbeit um der Arbeit willen.

Neun der Münzen

Jesod durch Erde. Gemeinsamer Schlüsselbegriff der vier Neunen: lebendig sein. Das Kartenbild zeigt eine Frau in einem üppigen Garten, umgeben von reifenden Weintrauben. Sie trägt auf ihrer Hand einen Jagdfalken mit verbundenen Augen. Die Frau hat sich soeben mit dem geliebten Manne vereinigt und geht nun im Garten spazieren, um das Erlebte nachklingen zu lassen. Sie hat dem Falken (Symbol der Leidenschaft) die Augenbinde abgenommen, und er ist hoch hinauf in den Himmel gestiegen und nun wieder auf ihre Hand zurückgekehrt. Wenn die Zeit da ist und der Geliebte wieder bei ihr weilt, wird sie dem Falken die Binde wieder abnehmen. Vielleicht bereitet sich in ihrem Körper bereits alles vor, daß die

Frucht der soeben erfolgten Vereinigung wachsen und reifen kann. Wie alle Neunen kann auch »Neun der Münzen« einen direkten Bezug zur Sexualität aufweisen. Der Falke trägt die Binde, er jagt also nicht. Die sexuelle Aggressivität ruht, sie hat ihre Pflicht getan, *jetzt ist Zeit des Wachstums.*

Aufgabe: Laß die Leidenschaft fliegen, aber nimm sie jetzt wieder zurück, denn es ist die Zeit des Wachsens und Reifens. Später, wenn die Zeit dazu reif ist, kannst du dem Falken die Binde wieder lösen.

Warnung: Warnt davor, daß der Falke nie fliegen darf. So kann auch nichts werden, das reift.

Andere Polarität: Hemmungslose Leidenschaft (Überwiegen der belebenden Säule). Aber auch: Der Falke darf nie fliegen (Überwiegen der formgebenden Säule).

Zehn der Münzen

Malkuth durch Erde. Gemeinsamer Schlüsselbegriff der vier Zehnen: Die Verdinglichung, die zu einer Schwerung (aber nicht Erschwerung) führt. In »Zehn der Münzen« zeigt sich diese Schwerung als *Verdinglichung, als Manifestierung der großen kosmischen Energie (von Kether her) in all dem, was wir irdisch-materielle Ebene nennen.* Auf dem Kartenbild ist diese umfassende Ganzheit der irdisch-materiellen Ebene symbolisch dargestellt. Gleichzeitig bringt das Kartenbild aber auch den Kraftfluß von Kether nach Malkuth zum Ausdruck, von der reinen Energie zur konkreten Verdinglichung. Im alten Mann links im Vordergrund erkennen wir leicht das magische Bild von Kether. Die zwei weißen Hunde könnten Ausdruck der von Kether in Richtung Malkuth strömenden Lebenskraft sein (Jda und Pingala?). Das Kind am rechten Bildrand berührt einen der Hunde. Bei diesem Kind könnte es sich möglicherweise um das magische Bild von Tipharet handeln. In der auch räumlichen Bildmitte sind ein Mann und eine Frau, die einander zugewandt sind, als Ausdruck der in Malkuth zwischen den Polaritäten sich realisierenden Energie. Die zehn Münzen auf dem Bild sind in der Form des Lebensbaums angeordnet und bringen so zum Ausdruck, daß allein in Malkuth und von Malkuth aus betrachtet nur in den Münzen (Erdkraft) die Gesamtheit des Baums des Lebens enthalten ist. »Zehn der Münzen« bedeutet deshalb *Verwirklichung (der göttlichen, kosmischen Kraft) in jeder Beziehung, in einem ausgewogenen, harmonischen Zustand.* »Zehn der Münzen« ist auch *die kosmische Balance an sich.*

Aufgabe: Die große kosmische Balance soll in deinem Lebensbereich so weit wie möglich verwirklicht (verfestigt) werden, die vorhandene Vibration ist dafür günstig. Behalte das große Ganze im Auge (von Kether *bis* Malkuth) und handle entsprechend.

Warnung: Vor Sattheit und bloßem Genuß der günstigen Voraussetzung und Umgebung, ohne die darin enthaltenen Möglichkeiten auszuschöpfen.

Andere Polarität: Verharren in Sattheit, die keine weitere Entwicklung (zu Kether) mehr zuläßt.

Die Hofkarten

Allgemeine Bemerkung: König und Königin sitzen je auf einem Thron, Ritter und Page bewegen sich beziehungsweise stehen auf der Erde. Dadurch werden zwei hierarchische Bereiche voneinander abgetrennt. Alle Könige tragen unter ihrer Krone eine sogenannte Schirmmütze als Symbol der priesterlichen Verbindung zur göttlichen Kraft. Die Königinnen wenden dem Betrachter in irgendeiner Weise ihr Profil zu (Profilierung, Kontur).

König der Stäbe

Feuer auf der Ebene der Wahrnehmung (Aziluth). Das Kartenbild weckt intuitive Assoziationen zu »Zwei der Stäbe« und weist auch eine gewisse Verwandtschaft mit diesem Bilde auf. Der König sitzt auf einem stabartigen Thron und hält seinen Stab locker in der Hand. Zu beachten ist, daß der Stab nicht auf dem Podest des Thrones aufstützt, sondern auf dem Boden, dem Grund. Kleid und Thronlehne sind mit Feuersymbolen geschmückt (Löwe, Salamander). Ein einzelner Salamander ist in der rechten unteren Bildecke (der Stachel im Fleisch?). Der Blick des Königs schweift in unbestimmte Ferne. Darin kommt die Durchdringung zum Ausdruck. Der Thron selbst ist Ausdruck der Erhabenheit.

Aufgabe: Nimm das Feuer (Licht) wahr und spüre es, vor allem seine Wärme. Es ist vorhanden, auch wenn es sich vorderhand noch deinem Gebrauch entziehen mag.

Warnung: Warnt davor, die Feuerkraft nicht wahrnehmen und in Rechnung stellen zu wollen, nur weil sie momentan nicht manifest ist. Oder du bist aufgefordert, zur nächsten Ebene (Königin) zu gehen.

Andere Polarität: Abfackelung.

Königin der Stäbe

Feuer auf der Ebene der Erkenntnis und Definition (Briah). Die Königin sitzt auf einem Thron mit stabartiger Lehne und hat ihren Stab auf das Podest abgestützt. Auf dem Boden vor dem Thron sitzt eine schwarze Katze, die von manchen Vertretern des intuitiven Tarots als das Attribut der Hexe interpretiert wird. Statt der Salamander sind auf dieser Ebene die Sonnenblumen das Hauptsymbol des Feuers und des Lichtes, die in ihrer Form als Mandala die Fokussierung zum Ausdruck bringen. Am linken Bildrand sind die pyramidenförmigen Berge ein Anklang an das mit der Spitze nach oben gerichtete Dreieck als Symbol des Feuers.

Aufgabe: Erkenne das Feuer (besonders in seiner Erscheinung als Licht) und fokussiere es mit Hilfe von irgend etwas, das die Funktion eines Brennglases übernehmen kann. Gib dem Feuer deiner speziellen Fragestellung einen Namen.

Warnung: Erkenne die Feuerenergie in der Ganzheit der Sonnenblume und nicht als schwarze Katze. Davor auf dieser Ebene stehen zu bleiben und nicht entsprechend zu handhaben.

Andere Polarität: Das Licht unter den Scheffel stellen. Askese.

Ritter der Stäbe

Feuer auf der Ebene des Handelns (Jezirah). Die Feuerenergie will sich betätigen und sucht ein Feld, wo sie sich verwirklichen, das heißt in diesem Falle, wo sie durchdringen kann. Dieses Allesdurchdringende kommt im diagonalen Galopp des Pferdes stark zum Ausdruck. Im gleichen Sinne erweckt der Ritter den Eindruck, als jage er mit seiner brennenden Fackel überall hin. Die drei Pyramiden am linken unteren Bildrand können als Darstellung des esoterischen Symbols für Feuer, das mit der Spitze nach oben gerichtete Dreieck, betrachtet werden.

Aufgabe: Durchdringe mit deinem Feuer den Gegenstand deiner Frage. Laß dich vom Feuer durchdringen. Lodere! Leuchte!

Warnung: Hüte dich vor dem bloßen Verlodern und verpuffe deine Feuerenergie nicht voreilig. Verbrenne nicht dich selbst und andere.

Andere Polarität: Verlodern. Verpuffen.

Page der Stäbe

Feuer auf der Ebene der Konkretisierung (Assiah). Wir erblikken den Pagen, den Stab auf den Boden gestützt, wie er ihn liebevoll, fast dankbar betrachtet, wie ein Krieger nach gewonnener Schlacht seine Waffe pflegt und prüft. Das Feuer hat seine Aufgabe, seine Arbeit getan, und ruht nun als Glut unter der Asche, bereit, die Flammen erneut emporschießen zu lassen, wenn sie gebraucht werden. Die Pyramiden, mit der Spitze nach oben gerichtete Dreiecke als Symbole des Feuers, sind von der linken Bildseite zur rechten verrückt worden. Waite sagt, daß der Page im Begriff ist, eine Proklamation bekanntzugeben. Dies könnte ein Bezug zu Raziel sein (*Der Baum des Lebens,* Seite 123).

Aufgabe: Pflege und hege das Feuer als Glut nach vollzogenem Werk, oder hüte das Feuer als Glut unter der Asche, bis es soweit ist, daß die Flammen, die Hitze, ihr Werk tun können. Laß die Glut nicht verlöschen. Vernachlässige nicht, was noch glimmt und jederzeit wieder zur Flamme werden kann, wenn du ihm Nahrung gibst.

Warnung: Vor der Verkümmerung und Erlöschung der (nicht gelebten oder im Verborgenen ruhenden) Feuerskraft.

Andere Polarität: Unbefriedigt sein, schaler Genuß.

König der Kelche

Wasser auf der Ebene der Wahrnehmung (Aziluth). Der Thron des Königs schwimmt auf dem Wasser. Seine Lehne ist kelchförmig. Den rechten Fuß (rechts, die Seite des Bewußten) streckt er über den Rand hinaus, als wolle er ihn vom Wasser benetzen lassen. In der linken Hand trägt er sein Zepter, in dem man vielleicht die Vereinigung von Lingam und Yoni sehen kann, oder mit anderen Worten: der Kelch soll nicht leer bleiben. Im rechten Bildhintergrund sehen wir ein Schiff mit geblähten Segeln, links einen Delphin. Das Schiff verkörpert die Bewußtheit. Auf dieser Ebene bedeutet das bewußte Wahrnehmung, Beobachtung. Aber es gibt noch eine andere Wahrnehmung, die durch den Delphin verkörpert wird, der aus den Tiefen des Unbewußten heraus springt. Dies kann als Hinweis betrachtet werden, daß auch auf der Ebene der Wahrnehmung Grenzen zwischen diesen beiden Bereichen beobachtet und wahrgenommen werden sollen: das, was oberhalb des Wassers schwimmt und das, was unterhalb der Wasseroberfläche schwimmt. Beide, Schiff und Schlange, scheinen aufeinander zuzuschwimmen. Dies ist ein Hinweis auf das Gesetz »wie oben, so unten«.

Aufgabe: Nimm deine Gefühle wahr, aber drücke sie (noch) nicht aus (das wäre Ritter), und verzichte besonders auch auf verbale Formulierungen (das wäre Königin).

Warnung: Vor dem unverbindlichen Verharren auf den Ebenen der Wahrnehmung, ohne zu seinen Gefühlen zu stehen.

Andere Polarität: Nichtbeachtung der fließenden, das heißt der vorhandenen Gefühle.

Königin der Kelche

Wasser auf der Ebene der Erkenntnis und der Inition (Briah). Der Thron der Königin steht am Wasser auf dem Boden. Es gibt eine klare Abgrenzung zwischen dem, was Wasser ist und dem, was Land ist. Der Thron hat eine muschelförmige Lehne.

In den Händen birgt und hütet sie einen kostbaren Kelch, der verschlossen ist. Zu beiden Seiten des Kelchs stehen die Cherubim, so wie sie König Salomon im Tempel zu Jerusalem der Bundeslade beistellte. Der *rechte* Fuß der Königin sucht den Kontakt zu den heranfließenden Wellen.

Aufgabe: Stehe zu deinen Gefühlen und gib ihnen den Namen, den sie verdienen. Sage: ich hasse, wenn du hassest. Aber sage auch: ich liebe, wenn du liebst. Verleugne auch deine Gefühle nicht. Sage nicht: es macht mir nichts aus, wenn du im Grunde deines Herzens zornig bist. Sag nicht: ich mag nicht, wenn dein Herz überfließt usw.

Warnung: Vor dem (Verharren im) bloßen Analysieren des Gefühlsbereichs ohne den Schritt auf die Ebene des Ritters zu wagen. Bleibe nicht am Ufer sitzen, schwimme in das Meer.

Andere Polarität: Aufstauung.

Ritter der Kelche

Wasser auf der Ebene der Handlung (Jezirah). Der Ritter bewegt sich ruhig und im richtigen Maße vorwärts. Er trägt seinen Kelch in einer Weise, als ob er ihn jemandem bringen oder jemandem zutrinken wolle. Im Bildhintergrund fließt der Fluß entlang seinem Bett ohne zu überufern. Die Federn an Helm und Sporen sagen: geh nicht nur vorwärts, sondern lasse dich auch emportragen! Beachte, daß Pferd und Ritter eine starke Ähnlichkeit zu »XIII Tod« aufweisen. Das braucht dich aber nicht zu erschrecken, denn es deutet auf das große Geheimnis der Wandlung und Verwandlung hin. Ist noch nie das Wort über deine Lippen gekommen: ich ersterbe?

Aufgabe: Bringe deine Gefühle zum Ausdruck. Gehe vorwärts und bringe deinen Kelch zu »Zwei der Kelche« (siehe Seite 265).

Warnung: Vor vornehmer Enthobenheit und Vergeistigung der Gefühle.

Andere Polarität: Überschwemmung.

Page der Kelche

Wasser auf der Ebene der Konkretisierung (Assiah). Das Kartenbild weist eine gewisse Ähnlichkeit zu »Zwei der Münzen« auf. Der Sturm hat sich beruhigt, der Wellengang gelegt, das Meer kann wieder befahren und genutzt werden. Die Blumen auf dem Gewand des Pagen haben mit ihren Wurzeln Wasser aus der Erde aufgesogen und sind nun bereit zu blühen. Der Fisch im Kelch ist zu verstehen als das »Brot des Meeres«. Der Fluß der Gefühle hat sich in etwas konkretisiert oder soll es.

Aufgabe: Gib deinen Gefühlen eine Gestalt und festen Boden unter die Füße. Laß sie zur Nahrung werden für dich und andere.

Warnung: Vor Erstarrung aus Angst, seine Gefühle zum Ausdruck zu bringen (AMA) und den Kelch als magisches Werkzeug zu benutzen.

Andere Polarität: Eis-Werdung.

König der Schwerter

Luft auf der Ebene der Wahrnehmung (Aziluth). Der König sitzt in einer Landschaft, aus der der Wind jedes bewegliche Staubkorn weggeblasen hat. Sein Thron hat kein Podest, sondern ruht direkt auf dem harten Felsgrund. Die Thronlehne zeigt das seltsame Emblem von Schmetterling und Halbmond. Vielleicht ein Hinweis auf den Gedankenblitz aus der Tiefe des Unbewußten. Die Haltung des Königs drückt Nüchternheit und Bedachtsamkeit aus. Er betrachtet etwas aus der richtigen Distanz heraus, nimmt es wahr, aber fällt vorerst noch kein Urteil. Er bleibt auf der Ebene der bloßen Wahrnehmung, *ohne* zu beurteilen oder zu verurteilen.

Aufgabe: Nimm wahr, was ist, aber fälle (noch) kein Urteil. Auch der Gedankenblitz aus der Tiefe des Unbewußten kann klärend wirken.

Warnung: Vor einer Haltung, die Vorurteile und falsche Bewertungen begünstigt. Vor rein intuitivem Urteilen, ohne der Sache auf den Grund zu gehen.
Andere Polarität: Voreingenommenheit.

Königin der Schwerter

Luft auf der Ebene der Erkenntnis, Definition (Briah). Von allen Königinnen zeigt uns die Königin der Schwerter am deutlichsten ihr Profil. An den Bäumen im unteren linken Bildrand läßt sich erkennen, daß der Wind offenbar von links nach rechts weht. Dies ist auch die Richtung, in welcher die Königin mit Bestimmtheit weist. Der Vogel am Himmel scheint gegen den Wind zu fliegen. Der Thron ruht auf einem Podest, aber dieses hat die Farbe des Felsgrundes. Auch auf dem Thron der Königin sind die Embleme Halbmond und Schmetterling zu finden, vielleicht als Hinweis darauf, daß auch Intuition zur Erkenntnis führen kann.
Aufgabe: Definiere und formuliere nüchtern, was du erkannt hast. Bereite dich vor, (dann) in die Richtung zu gehen, in welche die Königin dich weist.
Warnung: Vor Intoleranz und starrem Dogmatismus.
Andere Polarität: Engstirnigkeit.

Ritter der Schwerter

Luft auf der Ebene des Handelns (Jezirah). Der »Ritter der Schwerter« jagt in gestrecktem Galopp dem Wind entgegen und schwingt das Schwert als magisches Werkzeug. Es scheint fast so, als ob er das, was auf der Ebene der Königin erkannt worden ist, möglichst rasch dorthin bringen will, wo es genutzt und umgesetzt werden kann. Das macht den »Ritter der Schwerter« zu einem Repräsentanten der Sprache, ganz gleich welcher Art, als Mittel der Information und vor allem der Kommunikation. »Ritter der Schwerter« bedeutet, *der aus*

Überlegung gewonnenen Erkenntnis gemäß handeln, wenn nötig rasch und bestimmt.

Aufgabe: Handle deiner aus Einsicht gewonnenen Erkenntnis gemäß. Bloße Erkenntnis allein genügt in den wenigsten Fällen. Sie muß in die *Tat* umgesetzt werden.

Warnung: Vor ungestümem, unreflektiertem Handeln. Vor intellektueller Spontanität.

Andere Polarität: Voreiligkeit. Schaumschlägerei.

Page der Schwerter

Luft auf der Ebene der Konkretisierung (Assiah). Der Page wandert auf dem Kartenbild bestimmt und sicheren Schrittes über unebenes Land und hält das Schwert empor, als ob er sich daran festhalten wollte. Die Wolken am Himmel sind eben daran, einen Kreis (Mandala) zu bilden. Wenn »Ritter der Schwerter« Sprache bedeutet, so ist »Page der Schwerter« Schrift, womit diese Sprache festgehalten und auch vervielfältigt werden kann. Mit dem, was in irgendeiner Weise schriftlich fixiert und durch Kopien verbreitet ist, kann man wirken und etwas zustande bringen. Aus dem einen Vogel (auf dem Bilde der Königin) ist beim Pagen der Vogelschwarm geworden. Er kann als Symbol der Vervielfältigung und Verbreitung gedeutet werden. Aus dem Manuskript sind die Anzahl der Exemplare einer Buchauflage geworden. Ideen und Gedanken konkretisieren sich damit und erlangen Gestalt und Auswirkung in der Umwelt. Schrift im Sinne des »Pagen der Schwerter« ist in der heutigen Zeit alles, womit Wissen gespeichert und vervielfältigt und zugänglich gemacht wird. So zum Beispiel auch das Magnetband. Das Symbol gehört ebenfalls in den Bereich des »Pagen der Schwerter«.

Aufgabe: Bringe deine aus der Einsicht gewonnenen Erkenntnisse und Gedanken in eine handgreifliche Form. Gedanken sind Kräfte, die etwas bewirken oder vollbringen wollen.

Warnung: Bringe etwas nicht zu früh zum Abschluß. Schlage mit deinem Schwert (Verstand) den keimenden Knospen nicht die Köpfe ab. Handle nicht nur auf der intellektuellen Ebene!

Andere Polarität: Totes Wissen.

König der Münzen

Erde auf der Ebene der Wahrnehmung (Aziluth). Der »König der Münzen« sitzt auf einem von Reben umrankten Thron, der mit Stierköpfen verziert ist, und hält eine Münze und ein Zepter in der Hand. Die Münze hält er so, daß sie deutlich als Symbol der durchgeistigten Materie zu erkennen ist. Die gleiche Symbolik ist auch in den Weinranken enthalten, denn die Reben sind der Rohstoff, aus dem der Wein bereitet wird, der den Geist enthält. Der Sinn von »König der Münzen« ist, daß alles Notwendige auf der irdisch-materiellen Ebene vorhanden ist, um etwas zu vollbringen und zu gestalten, auch wenn es noch nicht erkannt und definiert werden kann. Die Burg im rechten Bildhintergrund ist in diesem Bild wohl eher als ein Symbol der anderen Polarität zu interpretieren.

Aufgabe: Geduld üben, bis die Dinge zur Reife gekommen sind. Der Keim unter der Erde ist bereits aufgegangen, auch wenn du ihn noch nicht erblicken kannst. An mancherlei Zeichen kannst du das bereits wahrnehmen und erahnen.

Warnung: Vor Verharrung und Trägheit, die einen die Zeichen der Zeit nicht erkennen läßt. Auch Warnung vor Drängeln, das die ungestörte Reifung behindert.

Andere Polarität: »Ich lieg' und besitz: laßt mich schlafen!« (Fafner, der Wurm, in Richard Wagners *Siegfried*)

Königin der Münzen

Erde auf der Ebene der Erkenntnis und Definition (Briah). Der Thron der »Königin der Münzen« steht inmitten der blühenden Natur, direkt auf der Erde. Die Königin hält auf ihren Knien eine Münze und ist in deren meditative Betrachtung versunken. Aus dieser Meditation scheint ihr eine Erkenntnis zu werden, die sich wie der Rosenstrauch, der am rechten unteren Bildrand aus der Erde wächst, langsam zum Mandala schließt. Das Wachstum dieses Rosenstrauchs kann auch mit der unmerklichen, langsamen Bewegung der Töpferscheibe verglichen werden, auf der ich mich der Formung durch den kosmischen Töpfer hingebe, bis ich eines Tages staunend erkenne, was aus dieser langsamen Bewegung als Form und Gestalt hervorgegangen ist. »Königin der Münzen« ist auch dem Grundwasserstrom vergleichbar, der unterirdisch fließt, um dann plötzlich irgendwo als Quelle an der Oberfläche aufzutauchen. Der Hase am rechten unteren Bildrand hat Zutrauen, weil die Aggression fehlt (Aggression ist hier wörtlich verstanden im Sinne von »auf etwas zugehen«). Die Königin wartet ab. Ergebung in etwas, das an mir geschieht. (Im Unterschied zum Ritter, der abwartet, währenddessen etwas ohne sein direktes Eingreifen und Handeln außerhalb seiner geschieht.) Die »Königin der Münzen« erkennt das Göttliche beziehungsweise das Kosmische in der Natur, das heißt innerhalb der irdisch-materiellen Ebene.

Aufgabe: Das verborgene allmähliche Wachstum erkennen und walten lassen. Laß dich formen, bis du geworden bist. Erkenne das Göttliche beziehungsweise das Kosmische innerhalb der irdisch-materiellen Ebene. Meditatives Erleben alles Irdisch-Materiellen.

Warnung: Vor der Verharrung in Formlosigkeit und vor der Weigerung zu wachsen.

Andere Polarität: Unfaßbarkeit (du bist nicht zu fassen, wo stehst du eigentlich?).

Ritter der Münzen

Erde auf der Ebene der Handlung (Jezirah). Der »Ritter der Münzen« sitzt als einziger Ritter auf einem Pferd, das alle vier Beine auf dem Boden hat, also still steht. Dieser Stillstand erscheint zunächst paradox, aber des Rätsels Lösung liegt in den Ackerfurchen im Hintergrund. Dort hat der Ritter gepflügt und gesät, er hat also getan, was zu tun war und kann alles weitere nun getrost der Natur und den in ihr waltenden Kräften überlassen. Die kann aber ihre Kräfte auch nur dann entsprechend entfalten, wenn der Ritter vorher das Seinige getan, seine Pflicht erfüllt hat. So symbolisieren die vier auf der Erde stehenden Beine des Pferdes den Wartezustand, währenddem etwas, was man in die Wege geleitet hat, handelt oder gehandelt wird. Auch auf der Ebene des Handelns kann im Moment nichts Weiteres getan werden, als den Dingen ihren Lauf zu lassen. Doch herrscht kein Stillstand; andere handeln jetzt für einen, zum Beispiel die Kräfte der Natur, »das höhere Selbst« usw. Pferd und Ritter tragen Eichenlaub. Eichenlaub überdauert am Baum den Winter, bis neues Laub sprießt. Es wird damit zum Symbol des Durchhaltens, des Abwartenkönnens, bis etwas Neues kommt.

Aufgabe: Wenn du getan hast, was zu tun war, dann kannst du getrost alles Weitere dem großen Kosmos oder der göttlichen Kraft überlassen. Laß dein inneres, höheres Selbst für dich handeln. Sei geduldig.

Warnung: Vor Bequemlichkeit und Faulheit.

Andere Polarität: Disengagement.

Page der Münzen

Erde auf der Ebene der Konkretisierung (Assiah). Der Gang des Pagen über den Boden ist äußerst langsam und droht fast zu erstarren. Die alten Bäume im linken Bildhintergrund haben ihre Kräfte zu einem Mandala gebündelt. »Page der Münzen« heißt, *daß etwas seinen (vorläufigen) Endzustand erreicht hat und auf dieser Ebene nicht mehr weiterentwickelt oder verändert werden kann.* »Page der Münzen« stellt den Augenblick dar, in dem man sagt: »Das ist es!«

Aufgabe: Versuche zu erkennen, ob etwas noch nicht seinen Abschluß gefunden hat, was nach der kosmischen Ordnung eines Abschlusses bedarf, damit ein neuer Anfang möglich wird. Nimm jetzt die Dinge so, wie sie sind.

Warnung: Vor Lethargie und vorzeitiger Resignation, bevor alle Möglichkeiten ausgeschöpft sind.

Andere Polarität: Aufgabe im Sinne von Resignation.

Verlag Hermann Bauer · Freiburg im Breisgau

Hans-Dieter Leuenberger

Schule des Tarot, Band 1

Das Rad des Lebens

Ein praktischer Weg durch die großen Arkana

2. Aufl., 318 Seiten mit 22 s/w-Abbildungen und 9 Zeichnungen, gebunden

In diesem Band wird eine sehr eingehende Analyse der zweiundzwanzig großen Arkana unternommen und eine Einführung in die Sprache der Bildsymbolik gegeben. Der Leser lernt nicht nur gründlich Inhalt und Bedeutung der einzelnen Tarotbilder kennen, sondern wird auch systematisch in der Methodik geschult, Bildsymbole zu entschlüsseln und zu interpretieren. Neben grundlegenden Betrachtungen über das Wesen der Esoterik wird vor allen Dingen der praktische Gebrauch des Tarot gelehrt.

Schule des Tarot, Band 2

Der Baum des Lebens

Tarot und Kabbala

400 Seiten mit 13 Zeichnungen, gebunden

Dieser Band behandelt die sechsundfünfzig kleinen Arkana und legt dar, in welcher Weise der Tarot als Ganzes mit der Kabbala verbunden ist. Hier wird der Leser mit den Grundzügen des kabbalistischen Denkens vertraut gemacht. Auch dieser Band ist nach den gleichen Grundsätzen aufgebaut wie der erste, das heißt, Ziel ist nicht eine Anhäufung trockener Kenntnisse, sondern es wird ein Weg gezeigt, wie sie in der Praxis verwirklicht werden können. Dem Leser wird es ermöglicht, nach Durcharbeit des Werkes selbständig weitergehen zu können.

Verlag Hermann Bauer · Freiburg im Breisgau